Qu'est-ce qui fait pleurer les crocodiles ?

LUCIE CASTEL

Qu'est-ce qui fait pleurer les crocodiles ?

roman

H&

HARPERCOLLINS FRANCE

83-85, boulevard Vincent-Auriol, 75646 PARIS CEDEX 13.
Service Lectrices — Tél. : 01 45 82 47 47

www.harlequin.fr

ISBN 978-2-2804-1996-3

SOFIA

Chapitre 1

Il y a un homme nu dans ma chambre. *Entièrement* nu. J'imagine qu'en d'autres circonstances, j'aurais fait quelque chose de festif de cette information, mais pas dans le cas présent.

Car cet homme nu — et énorme — dans ma chambre n'est pas censé s'y trouver. Ce n'est pas moi qui ai réservé l'hôtel, mais je suis persuadée que la personne qui s'en est chargée n'aurait jamais coché dans la liste des services l'option « veillez à bien laisser un homme nu et frais dans la chambre, juste à côté de la bouilloire, merci ». Or, quelqu'un a pourtant dû le faire, parce que je me retrouve plantée sur le pas de la porte, bras ballants et bouche ouverte, face à cet animal social qui a décidé de s'émanciper de toutes les règles vestimentaires les plus basiques.

Les secondes s'écoulent et me paraissent tordre anormalement le temps. Chacun de nous observe l'autre dans un mutisme un brin hébété, sans nul doute motivé par le choc.

Il doit peser une tonne !

J'ai honte de penser ça.

« Ne juge jamais les autres, Sofia. Le diable est toujours dans le jugement. »

J'entends cogner contre mes tempes les remontrances de Mathilde, lesquelles ont débuté dès la maternelle et à chaque fois pour une bonne raison. Mais elle n'est pas là, ce soir, et je perds patience.

— Mais que faites-vous là ?

Le volume de ma voix va bien au-delà de la courtoisie la plus élémentaire. Ces derniers temps, la domestication de mes nerfs me donne du fil à retordre. La rage glisse de plus en plus vite hors de ma bouche et sans autre motif que son propre plaisir.

— Je... je suis en vacances, bafouille l'homme. En fait, j'hésitais entre l'Italie et l'Écosse, mais bon, en cette saison, Rome doit sûrement être suffocant.

Je ne comprends rien à son explication ; d'ailleurs, je n'en écoute pas la moitié. J'essaye de me calmer et de rester concentrée pour abréger cette douloureuse entrevue.

— Sans vouloir insister, vous êtes dans ma chambre, monsieur.

Afin de couper court à toute objection éventuelle, je m'empresse de montrer la clé récupérée à l'accueil, laquelle indique sans aucune ambiguïté le numéro 32.

— Vous voyez ? 32. Je... je pense qu'il s'est peut-être produit un problème de double réservation.

Je lâche un long soupir, tandis que ma nuque m'indique par de microcontractions à quel point j'en ai déjà marre de tout ça. Je n'ai pas choisi de venir ici, dans ce pays, dans cet hôtel, à cette période. Si ma chambre a été attribuée par erreur à quelqu'un d'autre, alors soit ! Peut-être pourrai-je ainsi rentrer chez moi ?

L'homme jette un coup d'œil dubitatif au numéro inscrit sur la porte. Comment peut-on être dubitatif quand on est nu comme un ver et face à une inconnue ? !

— Bon, écoutez, visiblement vous êtes installé ici

depuis un moment, je vais donc voir à l'accueil et trouver une solution. Désolée, pour le dérangement.

— Ah oui, ce serait parfait, ça, acquiesce-t-il avec reconnaissance, parce que, sinon, la chambre va être un peu petite pour nous deux.

— Oui... certes.

Sans plus attendre, je me détourne de cet étrange personnage et me dirige d'un pas rageur vers l'ascenseur. Le temps qu'il met à atteindre mon étage laisse mon cerveau tourbillonner sur lui-même et heurter ma boîte crânienne.

Dès le départ, j'ai senti que ce séjour au bord de l'océan, dans un petit village paumé d'Écosse, était une mauvaise idée. Je ne voulais pas quitter Monaco. Malgré tout ce qui s'est passé, je veux rester là-bas. C'est mon monde, celui que j'ai gagné et que j'ai choisi. Je n'aurais jamais dû me laisser convaincre par Paul. Son paternalisme gavé de tendresse marche à tous les coups sur moi. Facile, je n'ai jamais eu de père, ni de mère, ni rien d'ailleurs qui ressemble à une famille. Alors, quand Paul commence à me parler en prenant son ton protecteur et tendre, je fais toujours tout ce qu'il veut. Y compris venir me perdre dans la minuscule ville côtière d'Oban — ville dont j'ignorais encore l'existence géographique jusqu'à hier — dans un château du XVe siècle reconverti en hôtel de luxe. En fait, je vis tout ça comme une punition, alors que, dans la tête de mon mentor, c'est uniquement pour que je me sente mieux et que je me remette des événements.

Des événements...

C'est fou comme vos proches sont doués pour ne pas prononcer certains mots, ou éluder des faits dans le seul but de vous ménager. Pour votre bien, ils sont prêts à raconter n'importe quoi, quitte à déformer la réalité. Comme si ça avait déjà fonctionné ! Comme si la réalité pouvait se travestir et devenir un fantasme, juste parce qu'on a des talents de conteur. On ne transige pas avec la réalité, pas plus qu'on ne négocie avec elle. C'est une divinité impérieuse, autoritaire, exigeante, et elle n'aime guère les jeux de dupes. Je la connais bien, cette déesse aux yeux de feu et à la gueule pleine de crocs, je sens son souffle nauséabond sur ma nuque depuis l'âge de cinq ans.

C'est une mauvaise idée… une très mauvaise idée.

Si Mathilde avait été là, elle aurait pensé la même chose.

J'entre dans l'ascenseur et me rends dans le hall de la Royal Redstone House. Dès que j'ai vu les photos sur Internet, je me suis dit que cet endroit sentait la suffisance et la prétention aristocratique à plein nez. Le descriptif en rajoutait d'ailleurs une couche, à coups de superlatifs et de résumé historique. Si la page web dit vrai, le château a été offert par la reine Élisabeth Ire à un obscur membre du fameux clan Wallace, celui-là même qui avait produit le non moins fameux William Wallace. Ce cadeau prestigieux aurait été accordé en remerciement des bons et loyaux services de l'homme, dont l'activité professionnelle consistait à envoyer par le fond tous les navires qu'il croisait. Révolutionnaires ou pirates, les Wallace avaient le sens de la fête.

Il faut reconnaître, mauvaise foi mise à part, que les lieux avaient déjà l'air somptueux sur les photos. Et, bien que je n'aie pas pu voir grand-chose en arrivant, les clichés n'ont sans doute pas menti. Située à une quinzaine de kilomètres d'Oban, la bâtisse se trouve au cœur d'un magnifique jardin bordé d'un bois à l'orée duquel s'étend un joli lac. Le rêve. Enfin, sur le papier. Parce que en vrai, c'est quand même un coin perdu ; le wi-fi y est sûrement très susceptible et, à mon avis, il n'y a pas grand-chose à faire, à part contempler les canards. Et moi, les canards, je n'en ai relativement et globalement rien à cirer.

Mais, voilà, je me suis laissé convaincre, et je me retrouve coincée dans cette vieille structure qui doit grincer la nuit et souffrir de mille courants d'air, jusqu'à ce que Paul décide que je suis assez forte pour revenir travailler. Je suis assez forte. Je l'ai toujours été. Personne ne me croit, mais je le suis. Que pourrais-je faire d'autre, de toute façon ? La galerie d'art est la seule maison que j'aie jamais connue. Et c'était aussi la sienne.

Une fois sortie de l'ascenseur, je contemple une nouvelle fois l'énorme hall d'entrée de la Royal Redstone House. Baroque, condescendant et passéiste. Le chêne brun et le bois de hêtre ont entièrement pris possession de la salle. Les plafonds sont découpés en moulures florales et culminent à une hauteur vertigineuse, puisqu'ils reposent au-dessus d'un deuxième étage auquel on accède par un imposant escalier central. La tapisserie beige, mouchetée de petits motifs géométriques inspirés par le style du début du XXe siècle, fait écho à la moquette parcourue de cercles et d'arabesques rouges, or et bleus. Un énorme lustre en cristal, dont je situe l'ancienneté à une centaine d'années, occupe tout l'espace vide entre le sol et l'extrémité haute du hall. D'immenses bouquets de fleurs assez peu assortis aux couleurs chaudes de l'environnement trônent à tous les coins de la pièce, et donnent à l'ensemble un petit côté exotique, un vague relent colonialiste.

Bref, dans cet hôtel, ils en font des tonnes.

Je me dirige droit vers la réception, elle aussi en bois massif sculpté, datant probablement du XVIIe siècle, et tente de canaliser ma colère et mon impatience derrière une cliente qui enregistre son arrivée.

Je remarque soudain un grand tableau accroché

au-dessus de l'accueil. Il dépeint une célèbre scène de la mythologie : la belle et malchanceuse Andromède sur le point de se faire dévorer par le Kraken. Je n'en reviens pas. Je reconnais l'artiste, un préraphaélite majeur du nom de Dante Gabriel Rossetti. Les préraphaélites sont ma spécialité professionnelle et la raison pour laquelle j'ai été débauchée par la plus grande galerie d'art de Monaco. Malgré ma contrariété, je dois reconnaître que l'hôtel marque son premier bon point en m'offrant la vision d'un des fers de lance du mouvement artistique que je préfère.

Je soupire de soulagement. La cliente qui s'enregistre depuis dix minutes a enfin compris comment remplir le formulaire d'entrée et libère la voie. Derrière la réception, j'aperçois un homme de couleur d'une trentaine d'années, dont je remarque le maniérisme. Je trouve qu'il est raccord avec la décoration des lieux. *Baroque, condescendant et passéiste.* Juste dans son dos, passant comme une ombre rapidement oubliable, une jeune femme brune, impeccablement moulée dans un tailleur sombre, classe des documents. Une troisième personne, placée juste à côté du réceptionniste, retient davantage mon attention. Il s'agit d'un homme un peu plus âgé que lui, bien plus grand, un mètre quatre-vingt-dix à première vue, et enchâssé dans un costume qu'on croirait fait en titane tant il paraît dur et figé. Ce que je trouve remarquable chez lui, c'est qu'il est aussi beau que désagréable à regarder. Son visage un brin osseux, aux pommettes assez saillantes pour le structurer avec élégance, ses yeux d'une couleur rare, hésitant entre le vert et l'or, et sa chevelure châtain foncé aux reflets auburn attachée en chignon haut lui confèrent un côté viking assez sensuel.

Pourtant, ce qui devrait le faire passer pour une gravure de mode le rend glacé, antipathique et suffisant.

Je n'aime pas ce que je perçois de ses mouvements rigides et de l'austérité globale qui se dégage de lui. En général, mon instinct ne se trompe jamais sur les individus que je rencontre. Lorsqu'on a été élevée dans l'insécurité la plus totale, on apprend à sentir les choses autant que les gens. On apprend à déceler le moindre changement d'humeur dissimulé dans un tressaillement de sourcils ou un frémissement du coin de lèvres. Question de survie.

— Bonsoir madame..., commence l'homme de couleur d'un ton que je trouve ampoulé. Que puis-je faire pour votre service ?

Je tourne une demi-fois ma langue dans ma bouche, ce qui, avec le recul, est bien trop peu, et je lâche avec plus de cynisme et d'agressivité que je ne le voudrais :

— Oh une bricole, je pense. Encore que... Voilà, il y a un homme nu dans ma chambre.

Ça s'appelle un résumé à la truelle. Après dix heures de transport, je ne fais plus dans la syntaxe de boudoir, je fais dans la syntaxe de prison soviétique.

Mon interlocuteur me dévisage, puis se tourne vers le guerrier nordique, qui fait de même.

— Eh bien..., hésite l'agent d'accueil, croyant sans doute que je plaisante.

— Vous venez pour des félicitations ou un mode d'emploi ?

Chargeant ses mots d'autant de supériorité que d'ironie, le Viking vient de s'insinuer dans la conversation. J'ai le poil qui se hérisse. Je constate que le réceptionniste, du nom d'Archibald, si je lis correctement le badge épinglé sur sa poitrine, est au moins aussi sidéré que moi par le manque de politesse de son voisin.

Je décide d'ajuster le ton de mes propos au sien : de la froideur, un peu de prétention et même un soupçon de mépris, parce que je suis inspirée, ce soir.

— Ni l'un ni l'autre, je viens simplement vérifier s'il s'agit bien d'une coutume locale que de louer plusieurs fois la même chambre aux clients. Pariez-vous sur les sentiments qui peuvent naître entre les colocataires forcés, ou bien sur la possibilité qu'ils s'entre-tuent ?

— Que de mots pour une information qui me semble assez simple, répond Sa Majesté du blizzard écossais.

— Vous voulez dire qu'il y avait déjà quelqu'un dans votre chambre ? demande Archibald, dont la mine se crispe. Ce n'est pas possible.

— Était-ce seulement la bonne chambre ? s'enquiert l'autre homme.

J'ignore dans quel univers professionnel cet individu a été éduqué, mais dans le mien, on évite d'accuser le client et de le prendre pour un imbécile.

— Non, évidemment que ce n'était pas la mienne ! J'ai juste décidé de faire un scandale à l'accueil après une dizaine d'heures de voyage, uniquement parce que je m'ennuie profondément dans la vie !

— Mettez-vous au golf, ça aère le corps et l'esprit, paraît-il.

— Je vous conseille de le prendre sur un autre...

— ... s'il vous plaît, donnez-moi votre clé, je vais tout de suite vérifier, coupe Archibald.

Il me semble être un homme clairvoyant, avec une forte intuition. En prenant les choses en main, il fait diversion, afin que le Viking et moi ne nous écharpions pas en plein milieu du hall d'entrée.

Pendant qu'il pianote sur son ordinateur, je sens sur moi le poids du regard de mon voisin. Je ne suis pas du genre à être déstabilisée. C'est peut-être la seule vertu de l'éducation que j'ai reçue. Peu de choses me mettent mal à l'aise ou me privent de mes moyens. Aussi, je décide de soutenir son regard. Un étrange sentiment s'empare de moi. Il y a quelque chose, chez lui, qui me semble familier, une impression dans le fond de ses yeux, un vague ressenti qui sonne comme un écho. Un détail que je reconnais en lui, tout en ignorant lequel. Le bras de fer qui se joue entre nous, tandis que ni lui ni moi n'acceptons de détourner les yeux, me semble durer une éternité. Je m'interroge sur son identité. Compte tenu de son attitude, il ne peut pas faire partie du petit personnel de l'hôtel. Ou alors, il a pris ses fonctions depuis moins de douze heures et il va se faire virer avant le petit déjeuner du lendemain. Peut-être un client régulier qui se croirait tout permis ? Ou bien quelqu'un de suffisamment haut placé dans la chaîne alimentaire des postes pour ne pas avoir à craindre le courroux d'un client ?

— Oh mon Dieu ! s'écrie Archibald avec autant de véhémence qu'une tragédienne grecque. Effectivement, vous avez raison, j'ignore ce qu'il s'est passé, mais nous avons attribué votre chambre à quelqu'un d'autre. Je suis mortifié.

— Nous sommes deux.

Quand je suis fatiguée, je fais dans le sarcasme de comptoir de PMU.

— Nous sommes sincèrement désolés de ce regrettable incident, continue de s'excuser Archibald. Laissez-moi vous donner une nouvelle chambre et, bien sûr, je prends la liberté de vous surclasser à nos frais.

— Eh bien, c'est très gentil à vous.

— Voilà, c'est fait. C'est la suite de la reine, numéro 48. Avec, encore une fois, nos plus plates excuses.

Je m'empare de la clé qu'il me tend et le gratifie d'un sourire poli.

— Un homme nu et une suite dans la même soirée, il me semble qu'il y a là de quoi satisfaire n'importe quelle femme, commente l'homme antipathique.

— Votre simplicité d'analyse est vraiment rafraîchissante.

— Le chauffage de la chambre se règle, cela devrait suffire à vous réchauffer, rétorque-t-il, avant de se pencher pour saisir une pochette cartonnée.

Bien que je tourne les talons sans plus attendre, j'entends des murmures dans mon dos. Je ne comprends pas la teneur exacte des propos, mais je suis certaine d'une chose : Archibald essaye désespérément d'insuffler un peu de courtoisie à son terrible voisin.

Et pour une raison que j'ignore, je pressens que cela n'aura aucun effet sur l'individu.

Chapitre 2

Quelqu'un frappe à la porte de ma chambre. Trois coups tambourinés si fort contre le bois qu'ils me tirent d'un sommeil lourd et collant. Le genre qui reste accroché aux paupières le reste de la journée. Ma tête tourne, je transpire. Je décolle mes épaules du lit, elles me paraissent peser une tonne.

Trois nouveaux coups retentissent, faisant trembler les murs.

— Oui, ma chérie, j'arrive.

Mon esprit est si embrouillé que je parviens à peine à articuler. La fatigue accumulée m'anesthésie les sens et les réflexes. La fatigue ou bien la plaie béante ? Je sais à peine si je suis debout ou encore assise. Ni l'un ni l'autre, peut-être ? Au bout d'un interminable moment, j'arrive enfin à faire quelques pas pour aller ouvrir la porte.

— Je suis là, tout va bien, dis...

Je m'interromps quand je réalise qu'il n'y a personne dans le couloir de l'hôtel. Le brouillard se déchire peu à peu devant mes yeux, et je reprends pied dans cette réalité. Plantée comme un piquet dans le silence du deuxième étage, je fixe le vide sans trop savoir pourquoi.

Tu délires complètement, ma fille, Mathilde ne peut pas t'appeler. Elle n'est pas là.

J'observe les extrémités du couloir. Il n'y a pas âme qui vive. Quelqu'un aurait-il eu le temps de frapper à deux reprises et de s'enfuir assez vite avant que je ne m'extirpe du lit ? Possible. J'ignore combien de temps il m'a fallu pour ouvrir.

Voilà que de vieilles images m'assaillent, toujours les mêmes, comme si mon cerveau ne disposait que d'un seul film sur ses étagères, et qu'il me le repassait en boucle. J'ai huit ans, et je suis perdue dans le couloir froid et désert d'un autre bâtiment, bien moins prestigieux que celui-ci. Les sens en alerte, à guetter le moindre bruit suspect, le moindre élément m'indiquant que je suis encore en vie au milieu d'autres gens eux aussi en vie. Plus de vingt ans plus tard, j'en suis toujours à trier les sons dans la nuit, entre deux battements de cœur, pour vérifier que je ne suis pas le seul être humain qui reste sur terre.

Tu délires.

Et si mon épuisement était plus important que je persiste à le penser ? Je referme et allume la lumière. Cette fois, je suis totalement réveillée.

Quelle heure est-il ?

3 h 12. C'est le milieu de la nuit et je me retrouve coincée dans la suite de la reine, en me demandant à nouveau ce que je fabrique ici.

Ce n'est pas ma vie, je l'ai juste empruntée.

Mon regard balaye la pièce à la recherche de quelque chose. Quoi ? je l'ignore. Un soutien, un ami, n'importe quoi pouvant atténuer le vide abyssal entre mes côtes et le cœur.

Elle est vraiment belle, cette chambre. Même mon infatigable mauvais esprit ne trouve rien à redire. La pièce principale doit faire près de quarante mètres carrés, auxquels s'ajoutent une immense salle de bains avec douche et baignoire, ainsi qu'un grand dressing dont la dimension n'est pas sans rappeler ma première chambre d'étudiante.

Trois fenêtres longilignes occupent deux des quatre murs. Elles ne disposent d'aucun volet, mais les épaisses tentures au style baroque, blanches à motifs floraux rouges et verts, coupent parfaitement la lumière. Le lit, pourtant king-size et débordant de coussins et d'une couette gavés de plumes, a presque l'air petit. La moquette en damier vert amande et beige fait écho aux couleurs de la tapisserie rayée. Pour mon plus grand plaisir et confort, je dispose aussi d'un large canapé bordeaux installé tout près des fenêtres, ainsi que d'un bureau ancien entouré de deux fauteuils moelleux. Une console, une table basse et deux petits guéridons, chacun décoré d'un bouquet de fleurs de saison et d'un napperon de dentelle ancienne, encombrent encore les lieux.

Tout, ici, transpire une autre époque, comme si un beau jour d'un siècle passé, le temps avait cessé sa course. Si quelqu'un m'avait décrit les lieux, comme je suis en train de le faire en cet instant précis, j'aurais sans nul doute trouvé la description ridicule, ampoulée et désuète. Mais, plongée dans cette ambiance d'un autre âge, j'éprouve un sentiment de protection et de chaleur qui ne m'est guère familier. Je me surprends à me détendre. Un peu.

Une heure plus tard, j'ai toujours les yeux grands ouverts et les sens affûtés. L'idée de me glisser entre les draps m'insupporte au plus haut point, sans que j'en comprenne la raison. Je me dirige vers le dressing, là où j'ai pris un certain plaisir à étaler le contenu de ma valise. Mes petites culottes n'ont jamais eu autant de place. Je pourrais toutes les étaler et les aligner, que je serais encore loin de justifier pareil espace. Je m'empare d'un négligé en satin noir que j'enfile et noue par-dessus un pyjama assorti. Passant devant la psyché, j'attache mes cheveux, dont la couleur rousse semble d'autant plus irradier que je suis particulièrement pâle, et que mon vêtement est sombre. J'enfile des ballerines et je me décide à quitter la chambre.

J'ignore où je veux me rendre, je sais juste qu'il m'est pour l'instant insupportable de rester allongée et immobile.

L'immobilisme, c'est la mort.

Le couloir de mon étage est toujours désert. La moquette est quadrillée de rouge et de beige, ce qui m'amène à conclure que, dans cet hôtel, ils vouent une haine féroce aux motifs unis. Le plafond lambrissé est mis en valeur par des murs verts rayés de bandes dorées. Chacune des portes en bois affiche un numéro en métal élégamment sculpté, et en leur centre pointe une poignée toute ronde, comme un énorme bouton. Agatha Christie aurait pu mettre en scène ce décor et y assassiner quelques personnes. Le silence a tout envahi. C'est étrange qu'une si vieille bâtisse réussisse à ce point à dissimuler les sons. Elle est plutôt censée travailler, donc grincer. Peut-être que de ce côté-ci de la Manche, même le bois est discret.

Entre deux portes, des appliques de style Art nouveau restent allumées même la nuit. Elles diffusent une lumière ocre et douce. Ce n'est pas très écologique, mais je reconnais qu'elles rendent ma balade nocturne moins glauque et pathétique. Tandis que je progresse, je me demande ce que je ferai, une fois arrivée au bout. L'éventualité de croiser quelqu'un à l'accueil ne m'enchante pas. Cette nuit, je souhaite m'entretenir avec ma solitude, et je n'ai pas envie qu'on vienne interrompre ce tête-à-tête.

Alors que je suis presque au bout du couloir, quelqu'un ouvre brutalement la porte juste devant moi. C'est si brusque que, par réflexe de protection, je colle les deux mains devant mon visage. Une seconde de plus, et j'étais bonne pour une rhinoplastie.

Une jolie petite blonde d'une vingtaine d'années environ, toute en rondeurs, vient de bondir hors d'une chambre. Ses grands yeux de biche me dévisagent avec la même fervente intensité que si j'avais été la Sainte Vierge. Comme j'ai assez peu de choses en commun avec cette figure religieuse, et ce depuis un temps certain, je dévisage l'inconnue avec perplexité. Je remarque assez vite qu'elle est en petite tenue et tient dans ses bras un tailleur sombre qui ressemble à s'y méprendre à celui que portait l'hôtesse croisée à la réception. Les idées fusent dans ma tête et doivent se lire sur mon visage, car la jeune femme pâlit de seconde en seconde. Sa figure se décompose tellement que j'ai envie de lui dire que même si j'erre dans les couloirs avec des cernes comme des trous d'antimatière, je ne suis ni le croque-mitaine ni une créature en décomposition.

— Oh... mon Dieu..., bafouille-t-elle d'une voix suraiguë.

— Heu...

Rapide, net et clair. Quand on n'a rien à dire, mieux vaut ne rien dire. Je ne sais pas pourquoi il m'est si difficile de comprendre un principe aussi simple.

— Je vous en prie, n'en parlez à personne, me chuchote-t-elle avec effroi, comme si je venais de la surprendre en train de faire des cocottes en papier avec les manuscrits de la mer Morte.

À sa mine paniquée, je sens que l'affaire est grave, cependant j'ignore bien en quoi. Il est 3 heures du matin, mon cerveau est relativement vide et pas vraiment en capacité de fonctionner. Au pire, elle s'envoie un des clients de l'hôtel. Pas de quoi fouetter un chat, même noir.

Je m'entends lui dire sur un ton de répondeur téléphonique :

— D'accord, aucun problème.

Je ne sais pas si c'est ce qu'elle attend de moi, toujours est-il que son visage, d'une grande expressivité, s'éclaire instantanément. Il me semble que, sans prétention, cette nuit j'ai rendu quelqu'un heureux. Et c'est un sentiment étrange.

— Merci ! Merci beaucoup, répète-t-elle avec un air de petite fille qui vient d'échapper à une punition.

Puis elle fait volte-face et s'enfuit plus qu'elle ne marche. Je la regarde s'éloigner. Ses boucles blondes remuent en cadence avec ses fesses en forme de pommes, que je n'ai aucune peine à voir dans sa lingerie noire un peu serrée. Elle disparaît au bout du couloir comme si elle avait emprunté un portail dimensionnel. Je ne peux m'empêcher de jeter un œil au numéro de la porte : 44. Quel impératif peut pousser une jeune femme à quitter la couche de son amant si vite qu'elle n'a pas le temps de se rhabiller, et au risque de se faire surprendre par un collègue de travail ? Mon imagination reprend le dessus. J'envisage tout un tas de scénarios, avant de me remettre machinalement en marche.

Je poursuis ma promenade. À mesure que je m'approche d'immenses fenêtres, j'entends le vent siffler contre les vitres. Que le silence perde de sa superbe n'est pas pour me déplaire, car je commence à me lasser de l'écho de ma respiration. J'évite soigneusement la réception et je m'arrête à l'étage au-dessous.

Un nouveau couloir s'ouvre devant moi, pareil au précédent. Je le longe tout en pressant le pas. Étant donné le nombre de personnes qui doivent séjourner ici, la probabilité de tomber sur un autre insomniaque est assez élevée. À l'extrémité se présente un escalier assez modeste en dimension. Je pense qu'il est plutôt utilisé par le personnel que par les clients. Je devine la lumière de la lune provenant du dehors et projetée au sol par ce que je suppose être de grandes baies vitrées. La curiosité et l'ennui me poussent à jouer les fouineuses.

Je descends les marches en essayant de rester discrète. Au moindre mouvement ou bruit autre que le vent, je file dans les étages. Et si je ne cours pas assez vite, ce dont, hélas, je ne doute pas, je prétexterai une envie irrésistible de... de trucs. C'est bien, les trucs ; c'est englobant comme concept.

Question alibi, on repassera.

Je note pour moi-même d'envisager la carrière d'assassin uniquement après avoir progressé en « baratin illégal ».

Au rez-de-chaussée, j'arrive dans une pièce où la décoration est plus sobre. Pas de moquette aux couleurs survitaminées et pas d'appliques. Par chance, la lune est pleine et son disque rayonne en projecteur sur le jardin et à travers les vitres. L'extérieur me paraît irréel et je ne crois pas avoir jamais rien vu d'aussi fascinant. Dans le Sud, il y a toujours une sorte de chaleur qui se dégage de l'environnement, même l'hiver, même la nuit. Quelque chose dans les tons et l'ambiance. Ici, il y a comme une fraîcheur spectrale qui émane de tout ce qui m'entoure.

Je peux presque distinguer les contours du lac, là où s'arrête mon champ de vision et, tandis que le vent fait danser les branches des grands arbres, toujours dans le même sens, j'ai l'impression qu'ils me saluent.

Je pense soudain à Alice au pays des merveilles.

Je pense à ce qui lui arrive, quand elle tombe dans le fameux trou.

Je doute qu'on laisse les clients s'aventurer ici. Les lambris du plafond sont fatigués, le sol lézardé de petites fissures et les portes sont sommairement peintes en noir. Cette partie-là du château n'a pas été rénovée, et c'est ce qui rend les lieux si intéressants. Ils se présentent sous leur forme brute et sans artifices. J'aperçois soudain une lueur qui réchauffe l'atmosphère d'un halo franchement jaune. Je ralentis et suspends mon souffle. Dehors, ça siffle toujours. Y a-t-il quelqu'un, au bout de la lumière ?

Quand bien même, je m'en fiche !

Une fois proche de la source lumineuse, je contemple une sorte d'immense serre, dont le style s'inspire de l'Art déco. La pièce carrée est couverte d'un dôme impressionnant constitué de vitres soudées entre elles par une armature géométrique en acier. L'ensemble a quelque chose d'arachnéen. La tapisserie a dû être verte à un moment donné, et sans doute couverte de peintures de scènes mythologiques, mais le temps en a défiguré la plupart des motifs.

Au centre se trouve une table d'une longueur interminable, sur laquelle s'entassent tout un tas de pots en terre contenant différentes plantes. De là où je me trouve, ça ressemble à une mini-forêt qui aurait poussé selon un ordre parfaitement anarchique. Sur les côtés, de vieux meubles que je date approximativement du début du XXe siècle achèvent de donner à l'ensemble un aspect de capharnaüm archéologique.

Mon œil d'expert chiffre et analyse les objets ; mon cerveau et mon cœur s'emballent. Il y a tant de richesses historiques ici, c'est un véritable trésor qui semble avoir été abandonné. Qui peut laisser ces merveilles se flétrir et pourrir ?

Une multitude de pensées m'assaille alors. Et si je me faisais connaître auprès du propriétaire de l'hôtel ? Si je lui disais que je peux dater, référencer et protéger toutes ces reliques ? J'accepterais même de le faire gratuitement. Je pourrais faire appel à mon réseau de professionnels, qui partagerait sans aucun doute mon enthousiasme. Je m'égare. Si les gérants ont tout laissé dans cet état, c'est sans doute pour une bonne raison. Une raison financière, probablement. Les scientifiques ne sont jamais des gestionnaires.

Tu n'es pas à ta place… Cette vie, c'est la sienne.

Je secoue la tête. Au moins pour cette heure, ces merveilles sont à moi. Elles s'offrent sans retenue à ma contemplation, et je suis bien décidée à en profiter avant de retourner dans ma chambre.

Je m'approche d'un des murs, celui que me semble le moins abîmé. La silhouette pâle et arrondie d'une naïade se devine entre les écorchures du revêtement. Le coup de pinceau est magnifique et date probablement des années 1880.

Magnifique…

Un bruit me fait tressaillir. Mon cœur rate un battement. Les gens qui ont des choses sur la conscience sont clairement plus cardiaques que les autres. Je n'ai rien à faire ici et même si je ne commets aucune infraction au sens légal du terme, la perspective de devoir trouver une excuse vaseuse à ma présence m'agace déjà.

Quand on a le culot de laisser ces merveilles prendre la poussière, eh ben, on ne la ramène pas !

Mon mauvais esprit et moi, sommes toujours en phase.

J'essaye de comprendre d'où provient le son qui m'a fait frôler l'arythmie. Heureusement, je l'entends qui se reproduit, en face, dans la partie la moins éclairée de la serre. Pas de doute, je ne suis pas seule. Je m'avance et finis par distinguer un homme de dos. Le fait qu'il porte une veste de costume à cette heure-ci me fait supposer qu'il s'agit d'un membre du personnel de l'hôtel, peut-être un gardien de nuit.

Je décide de filer discrètement à l'anglaise, mais au moment où mon esprit commande l'action, l'individu se retourne et je le reconnais.

Super, Mister Freeze !

Sur l'ensemble des personnes que je peux en théorie croiser en plein milieu de la nuit dans ce vieil hôtel, fantômes compris, il a fallu que je tombe sur l'abominable créature croisée à la réception ! Mon idée de départ le concernant a l'air de se confirmer ; ou je le surprends en plein cambriolage, ou il travaille effectivement pour le Redstone. Et dans cette dernière hypothèse, je mets ma main à couper qu'il bénéficie d'un appui haut placé pour se permettre d'être aussi grossier avec la clientèle.

Au bout de quelques secondes, je réalise que nous sommes en train de nous dévisager. Lui, droit comme un I, plus rigide qu'un piquet de grève communiste, et moi, aussi implacable et avenante qu'une sentence de mort. Aucun de nous n'a l'air de vouloir céder du terrain. Je ne sais pas ce qui me prend. Je suis dans mon tort, je n'ai rien à faire ici, et pourtant quelque chose me pousse à soutenir son regard glacé et à ne pas bouger la première.

Que se passe-t-il avec cet individu ? Je n'ai jamais ressenti autant de malaise et de curiosité en même temps. Il y a quelque chose qui cloche chez lui, comme s'il ne faisait pas vraiment partie du décor.

— Il n'y a rien d'intéressant pour vous ici, finit-il par lancer, comme vous pouvez le constater, je suis habillé.

— Sur ce point nous sommes d'accord, *il n'y a rien d'intéressant* pour moi ici.

Comme je n'ai nulle envie de poursuivre la joute, sans doute par crainte de la perdre, faute d'une bonne nuit réparatrice, je quitte la serre et remonte dans ma chambre. La promenade a duré presque une heure et je n'ai toujours pas sommeil. J'éteins pourtant les lumières en espérant faire comprendre à mon organisme qu'il est temps de se mettre en veille. Avant de me faufiler dans un lit dont je redoute l'étreinte, je jette un coup d'œil par la fenêtre. Le lac se devine sur la droite par un reflet en miroir du disque lunaire. Ce dernier éclaire le paysage autant qu'il l'étouffe sous une pellicule pâle, comme si le jardin souffrait de cataracte. Tout est si calme... Ça me rappelle les heures que je passais dans la petite église non loin de l'internat géré par les services de la DDASS. Un soupçon de familiarité émane de ce château et, même si je ne suis toujours pas convaincue de supporter longtemps mon exil, il m'apparaît ce soir un peu moins insupportable.

Dans la cour, plusieurs individus vont et viennent, les bras chargés de meubles vaguement recouverts de draps.

Décidément, personne ne dort, dans cet hôtel.

Pour que la magie des lieux opère, il faut des créatures nocturnes pour la créer et l'entretenir.

Si je m'écoutais, j'en enlèverais bien une ou deux et je les séquestrerais assez longtemps pour qu'elles mettent un peu de magie dans ma vie.

Chapitre 3

Le réveil pique. Et c'est un doux euphémisme. J'ai rarement été aussi fatiguée. Je serais sûrement plus fraîche sortie de la gueule d'un varan. Mon corps est-il en train de me dire quelque chose ? Du genre : « Ce serait bien que tu restes tranquille, allongée les bras en croix, pour les trois prochains mois. »

Cependant, je ne l'ai jamais trop écouté. Pour moi, l'esprit est le plus fort, c'est lui qui doit commander. Il nous permet d'aller au-delà de nos forces, au-delà de ce qu'on est capable de faire. Il peut accomplir des miracles. Le seul problème est de savoir : qui contrôle l'esprit ?

Je me décide à opter pour la position debout non sans hésitation. Après tout, je pourrais très bien rester dans ma chambre toute la journée, voire rester *dans mon lit* toute la journée. La Terre continuera de tourner.

Mais rien à faire, l'absence de mouvement m'angoisse ; il n'y a que la Mort pour nous autoriser à ne plus bouger.

Étirant les bras au-dessus de la tête, je sens plusieurs petites choses craquer en moi. Comme ce n'est pas désagréable, j'en conclus que ça ne doit pas être grave.

Après avoir ouvert les épais rideaux, je constate que le soleil n'a guère de concurrent dans le ciel. Les couleurs du paysage scintillent comme si on les avait couvertes de résine. Ma chambre donne côté jardin et lac. L'autre façade du bâtiment ouvre, quant à elle, sur la petite ville côtière d'Oban ainsi que sur l'océan. J'ai toujours éprouvé un lien particulier avec la mer, une sorte de connexion primordiale, un attachement viscéral inscrit dans mon code génétique. Je ne crois pas que je pourrais vivre à l'intérieur des terres, je finirais par m'asphyxier.

Mais comment font-ils pour couper l'herbe aussi parfaitement ?

On dirait qu'elle est fausse. En fait, tout le jardin souffre de perfection et, si les grands arbres du bois que je devine sur la gauche n'étaient pas là pour rappeler que l'Homme n'a pas le contrôle absolu de son environnement, celui-ci ressemblerait à un parc d'attractions.

« Quand chaque chose est à sa place, ce n'est pas un si mauvais présage », me répétait Mathilde.

La douche me remet un peu les idées en ordre, ainsi que ma crinière rousse, que je dompte en une queue haute. Avant de partir pour l'Écosse, j'ai eu le même réflexe incompréhensible que beaucoup de femmes : je me suis fait épiler et suis allée chez le coiffeur. J'imagine qu'on se dit qu'en cas d'accident durant le voyage, on meurt épilée et coiffée. En cas de doute concernant la vie après la mort, mieux vaut réfléchir à la coupe et à la tenue qu'on portera, dans l'hypothèse quantique où on devrait hanter un lieu pour l'éternité. Josélito, dit « les Pinces d'Or », a donc décidé pour l'occasion de me faire une frange, ce qui donne à mes cheveux raides une allure très Woodstock que je n'avais pas demandée. Cela étant, le fait que mon coiffeur porte le nom d'un gangster d'après-guerre aurait dû m'alerter au moins un peu sur ses compétences capillaires.

9 heures. Me voilà en costume de femme civilisée

et présentable pour aller prendre le petit déjeuner. J'ai calculé qu'à cette heure, le gros des touristes serait déjà parti en excursion et me laisserait tranquille pour siroter un thé, des scones, des « cimetières de mouches[1] » ou de la panse de brebis farcie. Je ne connais pas encore le protocole culinaire des Écossais, ni l'ordre dans lequel ils consomment tout ça.

Faites que ce soient d'abord les scones.

Le salon où sont servis les repas est une grande pièce rectangulaire au plafond un peu bas, dont les murs peints en vert foncé tranchent avec les fauteuils de velours rouge et or. Trois doubles portes-fenêtres se déploient en éventail d'un côté de la pièce et donnent sur l'entrée principale. L'air est chargé d'une odeur de vieux bois, de vernis, d'encens et d'une pointe de lys blancs que j'aperçois en bouquet sur une table.

Le buffet est généreux et surtout international. Les mignardises côtoient les *flies' graveyard*, mais aussi les omelettes, les tartines, le porridge, les saucisses et le boudin. Le mélange des genres gastronomique produit des effluves contradictoires dès qu'on s'approche un peu trop des plats.

Comme je le soupçonnais, il y a très peu d'individus dans la salle. Deux serveurs, une famille de trois personnes qui s'apprêtent à partir et une vieille dame assise près des fenêtres. Quand je m'approche de la nourriture, je reconnais la petite blonde croisée la nuit dernière dans une situation compromettante. Pour elle, en tout cas. Tandis qu'elle attend près des boissons chaudes qu'un client la sollicite, elle me jette un regard d'oiseau blessé. Je connais bien ce genre d'expression. Généralement, elle frappe les visages d'une sorte de malédiction, car elle induit presque immanquablement

1. Pâtisserie typique écossaise (voir recette à la fin de l'ouvrage).

le statut de victime. Je lui souris le plus tendrement possible, pour la rassurer.

Le monde est ainsi fait. Il y a les oiseaux blessés d'un côté, les chiens enragés de l'autre. Et la vie est nettement plus facile pour l'une de ces deux catégories.

Je remarque que la vieille dame me fixe avec beaucoup d'intérêt.

— Je vous en prie, ma chère, m'interpelle-t-elle, la pièce n'est pas assez vaste pour que nous fassions semblant de nous ignorer. Venez donc vous asseoir à côté de moi.

Après une brève hésitation, accentuée par le fait que j'ai l'air de ne pas savoir quoi faire de mon plateau, je décide de la rejoindre. Son visage de chouette au regard perçant est encadré par des cheveux argentés brillants, ramenés en un chignon impeccable. Il est difficile de lui donner un âge, les rides sont profondes, mais ses yeux clairs respirent la vitalité et l'espièglerie. Elle n'a sans doute jamais dû être belle, cependant elle possède une classe indéniable, le genre d'allure que seule la vieille aristocratie attache aux gènes de ses descendants.

— Il faut bien se serrer les coudes entre compatriotes, poursuit-elle, tout en me passant au scanner de ses pupilles.

— Je suis française.

— Nul n'est parfait. Tâchons néanmoins de rester civilisées.

Un petit sourire malicieux éclaire ses traits. Sa robe grise est assez sobre, mais je remarque qu'elle est taillée sur mesure. Sans doute un grand couturier. Elle porte un rang de perles ancien, et deux magnifiques bagues en rubis et émeraudes ornent ses doigts. Vieille fortune, vieux sang, gros bijoux.

— Française et véritablement rousse, ce n'est pas banal.

— Vous avez l'œil. Sofia Frémont.

— Catherine Saint-Andrews.

— Y aurait-il un « Lady » avant « Catherine » ?

— Excellent instinct ! Entre nous, Catherine est bien suffisant. Les signes de noblesse se trouvent dans le cœur et nulle part ailleurs.

J'acquiesce. Il y a plein de choses qui devraient rester dans le cœur et qu'on porte pourtant sur la figure, par peur ou par orgueil.

— Vous n'avez pas l'air d'une touriste, enchaîne ma voisine, tout en jetant un œil curieux à la cour qu'on aperçoit par la fenêtre. Seriez-vous là pour affaires ?

— Pas vraiment. Disons plutôt pour le repos. Je suis arrivée hier soir.

— Redstone est l'endroit idéal pour se reposer.

— L'endroit est effectivement magnifique.

— Parfois, on s'y ennuie à mourir. C'est d'ailleurs la raison pour laquelle Dieu a créé un tel paysage. Le contempler fait passer le temps, les jours de pluie.

Le ton léger de la vieille dame me pousse à plaisanter à mon tour :

— J'imagine que, comme partout sur cette île, il y a au moins quelques pubs aux alentours.

— Plein d'ivrognes et d'imbéciles.

Elle porte peut-être la noblesse dans le cœur, mais l'élitisme des classes est quant à lui inscrit sur son front.

— Tiens, le seigneur et maître daigne rentrer au bercail, commente-t-elle, l'attention fixée sur la fenêtre.

Je suis son regard. Une Rolls marron vient de se garer. Un homme en descend, immédiatement accueilli par une créature famélique au profil de rapace, engoncée dans un costume noir.

— De qui il s'agit ?

Je note que mon ennui me rend curieuse.

— Glen Wallace, le dirigeant de l'hôtel et futur propriétaire, quand la précédente génération se sera décidée à trépasser.

— Wallace, comme William Wallace ?

— C'est un clan qui a été prolifique. Ici, vous soulevez n'importe quel vieux caillou et il en sort dix. Mais cette branche-là de la famille a très peu de chose à voir avec la révolution. Plutôt avec la piraterie.

— J'ai lu sur le site de l'hôtel qu'à l'origine, il s'agissait d'un château offert par Élisabeth Ire à un pirate en remerciement de ses services.

— C'est tout à fait exact. Et il n'a jamais quitté le clan depuis. À l'heure actuelle, sa fortune est tenue par sa mère, Charlotte Wallace, mais depuis cinq ans une partie des pouvoirs a été transférée à son fils, Glen. À trente-cinq ans, il gère l'un des hôtels les plus lucratifs du pays. S'il ne fait pas trop de bêtises, dans quinze ans, il dirigera toutes les affaires de la famille.

— Est-il prédisposé à *faire des bêtises* ?

J'aperçois de la malice dans ses yeux.

— Vous savez, quand on élève un futur roi, on prend bien soin de faire deux choses. Premièrement, on évite de le contrarier pour qu'une fois couronné, il se le rappelle. Deuxièmement, on prend bien garde à le convaincre de sa supériorité, afin qu'il ne fraye pas avec le peuple. Ce cocktail produit des individus très prompts à *faire des bêtises.*

Je ne peux m'empêcher de sourire, même si cette façon de voir le monde me paraît tristement cynique. J'observe ce Glen Wallace, en bas, saluer des clients comme un seigneur ses sujets. Il a en effet la royauté collée à son costume impeccable. Il est plutôt séduisant : une stature élancée et joliment dessinée par la pratique régulière d'un sport, un visage aux traits virils et surtout une allure parfaitement mise en valeur. C'est un homme qui aime les belles choses et probablement plus encore si elles sont chères et luxueuses.

— Il est célibataire, m'indique mon interlocutrice que ma curiosité a dû alerter. Enfin, entre deux relations.

— C'est étonnant.

— Le problème, lorsqu'on se trouve au sommet de la pyramide sociale, n'est pas de trouver des partenaires, mais de trouver le bon. À ce niveau, vous avez des prétentions difficiles à satisfaire.

— Peut-être ne souhaite-t-il pas se ranger ?

— Mais sa famille, si. Et dans ce domaine, l'intérêt personnel passe toujours après l'intérêt du clan. Voici un sujet de conversation que vous pourrez aborder avec lui.

Je tique.

— Moi ? Pourquoi ?

Les pupilles de ma voisine se mettent à briller d'une incroyable lumière.

— Eh bien, parce que vous êtes belle, ma chère ! Et je décèle dans votre personne beaucoup d'intelligence.

— J'ignorais que j'étais physiquement intelligente.

— J'ai un instinct infaillible pour ces choses-là.

Si elle savait à quel point l'ensemble de mes cellules est à des années-lumière des considérations de séduction, d'amour, de sexe ou de toute autre chose en rapport avec les jeux d'adultes ! Je souris poliment, car je n'ai aucune envie de débattre sur ce thème.

Quelque chose attire mon attention dans la cour. Tendant le cou pour mieux voir, j'aperçois Sa Majesté des répliques assassines, croisée la veille, non loin de Glen Wallace. Il échange à peine quelques mots avec lui, avant que celui-ci ne disparaisse dans le hall.

C'est le moment de faire appel aux connaissances que semble posséder ma voisine.

— Savez-vous qui est cet homme ?

Catherine porte la tasse de thé à ses lèvres et prend quelques secondes avant de me répondre :

— Lachlan Boyd. Je vois que vous préférez les seigneurs de glace.

— Pardon ?

— Les esquimaux. Pas le peuple en voie de disparition, mais les friandises dans le congélateur. Vous avez du goût, ma chère. Dans son genre désincarné, il est très beau.

— Non, en fait... Je me demandais juste si vous saviez quelle fonction il occupe ici.

— Difficile à dire. Il est arrivé il y a tout juste deux mois. Je pense qu'il est manager. Sans doute au-dessus du petit personnel, mais il n'est pas directeur. Je partage votre curiosité le concernant. Quand on est à ce point dans le contrôle de sa personne, c'est qu'on a de nombreux secrets à cacher.

— Vous dites qu'il est arrivé il y a deux mois, j'en déduis que vous êtes une habituée des lieux.

— Oh oui, j'adore cet endroit ! J'y viens depuis que je suis toute petite et, à part quelques tapisseries et tableaux par-ci par-là, rien n'a vraiment changé. C'est d'ailleurs ce que j'aime ici : l'intemporalité. J'ai l'impression que c'était hier la première fois que j'y suis venue. J'avais huit ans et je suivais mon grand-père.

— Si ce n'est pas trop indiscret, où vivez-vous, normalement ?

— Dans le monde, ma chère ! J'ai l'immense privilège d'être extrêmement riche. Quand on est riche, on est partout chez soi.

Le monde tourne un peu plus vite pour *les gens riches*. Je le sais mieux que quiconque, car la clientèle de la galerie est composée de ce genre de personnes. Quand on vient de l'Assistance publique, c'est un microcosme dont on a bien du mal à comprendre les us et coutumes. Alors, le plus souvent, quand on se trouve face à l'un de ses membres, on hoche la tête et on sourit poliment.

Je hoche donc la tête et souris poliment.

— Vous verrez, vous aussi, vous tomberez amoureuse de cet endroit, me promet Lady Catherine. J'en suis certaine.

— Hélas, je ne suis pas assez fortunée pour y séjourner quand je le souhaite.

— Nul ne sait de quoi l'avenir est fait, et Redstone est propice au mystère et au miracle.

Elle se met soudain à agiter la main. Je regarde à qui elle adresse ce salut, et j'aperçois un homme d'une trentaine d'années, le sourire si éblouissant que ses dents m'aveuglent presque. Le teint hâlé et les muscles saillants mis en valeur par un polo de sport ajusté, il a tout du grand sportif et de l'Américain. Il secoue le bras avec énergie en direction de ma voisine, dont le visage s'éclaire d'un sourire un tantinet sulfureux.

— Un ami ?

— Mon mari, répond-elle avec un air un peu coupable. Le cinquième.

— Oh...

J'essaye de trouver quelque chose d'approprié à dire qui ne serait pas : « Mais il a trente ans de moins que vous ! » et qui pourtant me démange. Lady Catherine me devance en expliquant le plus sérieusement du monde :

— Il n'a pas inventé le fil à couper le beurre, mais il bande comme un taureau.

Après un bref étranglement, je hoche la tête et souris poliment.

Chapitre 4

Le bruit des coups contre la porte me réveille en sursaut.

— Oui, ma chérie, j'arrive, une minute...

J'ai marmonné. M'a-t-elle entendue ? Dois-je me répéter ?

Quand le brouillard se dissipe et que je reprends conscience, je suis assise en travers du lit. Il est 2 heures du matin. J'ignore si je me suis levée et rallongée, ou si je n'ai pas bougé. Les coups ont cessé et le silence règne à nouveau dans la chambre. Il règne aussi dans l'hôtel, car je ne perçois aucun bruit, même en me concentrant. Mes membres sont lourds, et j'ai du mal à bouger, comme si je m'étais empêtrée dans un liquide gluant.

Au bout d'un moment, je réussis à me lever et me dirige vers la salle de bains. La lumière pourtant parfaitement modulée agresse tout mon être. Je constate dans le miroir que j'ai transpiré. Mes cheveux sont collés à mon visage brillant de sueur.

Je fais couler l'eau dans le lavabo et m'asperge abondamment. Cela apaise le feu de mes tempes et achève de me débarrasser des restes de ma désagréable somnolence. Je tresse mes cheveux sur le côté et plaque ma frange humide en arrière. Parfois, quand je prends le temps d'observer le reflet de mon visage, je ne reconnais pas la personne que je vois. Cela ne dure que quelques secondes, juste le temps de me demander qui est cette dame qui m'observe. Elle a l'air d'une adulte, sa figure est grave et ses traits matures. Est-ce que ma mère ressemble à ça ? Puis, je finis par me reconnaître. Je suis toujours la petite gamine à l'air furieux de la DDASS. Les lignes de mon visage se sont juste allongées et les rondeurs de l'enfance ont disparu en même temps que mes illusions.

De retour dans la chambre, j'ai le réflexe étrange de jeter un coup d'œil par la fenêtre. J'ignore ce que j'espère découvrir. Le paysage noyé d'encre noire est troublé par un jet de lumière qui perce à la base du bâtiment et éclaire le jardin sur une dizaine de mètres. On a dû laisser une porte ouverte. Cet hôtel ne dort décidément jamais.

Trois hommes sortent de la lumière. Deux d'entre eux portent un épais tapis roulé, tandis que le troisième ouvre la voie en parlant au téléphone. Je trouve que les porteurs bougent d'une drôle de façon, comme s'ils avaient peur de froisser ou de tordre le tapis. Soudain, l'un d'eux laisse échapper une extrémité du tapis, qui vient s'écraser très lourdement au sol. *Trop* lourdement. Je colle le nez à la vitre juste contre le rideau, de sorte à ne pas être visible.

Les deux porteurs ont l'air de se disputer, bien qu'ils fassent plus de gestes qu'ils ne parlent. Le troisième termine un peu vite sa conversation téléphonique et vient se placer entre les deux. Ce qu'il dit calme ses acolytes, qui se remettent en marche après avoir récupéré le tapis. Ce dernier est ancien, probablement persan et en soie. Une vraie merveille, entortillée tel un rouleau de printemps. Si mon imagination était d'une nature galopante, je penserais qu'une chose très louche est en train de se tramer sous mes fenêtres. Et le fait est qu'à 2 heures du matin, je galope.

Arrête ton cinéma, Sofia… Que veux-tu qu'ils cachent dedans ?

En vérité, tout un tas de choses. Il est de dimensions plus que correctes.

Quelques instants plus tard, je ne distingue presque plus leurs silhouettes dans le fond du jardin, mais un bruit étouffé de moteur de voiture m'indique qu'ils s'en vont.

« Redstone est propice au mystère. »

Je me remémore les paroles de Lady Catherine et, tout en décollant mon front de la vitre froide, je me surprends à sourire.

Comme je suis réveillée, l'envie de repartir explorer le vieil hôtel et de revoir la serre m'assaille à nouveau. Je me change et, quelques minutes plus tard, me voilà au milieu du long couloir silencieux. J'éprouve une impression de familiarité, comme si j'étais venue des dizaines de fois ici, comme si cette tapisserie et ces tableaux avaient toujours fait partie de mon environnement. Le cerveau est une chose si singulière ! Il invente des peurs qui n'existent pas, surévalue des joies ordinaires, créé de l'isolement au milieu de la foule et de la sérénité au milieu du chaos. Je suppose qu'ayant manqué d'un vrai chez-moi, ce drôle d'organe a développé une capacité à le visualiser n'importe où, n'importe quand. Et pour une raison que j'ignore, il a décidé que Redstone allait être mon chez-moi le temps de mon séjour.

Un bruit perce le silence. Il est d'autant plus étrange que tout est calme dans les couloirs. Je suis certaine que c'était un cri. J'ai à peine le temps de m'interroger que je l'entends à nouveau. Plus fort, cette fois. Pas de doute, il émane d'une femme et je sais d'instinct pourquoi elle le pousse. Je marche plus vite, puis finis par courir, quand un nouveau cri déchirant parvient à mes oreilles. Je traverse l'immense mezzanine du second et atteins rapidement l'aile opposée. J'entends encore la voix, plus fort ; je me rapproche.

Au détour d'un virage, je tombe sur la jeune fille blonde de la veille. Son petit corps rondelet se tord sous la pression que lui inflige la poigne d'un homme. C'est une montagne, si on compare son épaisse silhouette à celle de sa proie. La douleur déforme le visage de la jeune femme et je la vois se plier pour soulager la torsion qu'il fait subir à son poignet. Entre deux gémissements, elle le supplie de la laisser partir.

— Hé !

Je me suis placée face à lui et je n'ai pas réfléchi avant de l'interpeller. Le visage de l'homme est ruisselant de sueur, je suis certaine que c'est de l'excitation. Je connais ce regard, celui des dominants, celui des invincibles. Ces créatures sont accros au pouvoir et à l'autorité. J'en ai vu tellement, tout au long de ma vie.

— Je crois que la dame veut que vous la laissiez tranquille.

— Et *je crois* que ce ne sont pas vos affaires, réplique-t-il d'une voix désagréable.

— Je... ça va aller, tente d'apaiser la petite blonde, sans que ça ait le moindre impact.

— Lâchez-la ou j'appelle la sécurité de l'hôtel !

— Attendez, vous vous prenez pour qui ? Une de ces tordues de justicières ?

Il explose de rire. Moi, j'explose tout court :

— Bon, ça suffit, maintenant ! Vous allez lui ficher la paix !

J'essaye de désincarcérer le poignet de la jeune femme de la main luisante de l'homme en tirant de toutes mes forces sur ses doigts boudinés. En vain, il n'en est pas à sa première intimidation physique.

— Tu me fais mal, s'il te plaît laisse-moi ! le supplie la jeune femme. Ce... ce n'est pas si grave. On peut en reparler plus tard...

— Comme si j'avais pas assez d'une hystérique, il m'en faut une deuxième ! tonne l'homme en secouant la main si fort que je crains qu'il ne brise le bras de sa victime. C'est moi qui vais appeler la réception et croyez-moi, vous ferez moins les malignes !

— Oh ! mais faites donc ! Voyons laquelle de nos deux versions sera la plus crédible, mes cinquante kilos toute mouillée ou vos grosses phalanges imprimées dans sa chair.

— Cette gourde ne sera pas de votre côté, je vous le garantis.

— Calmez-vous tous les deux, je vous en prie. On ne va prévenir personne, d'accord ? C'est... ça va aller et...

— Tu veux pas la boucler un peu ? Faut toujours que tu causes des problèmes !

— Non... non, pas du tout, je te jure..., gémit la blonde.

La haine déborde des pupilles de l'homme. Ses muscles se gonflent, et je peux presque entendre son flux sanguin. Je sens qu'il est proche de la rupture et qu'il n'est plus en capacité d'écouter quoi que ce soit. Alors, je lui empoigne l'avant-bras ; je serre si fort qu'il doit sentir mes ongles pénétrer sa chair. Je veux qu'il me voie pour que sa colère se détourne de la malheureuse et me capte, moi. Mon geste est suffisant pour que la bête se réveille. Il lâche la petite blonde et bombe le torse, avant de dresser les mains dans ma direction. En cas de conflit, la règle de base est invariablement la même : frapper en premier. Le coup part. J'écrase mon poing pile à la jonction du nez et de la pommette, là où ça fait le plus mal. Quand on vise le visage, il faut toujours atteindre cet endroit, car les larmes envahissent immédiatement les yeux de l'adversaire, qui ne voit plus rien pendant quelques secondes. L'homme pousse un cri de rage et plaque les mains sur son visage.

La première fois que j'ai cogné quelqu'un, j'avais huit ans. Je m'en souviens comme si c'était hier. Un vaurien avait agressé Mathilde et, comme d'habitude, aucun adulte n'avait assez de temps et d'énergie pour régler le problème. Avec le recul, je ne leur en veux pas ; ils n'étaient pas assez nombreux pour surveiller tous les gamins dont ils avaient la charge. Alors, faute de moyens et tant qu'on tenait debout, ils détournaient les yeux.

Quand il n'y a pas d'ordre, c'est la loi du talion qui règne. Elle est la plus forte. On vous fait quelque chose, vous le rendez en plus fort ou en plus sournois. Il ne faut jamais rien laisser passer, pas la moindre anicroche, car tout est toujours une question de territoire et de respect.

La première fois que j'ai cogné quelqu'un, donc, j'ai eu mal à la main pendant trois jours. Puis j'ai rencontré Nicolas. Un garçon de douze ans, sec et nerveux. Un vrai petit caïd. Il en pinçait pour Mathilde et avait compris que pour avoir la belle dans le château, il fallait endormir son dragon d'amie. Alors, il s'est montré gentil avec moi. Il m'a tout appris sur les violences corporelles. Et l'un des premiers grands secrets de la vie qu'il m'a révélé était qu'un bon coup de poing part du buste, jamais du poignet. Tout le haut du corps doit pivoter pour armer l'épaule, puis le poing. Son enseignement a changé ma vie ainsi que mon positionnement dans la hiérarchie de toutes les cours de récréation suivantes.

Et je constate que, bien des années plus tard, ses

conseils sont toujours aussi efficaces, car j'ai très probablement fendu la pommette de l'homme.

— Sale pute, tu vas v...

J'arme à nouveau ma garde, mais une ombre s'intercale soudain entre mon adversaire et moi. Je fais alors face à un large dos couvert d'un vêtement sombre, et distingue des cheveux relevés en un chignon haut.

Merde... Mister Freeze...

Je recule et jette un coup d'œil à la jeune femme affaissée sur elle-même, les fesses soudées à la moquette. Ce n'est que maintenant que je remarque que plusieurs des boutons de sa chemise ont été arrachés et que le tissu déborde de sa jupe. Il a dû la secouer un moment avant que j'arrive.

— Monsieur, je vais vous demander de vous calmer, déclare sèchement l'homme vêtu de noir.

— Me calmer ? vocifère le porc. C'est une blague ? Cette folle furieuse vient de me péter le nez !

— Vous êtes un grand garçon, vous vous en remettrez. Veuillez retourner dans votre chambre.

— Sûrement pas ! Je veux porter plainte auprès de l'établissement ! C'est inacceptable !

— Vous pouvez le faire de votre chambre.

— Je ne crois pas que vous sachiez à qui vous avez affaire, sinon, vous auriez déjà appelé le directeur !

L'homme en noir que Catherine a appelé Lachlan Boyd extirpe de la poche intérieure de sa veste un portable. Il recule de quelques pas et se met à prendre plusieurs photos, cadrant l'homme et la jeune fille, toujours assise par terre.

— Vous êtes Dimitri Avilov. Fortune russe récente et controversée, qui ambitionne de s'implanter sur le marché européen, comme toutes les fortunes russes récentes et controversées. Excellente stratégie, à ceci près que les Européens sont plus à cheval sur la réputation et l'hypocrisie que les Russes. Je suis certain que les clichés que je viens de prendre raviront les investisseurs que vous vous êtes mis en tête de séduire durant votre séjour. Ai-je correctement répondu à votre question, monsieur, ou souhaitez-vous que je développe ?

Le silence s'abat sur nous comme une chape de plomb. Si les yeux de Dimitri Avilov avaient pu sortir de leurs orbites pour me bouffer toute crue et brûler Lachlan, ils l'auraient fait. Rien que l'idée me donne un haut-le-cœur. Comme nous semblons tous camper sur nos positions, Lachlan Boyd se décide à trancher en s'adressant à moi :

— Raccompagnez-la dans sa chambre, s'il vous plaît.

— Quoi ? C'est tout ? éructe mon adversaire.

Ça me fait mal de le reconnaître, mais j'allais dire la même chose.

— Ne me forcez pas à me répéter, ça me fatigue quand les gens ne comprennent pas ce que je dis du premier coup, réplique Lachlan, aussi concerné par la scène que le serait un four à pain.

Tout mon corps se raidit de frustration et je sens que l'agresseur fait de même. Lachlan ne bouge pas d'un poil ; il est même si immobile qu'on le croirait fait de marbre. Je dois bien lui reconnaître un sacré aplomb, vu les circonstances. J'ignore encore d'où il le tire, mais ce qui est sûr, c'est qu'il a déjà connu la guerre des nerfs et le goût de la haine.

— Est-ce que vous pensez réellement que je vais accepter qu'un balayeur me dise ce que j'ai à faire ?

— Absolument pas. Les balayeurs sont des gens dont il faut se méfier. La bonne nouvelle pour vous, c'est que je n'en suis pas un, et la bonne nouvelle pour moi, c'est que j'ai les moyens de vous coûter cher.

Il prononce ces mots tout bas, un peu sur le ton de la confidence. J'ignore quelle expression a son visage, car il me tourne toujours le dos, mais elle doit être assez convaincante, car le Russe recule d'un pas.

Je saisis le bras de la jolie blondinette tétanisée et je la ramasse comme un vulgaire sac à main. En cas de panique, le corps réagit toujours de deux façons : soit il remue, soit il se fige. La pauvre enfant a encore choisi la mauvaise option car, excepté pour les opossums, jamais aucun immobilisme n'a évité le danger. Et si on interrogeait ces petites bêtes, je ne suis pas certaine qu'elles diraient que leur technique est d'une efficacité folle.

Nous finissons par nous éloigner toutes les deux, sans nous retourner. J'ignore ce qui va se passer, mais il est hors de question que je m'excuse pour ce que j'ai fait ! Avec ce genre d'individus, ceux qui prennent plus qu'ils ne donnent et qui consomment plus qu'ils ne produisent, il n'y a jamais de dialogue possible. Ils ne comprennent que les coups.

La jeune femme m'entraîne au rez-de-chaussée. Nous traversons très vite le hall d'accueil, rasant les murs dès que c'est possible. Je remarque qu'elle s'est tassée sur elle-même et se tient les bras repliés en croix sur la poitrine, comme si elle avait peur de perdre un sein. Elle n'est déjà pas bien grande, mais dans cette posture, on dirait plus une enfant qu'une adulte.

Nous longeons un couloir bien moins élégant que ceux des étages supérieurs. Il me rappelle celui qui donne sur la serre. Les murs sont peints en gris perle et les sols couverts d'un carrelage cabossé en damier blanc et noir. Nous nous arrêtons devant une porte, puis nous nous engouffrons dans une pièce d'une vingtaine de mètres carrés. Il y a une petite entrée étroite qui donne sur un lit, une modeste salle de bains sur la gauche et un coin kitchenette en face. Sans être à la hauteur de la décoration des chambres des clients, l'endroit est plutôt agréable.

À peine entrée, la jeune fille se précipite vers un placard et en sort une longue chemise. Je reste plantée devant la porte, ne sachant pas si je dois la laisser seule ou tenter de la rassurer. Ses gestes sont nerveux, mécaniques, et je la sens prête à s'effondrer.

— Lily, articule-t-elle.

— Pardon ?

— Mon nom, c'est Lily. Enfin, Lily-Rose, mais ça fait un peu trop distingué pour moi. J'ai pas vraiment l'allure d'une Lily-Rose, non ?

Sa réflexion sonne si cruellement à mon oreille que je sens mon cœur se pincer.

— Je... Je ne sais pas, vous êtes la première Lily-Rose que je rencontre. Je m'appelle Sofia.

— Française ?

— Oui.

— Les Français sont toujours si élégants.

Oui, enfin ça, c'est ce que disent les magazines féminins pour vendre des espaces publicitaires.

— Merci.

— Je vous en prie.

— Tellement stupide, cette histoire, soupire-t-elle. Je m'étais pourtant promis d'être un peu moins bête, mais il paraît qu'on naît stupide ou intelligent et qu'on peut trop rien faire pour arranger le truc, après. Pas de chance, quoi.

— Je crois que vous êtes un peu dure avec vous-même. C'est lui le problème, pas vous.

— Oh non, je suis réaliste. Je suis vraiment stupide. Là, vous ne vous en rendez pas compte parce qu'on vient de se rencontrer, mais en vrai, je suis très bête. C'est comme ça.

Pendant un instant, j'ai l'idée saugrenue d'une caméra cachée.

— Écoutez, je sais que ça ne me regarde pas, mais que s'est-il passé là-haut ?

— Pourquoi ça vous regarderait pas ? Vous avez cassé la figure à mon petit ami, vous avez le droit de savoir pourquoi.

Idiote peut-être, mais perspicace.

— Je ne dirais pas exactement « casser la figure », je dirais plutôt... Lily, je suis désolée d'avoir agressé votre petit ami.

— Mais non, faut pas. C'est lui, d'habitude, qui me cogne, alors ça me fait des vacances, pour une fois on le frappe, lui.

J'observe cette singulière créature aborder le thème de la violence avec si peu de sérieux que j'en ai des frissons. Que s'est-il passé dans sa vie pour qu'elle pense que les coups ne sont pas une chose terrible ?

En quelques secondes, elle se déshabille devant moi sans la moindre pudeur, puis enfile un pantalon de pyjama en coton blanc rayé de rouge. J'ai l'impression d'être face à l'un de ces petits rongeurs craintifs et si mignons. Un chinchilla. C'est ça... On dirait un chinchilla.

— Loin de moi l'idée de vous juger, mais vous ne pensez pas que s'il vous frappe, c'est peut-être qu'il n'est pas bon pour vous ?

Mais qu'est-ce que je fabrique ? Me voilà jouant les mères supérieures. Comme si j'étais en droit d'émettre un jugement de valeur sur la vie des autres. Qu'est-ce que la mienne a de tellement mieux, pour que je me croie autorisée à donner des leçons ?

— Oh ça, je me rends bien compte qu'il est très loin de l'image du prince charmant, répond-elle en haussant les épaules et en se laissant choir sur le lit. Vous savez, au début, il était pas comme ça.

— Ils ne le sont jamais.

Elle me fait signe de venir m'asseoir à côté d'elle.

— Je me suis dit que c'était le bon. En fait, je me dis toujours que c'est le bon. Mais ça ne marche jamais.

Je souris avec tendresse.

— Dites-vous que, maintenant, vous connaissez son vrai visage.

Quelqu'un entre brusquement dans la pièce. De là où je me trouve, je ne peux le voir, mais l'expression du visage de ma voisine semble indiquer qu'il s'agit d'un ami.

— Lily, c'est quoi, cette histoire ? lance l'homme dont la voix m'apparaît familière. La vieille de la 105 vient de me dire que tu t'es fait agresser ?

— Mme Gardner ?

Quand il arrive à ma hauteur, il se décompose. Je comprends pourquoi sa voix me dit quelque chose, c'est lui qui m'a reçue à la réception, après l'incident de l'homme nu.

— Oh ! lâche-t-il avec gêne.

— C'est une amie, Archibald.

— Tu es sûre ?

— Elle m'a sauvée.

— N'exagérez pas, je ne vous ai pas vraiment *sauvée*...

— C'est vous qui avez fracassé le nez du russe ? me demande Archibald avec admiration.

— Je l'ai juste un peu frappé au visage, je ne crois pas que le nez soit cassé.

— Dommage, ça lui aurait peut-être remis les idées en place ! réplique-t-il, en faisant chauffer de l'eau dans une bouilloire.

— Il était pas comme ça au début ! plaide Lily d'un ton de petite fille.

— Si, chérie, il l'était. Mais dès qu'il s'agit des hommes, tu es brusquement atteinte de surdité et d'aveuglement.

Archibald me tend une tasse de thé, ainsi qu'à ma voisine, tout en poursuivant sur sa lancée :

— La vieille de la 105 m'a aussi dit que le croque-mitaine était de la partie ?

— Le croque-mitaine ?

— L'homme en noir qui a toujours l'air en colère et qui s'est interposé, traduit Lily.

C'est une assez bonne description.

— Oui, c'est ça, poursuit-elle. Je ne savais pas qu'il était de garde, cette nuit. Pas de bol.

— Il ne l'était pas. J'ai vérifié, il n'est même pas référencé dans l'organigramme. Il se contente d'errer la nuit dans les couloirs de l'hôtel.

— Et, visiblement, je fais bien de le faire.

Nous cessons tous de parler et de respirer. Le croquemitaine se trouve manifestement à l'entrée de la chambre, car même si nous ne le voyons pas, son intervention nous est parvenue. Sa silhouette rectiligne et glacée ne tarde pas à surgir devant nous.

— Il me semble que le secret d'une bonne sournoiserie, c'est la discrétion, dit-il à Archibald. La prochaine fois que vous crachez du venin, veillez à fermer la porte.

— Je... heu... désolé.

— Ne le soyez pas, cela m'indiffère autant qu'à vous.

Je suis certaine qu'on doit faire les mêmes têtes que celles de collégiens convoqués dans le bureau du proviseur. Lachlan se penche vers Lily afin de l'observer de plus près, ce qui la remet en mode opossum. Je sens les effluves légers de son parfum, que je trouve un peu trop chaleureux pour lui. Sa barbe courte est impeccablement taillée. Cet homme a un vrai culte de l'ordre. Cependant, je distingue un léger changement dans son attitude. Son regard a l'air de s'adoucir, comme si un embryon d'émotion se formait malgré lui dans le fond de ses pupilles. Cette impression dure à peine une seconde, le temps pour lui de se redresser.

— Vous a-t-il fait du mal ? demande-t-il sans passion, mais avec un peu moins de froideur.

— Non, c'est plutôt Sofia qui lui a fait mal.

Cette fille a la jugeote d'un concombre.

— Oui, l'information ne m'avait pas échappé, poursuit Lachlan plus sèchement. Je parle de ce qui s'est passé avant.

— Non, il m'a juste secouée... fort. C'était un bon soir pour lui...

— À l'avenir, je ne saurais trop vous conseiller d'éviter de vous mettre dans des situations telles que celle-là.

Ma colonne se raidit, tandis que tout mon être hurle : « Elle est forte, celle-là ! »

J'arrive cependant à nuancer :

— Vous n'êtes pas en train d'insinuer que c'est sa faute, s'il l'a molestée ?

— Non. En revanche, entretenir une relation inappropriée avec un client de l'hôtel l'est totalement.

— C'est vous qui parlez de relation inappropriée avec un client de l'hôtel ? C'est un peu l'hôpital qui se moque de la charité, non ?

— Je ne crois pas que nous ayons couché ensemble.

— Dieu nous en préserve, mais il me semble qu'il n'existe pas qu'une seule sorte de relation inappropriée avec les clients de l'hôtel.

— Puis-je vous dire un mot dans le couloir ?

Je sens que c'est une très mauvaise idée.

— J'en frétille d'impatience.

Je ne suis pas certaine d'avoir desserré les dents avant de lui répondre.

Nous sortons donc de la chambre sous les regards curieux de Lily et d'Archibald.

Une fois dans le couloir, il se plante devant moi en croisant les bras sur le torse.

— Qu'est-ce qui vous a pris d'agresser cet homme de cette façon ?

Je sens bien qu'il en faudrait peu pour que j'aie envie de remettre ça.

— Vous êtes sérieux ? Il lui tordait tellement le bras qu'il aurait pu le lui briser. Je n'allais pas rester sans réagir !

— Entre l'inaction et la droite de Mohamed Ali, vous ne pensez pas qu'il y a un juste milieu ?

— Vous me prenez pour qui ? Je lui ai demandé de la laisser tranquille, il ne m'a pas écoutée.

— Et quand les gens ne vous écoutent pas, vous leur démolissez le portrait ?

— Oh ! je vous en prie, ce type fait le double de ma carrure, je ne l'ai pas mis K-O non plus !

— Un problème d'échauffement, sans doute.

— Écoutez, je ne sais pas quelles sont vos méthodes managériales, ici, mais ce soir j'ai assisté à l'agression d'une femme. Nous étions toutes seules, personne n'est sorti de sa chambre, alors qu'elle a crié plusieurs fois. Peut-être que vous trouvez ma réaction exagérée, *peut-être* qu'elle l'est effectivement, sauf que si c'était à refaire, je n'hésiterais pas une minute parce que le fait est qu'il l'a lâchée.

— Vous avez pris des risques inconsidérés en préférant vous conduire comme une justicière des rues plutôt qu'en prévenant quelqu'un de l'hôtel.

— Pour lui laisser le temps de la traîner dans sa chambre et de finir de l'agresser ? J'ai paré au plus pressé.

— Elle pourrait avoir de gros problèmes à cause de cette décision prise « au plus pressé ».

— Quels problèmes ? Je n'ai pas l'intention de me défiler. Si ce por... si ce monsieur décide de porter plainte, j'en assumerai les conséquences. C'est moi qui l'ai frappé, Lily n'avait rien demandé.

— Vous n'êtes pas si naïve ? Vous pensez que l'hôtel prendrait le risque que deux clients se battent à coups de procès, quand il peut s'en prendre à une femme de chambre et la désigner comme seule responsable ?

Je marque un silence. Mes poings se serrent sans que je puisse les en empêcher.

— Alors voilà, nous y sommes. C'est ce que vous allez faire ? Appliquer la double peine ? Elle se fait agresser par un client fortuné et c'est elle qu'on élimine du tableau. Parfait ! Pensez à envoyer un mémo à tous les pervers du même genre pour leur dire que c'est buffet à volonté de victimes, l'hôtel garantit un arrivage régulier de chair fraîche !

J'ai un léger hoquet. Mes paroles ont encore une fois dépassé ma pensée et si je suis convaincue de chaque mot, je sais bien que je n'aurais pas dû les prononcer. « Il faut choisir ses batailles », me disait toujours Mathilde. Dans le fond, et même si cela me met hors de moi, elle a raison. J'ignore la position hiérarchique de mon interlocuteur et le pouvoir qu'il peut exercer sur Lily. Me le mettre à dos est une très mauvaise stratégie. Je suis certaine que mes yeux trahissent mes regrets et, même si je reste bien droite, mes pupilles doivent vaciller. Étonnamment, Lachlan ne réagit pas, alors que je lui ai donné suffisamment de bâtons pour me battre à mort. Plusieurs secondes s'écoulent sans qu'il ne prononce aucun mot. Il m'observe et je n'arrive pas à lire en lui.

— Retournez dans votre chambre et mettez de la

glace sur votre main, elle est en train d'enfler, finit-il par conclure.

Détournant son attention de ma petite personne, il ouvre brusquement la porte de la chambre, manquant d'éborgner Lily et Archibald, dont les visages se trouvaient collés juste derrière.

— L'espionnage aussi demande de la discrétion, commente-t-il froidement, avant de tourner les talons et de disparaître au bout du couloir.

— Je rêve ou il a souri ? demande Archibald.

— C'était pas plutôt un genre de tic nerveux ? nuance Lily.

Le regard happé par son sillage, je tranche :

— Non, il a bien souri.

Chapitre 5

Troisième jour de mon exil forcé à la Royal Redstone House. Allongée sur le dos, bras et jambes en étoile de mer, je m'ennuie à mourir. Lady Catherine avait raison : dans le coin, on ne peut pas dire que ça respire l'hyperactivité.

Paul a appelé ce matin. Il a beau me ressortir tout son registre de blagues, je sens bien qu'il est inquiet. Jamais marié, jamais d'enfant, il a, dès le départ, surinvesti son rôle de mentor. Il cherchait sans doute depuis longtemps une créature isolée et en demande d'attention, afin de pouvoir jouer ce rôle. J'ai toujours été très surprise de constater qu'il n'avait jamais essayé avant moi. D'après lui, c'est parce que je suis spéciale qu'il fait une exception à son indifférence pathologique concernant les rapports humains. Moi, je crois que ma tête de chiot mouillé l'a attendri. Quand il m'a cueillie à la sortie de la faculté, j'étais une chose chiffonnée et agressive qui avait peu de points communs avec un être humain civilisé. Autant dire qu'à Monaco, je faisais tache. Avec le recul, je pense que Paul aime les taches sur le ciel clair de la principauté.

Au téléphone, il a bien pris garde de n'aborder aucun des sujets qui fâchent, *comme si* j'étais réellement en vacances, *comme si* rien ne s'était brisé, là-bas. Dans ce jeu de dupes, j'ai moi aussi avancé mes pions. J'ai fait semblant de le rassurer, en lui vantant les mérites de la collection d'œuvres d'art exposées dans l'hôtel, du magnifique paysage qui l'entoure et des gens étranges mais intéressants qu'on y croise. Évidemment, j'ai omis de lui rapporter l'incident du coup de poing. Il aurait à coup sûr analysé la scène comme une compensation des événements précédents. Peut-être même aurait-il tenu le même discours que Lachlan : entre l'inaction et la droite de Mohamed Ali, il y avait sans doute un juste milieu.

Après son appel, je décide d'aller visiter les alentours. J'enfile un pantacourt noir, une tunique en soie rose poudré, des ballerines foncées, et me voilà prête à partir à l'aventure. Mon périple prend cependant du retard dès le départ, car il y a foule à la réception et je ne peux pas partir sans laisser l'énorme clé de la chambre, laquelle, si je la laisse dans mon sac, va m'arracher une épaule.

Pendant que j'attends dans la file, je remarque que le tableau de Dante Gabriel Rossetti a été décroché et remplacé par une croûte sans aucun intérêt.

— Mademoiselle, comment puis-je vous aider ?

La voix mélodieuse et hypnotique de la réceptionniste me tire de mes pensées.

— Pardon, je viens vous laisser ma clé.

— Merci, je vous souhaite une excellente journée.

— Excusez-moi, où est passé le Rossetti ?

— Le Rossetti ?

— Le tableau qu'il y avait derrière vous hier encore.

Elle se retourne, puis me fixe avec une expression de lapin.

— C'est celui-là, il me semble.

— Non, ça, c'est une croûte. L'autre représentait Andromède.

Voilà que le lapin a l'air d'être pris dans les phares d'une voiture.

Je répète :

— Andromède. Une jeune femme enchaînée à un rocher en attendant de se faire manger par un gros poisson. Ou un mammifère marin, il y a débat sur la question. Vous ne voyez pas ?

— Je suis désolée, je n'ai jamais fait attention.

— Est-ce qu'il serait possible de vous renseigner sur ce qu'il est devenu ?

— Heu, oui, bien entendu, répond-elle docilement, avant de s'emparer d'un cahier dans lequel je comprends que sont notées toutes les réclamations des clients.

— Il est en restauration.

Une voix masculine vient de s'immiscer dans la conversation. Je tourne la tête et suis surprise de me trouver nez à nez avec Glen Wallace. Je me concentre pour ne pas sourire en repensant aux propos de Lady Catherine le concernant. J'ai toujours trouvé le monde de la séduction un peu obscur, cependant je sais reconnaître un séducteur quand j'en vois un. L'homme est sûr de son charme et aussi de son importance, ce qui lui donne une assurance qui peut susciter l'admiration. Il est bien plus facile de se lancer dans la conquête quand on sait qu'on a de grandes chances de réussir.

— Il ne m'avait pas semblé abîmé.

— Vous êtes donc amatrice d'art, commente-t-il, en souriant magnifiquement.

— Au point d'en avoir fait mon métier.

— Comme c'est intéressant. Et dans quel domaine, si je ne suis pas trop indiscret ?

— Je suis directrice de collection dans une galerie

d'art à Monaco. Et ma spécialité concerne justement les préraphaélites.

— Je suis ravi de recevoir une experte. La plupart des personnes qui vont et viennent ici ne remarquent même pas les tableaux accrochés au mur.

— Ce n'est pas mon cas. J'avoue qu'en me perdant dans les couloirs, je suis tombée sur de vraies merveilles. Il y a notamment une serre, dans l'autre aile, au rez-de-chaussée, qui est assez fascinante.

Sans me vanter, celle-là, elle vaut mille points de bonus en subtilité et transition !

— Cette serre n'est pas ouverte au public.

Bon, peut-être pas mille points.

— Je m'étais *perdue.*

Il laisse filer un silence savamment dosé pour me laisser le temps d'être distraite et subjuguée par l'intensité de son regard. Je reconnais qu'à ce jeu, il est très fort. Son attention se concentre sur moi, assez pour me flatter, mais pas trop pour ne pas me mettre mal à l'aise. Je me sens spéciale et pourtant non désirée comme un objet de convoitise. On ne saurait trop sous-estimer l'impeccable éducation des Britanniques.

— Je détesterais que votre séjour ici se résume à des errements, relance-t-il, permettez-moi donc de vous servir de guide. Vous m'apprendrez certainement beaucoup de choses sur ma propre collection que je pourrai ensuite replacer dans une conversation auprès de mes investisseurs.

— Avec plaisir.

— Alors, que diriez-vous de m'accompagner demain soir, si j'ai la chance que vous soyez encore des nôtres.

— Je reste encore un certain temps, donc j'accepte votre proposition.

— Parfait. Je propose qu'on se retrouve dans le hall à 19 heures, si cela vous convient.

— Cela me convient.

Après m'avoir saluée avec élégance, « le seigneur et maître des lieux », tel que qualifié par Lady Catherine, prend congé de son personnel et de moi-même. Je remarque que la réceptionniste est indifférente à ce qui l'entoure, comme si elle n'était qu'un automate qui se met en marche uniquement quand un client lui pose une question. Étant donné que je la soupçonne quand même d'être faite de chair et de sang, je pense que son manque de réaction vient du fait que Glen Wallace doit souvent proposer aux clientes de découvrir sa « grande collection ».

Je m'apprête enfin à quitter l'hôtel quand j'aperçois Lily, sur la gauche, les bras chargés d'une pile de serviettes blanches. J'hésite un peu, puis me dirige vers elle.

— Lily !

En entendant son nom, elle s'arrête net au milieu du couloir. Dès qu'elle me voit, son visage s'éclaire. Cette fille est un livre ouvert sur ses émotions. Elle n'a aucun filtre ni aucun mécanisme de protection. Je la trouve fascinante et, au fond de moi, j'éprouve une certaine admiration pour cette capacité à rester vraie et pure dans un monde où le faux-semblant est la règle sociale.

— Sofia ! Comment allez-vous, ce matin ?

— « Comment *vas-tu* » suffira. Mais c'est plutôt à toi de répondre à cette question.

— Oh ! moi, ça va !

Elle se penche dans ma direction, comme si elle souhaitait me confier un grand secret.

— Personne ne m'a rien dit, je pense que M. Boyd n'a pas du tout parlé de l'incident.

— C'est une très bonne chose. Ton petit ami n'a pas essayé de te chercher des problèmes, au moins ?

— En fait, il était parti quand j'ai pris mon service.

— *Parti*... de l'hôtel ?

— C'est ça.

— Ah et c'est... c'est bien, non ?

Elle hausse plusieurs fois les épaules.

— Archibald et toi, vous avez raison, je ne sais pas choisir mes partenaires. Je pense pas qu'il aurait changé. Est-ce que ça arrive, des fois ?

— Que les gens changent ?

— Oui.

— Non, je ne crois pas. Mais je ne suis pas la mieux placée pour te répondre, je pense être un peu trop cynique pour faire preuve d'objectivité.

Je l'accompagne sur quelques mètres pour ne pas la mettre en retard dans son travail. Elle me raconte alors tout un tas d'anecdotes sur des clients que je ne connais pas. Son babillage, auquel je ne comprends pas grand-chose — et je ne suis pas convaincue qu'elle le comprenne bien plus — me met de bonne humeur.

Tandis que nous avançons, nous remarquons la présence d'Archibald, posté en sentinelle sur le pas de la porte d'une chambre. Nous ne distinguons pas la personne qui se trouve à l'intérieur, mais ce qu'elle raconte doit être assez important pour susciter chez le jeune homme une pareille concentration.

Nous nous rapprochons lentement. Lily finit par me chuchoter un « Mme Gardner ».

— Je vous présente nos plus sincères excuses, réussit enfin à placer Archibald au milieu du monologue de la cliente, je vais aller me renseigner auprès du service de nettoyage.

— Faites donc cela, car il y a forcément un problème, déclare la femme avec agacement. J'ai porté cette robe pas plus tard que le mois dernier, et elle m'allait très bien. Or, voilà que ce matin, je ne la ferme plus. C'est inacceptable, vous avez dû la laver beaucoup trop chaud et le tissu a rétréci. C'est une robe de grand couturier, vous savez, ce n'est pas une de ces friperies vendues dans les boutiques de la région !

— Soyez assurée que nous vous dédommagerons en cas d'erreur.

— Et j'attends votre rapport ! reprend son interlocutrice, avant de fermer un peu brutalement la porte.

— Pimbêch...

Archibald s'interrompt lorsqu'il nous aperçoit.

— Sofia, vous êtes superbe dans ces couleurs ! enchaîne-t-il.

— Merci, j'ai décidé d'explorer les alentours.

— Vous allez à Oban ?

— C'est l'idée.

— Dans ce cas, faites un tour au Dead Frog, c'est un pub où on mange les meilleures spécialités de la région.

— On y fait de chouettes rencontres aussi, précise Lily.

— Chérie, tu te souviens de notre conversation ? Mets ta culotte au repos.

— Mais je disais juste ça parce que les gens sont sympas, là-bas. Je ne crois pas que tu sois obligé de coucher avec eux.

— Tu ne crois pas ? T'as jamais essayé, en fait.

— Bah non.

Leur échange est troublé par l'arrivée d'autres membres du personnel, aussi je prends la décision de m'éclipser pour ne pas leur attirer de problèmes, enfin pas *plus* de problèmes que je ne l'ai déjà fait.

Sur le guide touristique que Paul a glissé dans ma valise la veille de mon départ, il est indiqué qu'on peut atteindre la ville côtière d'Oban en quarante minutes à pied. Il fait beau, j'ai de bonnes chaussures, je me lance donc dans la promenade.

Pour un mois de juin, l'air est un peu frais. J'ai bien dans l'idée qu'un mois de juin à Monaco n'est pas représentatif de tous les mois de juin de tous les coins de la planète, mais en bonne touriste, je ne peux m'empêcher de comparer. Je suis pourtant ici aussi tout près d'une côte, excepté que la lumière y est plus douce que sur le Rocher, comme si un voile extrêmement fin et à peine teinté avait recouvert toute la région. Le ciel est moucheté de petits nuages qui s'effilochent par endroits comme un vieux drap. On n'a jamais ce genre de pellicule nuageuse dans le Sud. Soit il n'y a rien, soit c'est très chargé, mais jamais entre les deux. Les rayons du soleil me parviennent au travers de ce filtre. Bien qu'ils soient atténués, je les sens chauffer ma peau.

Sur la route, je croise d'autres touristes qui ont eu la même idée que moi. Nous nous saluons. C'est une loi universelle : les touristes se saluent quand ils se croisent, alors qu'ils ne le font jamais avec leurs voisins, dès lors qu'ils rentrent chez eux. Il faut croire que les vacances rendent poli.

À mesure que j'approche de la ville — et même si mon horizon est encombré de verdure —, je commence à percevoir dans l'air des effluves de plus en plus iodés. Je souris, car je me sens à nouveau chez moi. Le relief, vallonné et foisonnant de végétation, ouvre sur des habitations dont les toits en tuiles grises reflètent la pâleur du rayonnement solaire.

Je m'engouffre dans les rues sans réel but, si ce n'est m'imprégner de l'ambiance. Les maisons que je découvre ont une architecture un brin austère. Les façades sont hautes et les ouvertures étroites ; il y a de la fierté dans ces ensembles. Plus je me dirige vers la rive, plus la foule se densifie, tout comme l'activité dans les rues. Les façades en bois des magasins affichent des couleurs vives qui rompent avec la monochromie des habitations.

Je dégaine mon appareil photo et commence à faire des cadrages que seuls les amateurs trouvent intéressants. L'air frais et parfumé emplit mes poumons d'une sensation de légèreté. Pour la première fois depuis longtemps, je ne pense à rien et m'émerveille de détails. Les mâts des bateaux, dont je m'amuse à percevoir le léger tangage, l'accent des autochtones, auquel je ne comprends presque rien, les affiches publicitaires de produits que je ne connais pas. C'est un endroit où j'imagine qu'il fait bon vivre. Mathilde adorerait ce lieu. En dehors du Rocher, elle a toujours trouvé un côté factice à Monaco ; les immeubles peints de nuances criardes, et superposés en lignes si serrées qu'ils s'étouffent eux-mêmes faute de place, manquent d'authenticité à ses yeux.

Elle ador...

Je regarde autour de moi et, soudain, une terrible vérité me terrasse. Je suis seule.

Cette vie n'est pas vraiment la mienne...

Un instant, je perds totalement mes repères. Je ne sais plus par où je suis arrivée, ni dans quelle direction se trouve Redstone. Mon rythme cardiaque s'accélère, je sens que je transpire, mes mains tremblent. Comment reprendre le fil de ma respiration ? J'étouffe. Je cherche un point de repère, quelque chose auquel me retenir avant de tomber. N'importe quoi fera l'affaire. Et soudain, je remarque enfin quelque chose de familier. Le tapis. C'est comme un phare qui s'allume dans la nuit noire et me reconnecte à la réalité.

— Qu'est-ce que...

Je me rapproche de la vitrine d'un magasin qui se trouve à côté de moi. Exposé en travers d'un immense canapé, se trouve le tapis que j'ai vu deux nuits auparavant. Dans mon métier, on apprend à identifier les objets en listant un certain nombre de caractéristiques qui les définissent à coup sûr. On ne regarde jamais la chose dans son ensemble, mais toujours selon une accumulation de détails. Si ce n'est pas le tapis ancien que j'ai vu dans la cour hier, alors celui-ci en est une copie conforme.

Émettre des hypothèses est ce que je fais de mieux ; je passe même le plus clair de mon temps à cet exercice. Le faire en observant les motifs formés par la soie calme donc mes angoisses et je m'accroche désespérément à ça. Si Redstone se débarrasse de certaines de ses antiquités, cela ne peut signifier qu'une chose : l'hôtel a besoin d'argent, ce qui expliquerait le laisser-aller de certaines salles. Cependant, cela semble en totale contradiction avec les propos de Lady Catherine, qui vantait au contraire la réussite commerciale du clan. Mais cette aristocrate un peu déconnectée de la vraie vie et des vrais gens peut-elle avoir un avis éclairé sur la question ?

Tandis que je tords mes idées dans tous les sens, du mouvement, à l'intérieur de la boutique, interrompt le fil de mes pensées. Deux hommes en saluent un troisième, sans doute le vendeur, avant de se diriger vers la sortie.

— Mais ce sont eux... Je me d...

Je n'ai pas le temps de terminer ma phrase. Quelqu'un me saisit le bras, me tire brusquement en arrière et m'entraîne dans une rue perpendiculaire au magasin. Tout se passe si vite, que je n'ai pas le temps de réagir.

Une fois le dos plaqué au mur, je dévisage la personne qui s'est permis de me déplacer sans mon consentement. Il me faut quelques secondes pour reconnaître Lachlan Boyd. Il a quitté son costume noir pour un T-shirt dans la même teinte et une veste ajustée en cuir marron foncé. Ses cheveux sont détachés et tombent en dégradé de part et d'autre de son visage jusqu'à la base du cou. Ses yeux verts que la lumière fait flamber ont l'air aussi coupants que du silex. C'est bien lui, mais en un peu moins civilisé.

— Vous avez une demi-seconde pour me dire ce qui vous a pris de m'attraper comme ça !

— Aucun problème, je tiens à la ligne de mon nez.

— C'est que vous n'êtes pas perfectionniste.

Je remarque un très léger sourire se dessiner sur ses lèvres, juste ce qu'il faut pour deviner la naissance d'une fossette au creux de sa joue.

— J'essaye d'éviter que les hommes que vous avez vus dans le magasin ne vous repèrent, m'explique-t-il avec un grand sérieux.

— Pourquoi me repéreraient-ils, je ne suis pas d'ici.

— Vous parlez toute seule, la tête collée à la vitrine. Je ne sais pas si chez vous c'est une pratique courante, mais ici, comme partout ailleurs, c'est repérable.

Je m'offusque :

— Je ne parle pas toute seule !

— Si. Est-ce que c'est lié à un TOC, ou c'est que vous êtes dingue ? Notez que l'un ou l'autre m'importent peu tant que vous ne sabotez pas mon travail.

Je plierais bien en deux son joli petit nez à la *ligne parfaite.*

— Pour l'instant, c'est vous qui passez pour un dingue. Comment pourrais-je saboter votre travail ? Est-ce que ça a un rapport avec le tapis et les hommes à l'intérieur ? Qui sont-ils ?

— Je l'ignore encore, mais il se pourrait qu'ils soient mêlés à quelque chose d'illégal en rapport avec Redstone.

Mon sourcil droit s'arque.

— Vous êtes un genre de policier ?

— Non, mais j'ai les intérêts de l'hôtel à cœur.

— Rappelez-moi les fonctions que vous y exercez...

Pour toute réponse, il m'empoigne les épaules, me pousse sans ménagement quelques mètres plus loin dans la ruelle, et me plaque une nouvelle fois au mur, juste à côté d'une énorme poubelle. J'entends très distinctement les voix de deux hommes se rapprocher et je devine qu'il s'agit de ceux que j'ai vus dans la boutique. Ils restent quelques instants dans la rue, à quelques pas à peine de là où nous nous trouvons. J'ai du mal à comprendre ce qu'ils racontent car leur accent est très fort, mais je crois deviner qu'il s'agit d'argent.

Je sens des picotements dans mon dos. J'ai été poussée si vite que j'ai heurté la façade un peu fort. Les mains de Lachlan emprisonnent toujours mes épaules et me maintiennent collée à la pierre. Je suppose que n'importe quelle autre personne se serait dégagée ou aurait protesté avec force contre cette atteinte à la liberté de mouvement. Pas moi. Et je sais bien pourquoi. J'ai beau porter le masque de la civilisation, sourire, parler posément, prendre du recul, rien ne peut totalement étouffer mon secret. La violence a été la seule constante de ma vie. La violence des mots, celle de la vie, celle des autres, la mienne. Je n'ai jamais connu que le rapport de force, il m'est familier, c'est ma langue natale. Il me rassure.

Mathilde a dépensé une énergie folle à gommer ces réflexes acquis — ou peut-être innés, qui peut le savoir ? — de comportement social. J'ignore comment elle a réussi ce tour de force, mais elle a traversé le chaos de l'enfance et de l'adolescence en restant douce, bienveillante et compatissante. Moi, les crocs et les griffes sont très vite sortis de mon corps, et je n'ai jamais respecté que ceux qui en possédaient aussi.

C'est sans doute la raison pour laquelle je vois cet homme pour la première fois. Sans le savoir, il vient de parler mon langage. Celui de l'action et de la réaction instinctive. Ce que j'ai décelé dès le départ dans ses yeux et son attitude, n'était que mon reflet dans son miroir. Le voilà, le drôle de lien que je ne pouvais expliquer. Lui aussi connaît le rapport de force et la violence. Je vois ses crocs et ses griffes. Ça me plaît autant que ça me rend triste.

Mathilde me disait : « Tu es un crocodile. » Une seconde, immobile, impassible et inoffensive, la seconde d'après, violente, agressive et incontrôlable. Et entre ces deux instants, presque aucune nuance.

Mon visage se trouve au niveau des épaules de Lachlan. Sa veste en cuir souligne leur envergure et donne de l'emphase à sa silhouette. Il a un cou long et nerveux ; l'arête de sa mâchoire est volontaire, un brin anguleuse. Son attention est entièrement tournée vers les deux hommes, et je sens sa concentration couler dans ses veines et tendre ses muscles. J'ajoute la détermination jusqu'à la rigidité au nombre des caractéristiques que je devine chez lui.

Il tourne soudain le visage vers moi. Ses yeux verts piqués de jaune en leur centre sont comme des projecteurs. Il y a tant d'autorité et de certitude, dans ces pupilles ! Elles vibrent d'intensité. Il me semble qu'il accentue la pression de ses mains sur mes épaules et ça m'électrise. Je reste *immobile*, *impassible*, *inoffensive*, j'observe.

Et je comprends.

Lui aussi est un crocodile. Et nous sommes sur le même territoire.

Chapitre 6

Lachlan m'a immédiatement libérée, lorsque les deux hommes se sont décidés à partir, et la tension que je sentais en lui s'est dans le même temps évaporée. Le givre a envahi son visage : le seigneur des glaces se tenait de nouveau devant moi.

J'ai bien essayé de lui tirer les vers du nez à propos de sa présence ici, et de ceux qu'il semblait suivre, mais tout ce que j'ai obtenu a été un poli mais froid : « Ça ne vous regarde pas. Profitez de vos vacances. » Et l'instant d'après, il disparaissait lui aussi au coin de la rue.

Sa réaction ne me surprend guère. Il n'est pas le genre de personne à faciliter les rapports humains ; cela fait sans doute bien longtemps qu'il les méprise et n'en voit guère l'utilité. Tout comme doivent l'indifférer le jugement ou l'affection de ses congénères. C'est un homme efficace et pragmatique. Quel que soit son objectif à Redstone, il occupe toutes ses pensées.

Mon horizon s'éclaire enfin. Jusque-là, je craignais que mon repos forcé, mes vacances contraintes ne finissent par avoir raison de ma patience et de mes nerfs. Mais la chance semble m'envoyer le signe que j'attendais : l'espoir d'une activité cérébrale qui détournerait mon attention de ce que je crève de trouille d'affronter. C'est la raison pour laquelle je suis en train de sourire, plantée comme un clou, les bras ballants, dans la ruelle juste à côté de la poubelle. Je vais m'employer à trouver ce que Lachlan est venu régler à l'hôtel. Cette occupation me détournera de mes cauchemars.

Et elle me laissera dormir... peut-être.

Je suis revenue par le même chemin qu'à l'aller. La pellicule de nuages s'est déchirée, formant des sortes de grumeaux cotonneux, et, par les trouées, des rayons de soleil frappent la végétation. J'emplis mes poumons d'air frais et me laisse hypnotiser par cette nature luxuriante. Il n'y a jamais autant de verdure dans le Sud et pour celle qui persiste, elle finit toujours par jaunir et se racornir.

Lorsque j'atteins les murs imposants de Redstone, je réalise à quel point ce château a de l'allure. Rien ou presque n'indique qu'il s'agit d'un hôtel ; tout a été fait pour maintenir les lieux le plus près possible de leur état d'origine.

Je me surprends à imaginer la vie à l'époque où Élisabeth Ire en a fait don à son pirate audacieux et zélé. J'entends au loin le bruit sourd des sabots des chevaux, je sens l'odeur du foin et rêve de magnifiques jupons colorés, dont le bruissement se mêle à celui des éventails. Ici, il est très facile de se déconnecter du monde et d'oublier la routine désincarnée de son existence moderne. Paul a peut-être raison. J'ai *peut-être* besoin de cet endroit.

Avant de regagner ma chambre, je fais un détour par le lac que je n'ai pas encore étudié de près. La surface en est si immobile qu'on le dirait vitrifié. Un large et long ponton avance au-dessus de l'eau sur plusieurs dizaines de mètres et, de part et d'autre, se trouvent amarrées de jolies barques colorées. Sur la gauche du lac, l'une d'entre elles promène un couple à l'attitude un peu lascive. En gentleman impeccable, l'homme rame sans grande énergie en direction de la rive. Des chaises longues sont installées un peu partout sur la pelouse.

L'endroit est une parfaite illustration de ce qu'on imagine de la campagne écossaise peinte par les classiques de la littérature. Celle que les auteurs classiques ont mise en scène pour nous faire croire que toute la magie du monde se nichait entre un lac, une vallée verdoyante et des falaises venteuses.

Quel beau cliché, quand même…

C'est aux alentours de 17 heures que je me décide enfin à rentrer à Redstone. Vers 16 heures, l'hôtel propose à ses clients, sous forme de buffet, un *afternoon tea* dans la plus pure tradition britannique. Seuls les habitués en profitent, car les touristes de passage ne rentrent que bien plus tard. Parmi les nombreuses règles de vie que Paul m'a inculquées, figure l'art d'apprécier le bon thé, et je dois dire que de ce point de vue, le service réalise un sans-faute.

Alors que je pénètre dans la salle du restaurant, j'aperçois Lady Catherine, toujours à la même place, en tête à tête avec son cinquième époux, dont le sourire éclatant pourrait faire office de piste d'atterrissage. J'hésite à les interrompre, mais Catherine ne tarde pas à me faire signe de les rejoindre.

— John, mon cœur, dis bonjour à Sofia, ordonne-t-elle gentiment à son compagnon.

— Bonjour, enchanté de vous connaître, me salue aussitôt John, en m'éblouissant à nouveau avec ses facettes dentaires. C'est la première fois que je rencontre une Française.

— J'espère être à la hauteur de notre réputation.

— Cathy dit que vous êtes une personne remarquable. Dans sa bouche, c'est très positif.

— Mon ange, le coupe Catherine, si tu allais me chercher ce que je t'ai demandé à Oban ?

— Oui, bien sûr ! Eh bien, je vous souhaite une bonne soirée, Sofia.

J'observe le couple d'un œil amusé. Bien que tous deux aient plus l'air d'une vieille dame et de son secrétaire particulier que d'un mari et sa femme, il y a indéniablement de la tendresse entre eux. Plus, sans doute, que dans la plupart des couples. J'ai toujours pensé que les mariages d'intérêt duraient plus longtemps que les mariages d'amour, car tant que l'intérêt se maintient, l'union aussi. L'amour, lui, est plus inconstant, fragile et susceptible.

— Je l'adore, mais il me fatigue parfois, me confie Catherine en touillant son thé dans lequel elle vient de verser du lait.

— Il a l'air gentil.

— Bien sûr qu'il l'est, avec l'argent de poche mensuel que je lui verse !

Sa franchise sans le moindre filtre m'amuse autant qu'elle me fascine. Je me demande à partir de quel âge et de quel niveau de richesse on peut se montrer à ce point franc ?

— J'ai été ravie d'apprendre que vous aviez écouté mes conseils.

— Comment ça ?

— Vous avez rencontré Glen, précise-t-elle, l'œil à nouveau éclairé de malice.

Je ne peux cacher ma surprise.

— Comment êtes-vous au courant ?

— Vous pensez que les informations ne circulent pas, entre ces murs ? Permettez-moi de vous dire qu'ils sont justement d'excellents conducteurs. Donc, vous allez passer la soirée avec lui.

— Puisque toute l'Écosse semble au courant, je ne vais pas le nier. Ce serait pourtant très français. Permettez-moi cependant de vous dire que vous interprétez très mal cet événement.

— Et comment croyez-vous que je l'interprète, très chère ?

— Vous pensez à un rendez-vous galant.

— Oh mon Dieu, non ! Surtout pas de galanterie pour le moment, c'est le meilleur moyen d'être déçue. Couchez avec lui dans un premier temps et, si c'est pertinent, passez à la stratégie amoureuse.

Mais qu'est-ce qu'elle planque dans son thé ? Du concentré de progestérone ou quoi ?

Je me pare de mon plus beau sourire et je décline :

— Je ne suis pas venue ici pour ça.

— C'est bien votre problème. Je sens tant de morosité en vous, une sorte de mélancolie qui vous éteint. Vous êtes jeune et belle, gardez la dépression pour quand vous aurez mon âge. Avant, elle n'est que vulgarité.

Comme elle fait mouche, je garde le silence et me contente de fixer les reliefs du scone que j'ai volé au buffet. Je sais qu'elle ne perd pas une miette des micro-expressions de mon visage, mais à quoi bon faire semblant ?

— J'ignore quel drame a déchiré votre âme, mais si vous acceptez d'ouvrir votre cœur à ces lieux, je vous jure qu'ils pourront vous soigner.

— Je ne suis pas certaine de savoir le faire.

— Tout le monde le sait. C'est comme respirer. La nature profonde de l'être humain n'est pas le malheur. Il est au contraire fait pour le bonheur. Faites-vous confiance.

Je soupire. Elle a tellement l'air de croire dans

le pouvoir de Redstone qu'elle réussirait presque à m'entraîner dans son délire mystique. Les choses peuvent-elles être aussi simples ? Trouver un endroit spécial et guérir toutes ses peines, parce que c'est dans notre nature ? Si c'était le cas, je m'étonne qu'aucun entrepreneur n'ait encore pensé à commercialiser un classement des meilleurs endroits pour soulager la misère de l'âme. Un pour les peines de cœur, un autre pour les traumatismes, un dernier pour les accidents. Testé, noté et approuvé.

Si c'était si facile...

Une jeune femme fait soudain son apparition dans le restaurant. Je la remarque, car elle est en tout point remarquable. On la dirait tout droit sortie du *Who's Who* new-yorkais. Carré blond à la Grace Kelly, rang de perles à la Audrey Hepburn et expression supérieure à la Greta Garbo. Un condensé cinématographique à elle toute seule.

— Bonjour, Catherine, lance-t-elle d'un ton de *first lady.*

— Isobel ? J'ignorais que vous étiez arrivée, répond Catherine en se tournant vers elle.

— Hier seulement, répond la nouvelle venue, avant de daigner poser les yeux sur moi lorsqu'elle est assez proche pour ne plus pouvoir l'éviter.

— Laissez-moi vous présenter une amie, Sofia Frémont. Sofia, voici Isobel Miller. Je connais sa famille depuis plusieurs centaines d'années au moins.

Je souris, mais quelque chose en elle me glace.

— Enchantée.

— De même, répond-elle, tandis que je sens le scanner de son regard étudier toute ma personne. Savez-vous si Glen est rentré ?

À partir de cet instant, je n'existe plus pour la

blonde glacée. Je prends mentalement une poignée de pop-corn et j'observe.

— Oui, hier, la renseigne Catherine dont les pupilles sautent d'Isobel à moi. Sofia et moi l'avons vu dans l'après-midi.

Oh ! la vile créature !

Je sens le coup fourré pointer le bout de son sale nez. Quand Isobel me décoche un nouveau coup d'œil, je souris de toutes mes dents. Je les connais, ces reines de cours d'école. Elles passent de *La Belle au bois dormant* à *Predator* en deux battements de cils. D'autant que son Glen, je m'en fiche comme de mon premier tampon. Ce qui m'intéresse dans le fait de passer un moment avec lui, c'est sa collection d'œuvres d'art. Je ne nie pas qu'il est très séduisant, mais il est aussi trop... ou pas assez. En fait, je n'ai jamais su pourquoi quelque chose s'allume en moi quand je regarde certains hommes. Il y a alors comme un instinct animal qui prend le dessus et m'échappe.

S'il m'intéressait vraiment, ton homme, ma belle, ton rang de perles, tu pourrais toujours te le tailler en pointe !

Je souris à mes propres réflexions et réponds en desserrant légèrement les dents :

— C'est tout à fait exact.

— Bien, alors je ne devrais pas avoir de mal à le trouver, conclut Isobel.

— Certes non, il a rendez-vous avec Sofia ce soir, relance Catherine, aspergeant la conversation d'essence. Où devez-vous vous retrouver ?

Je cherche en moi le ton le plus neutre de mon registre avant de répondre :

— Dans le hall.

La neutralité d'un cancérologue.

— De toute façon, nous aurons beaucoup d'occasions

de nous croiser, réplique la blonde en retroussant son nez de poupée trop parfait pour être naturel. Mesdames, je vous souhaite une bonne soirée.

Elle prend congé de nous comme un président de la presse après son discours d'investiture. Une fois seule avec Catherine, je fais tinter la cuillère contre ma tasse de thé et abats mes cartes.

— À quoi jouez-vous ?

— Moi ? Comment ça ?

— Vous savez très bien de quoi je parle. Il est évident que cette femme a des vues sur Glen Wallace, et vous m'avez placée pile dans sa ligne de mire.

— N'en veuillez pas à une pauvre vieille femme qui s'ennuie beaucoup de chercher un peu de divertissement. Il m'apparaît clairement que la sénilité me gagne.

— Oh ! s'il y a bien quelque chose que vous n'êtes pas, Catherine, c'est sénile. Vous savez pourtant que je ne suis pas intéressée par ce Glen.

— Non, vous préférez la rectitude d'un Lachlan Boyd.

Un frisson parcourt ma colonne vertébrale. La scène dans la ruelle, juste derrière le magasin d'Oban, me revient immédiatement en tête. Il me semble que son parfum se met à flotter autour de moi comme un réflexe émotionnel.

— Je n'ai jamais rien dit de tel.

— Vous n'en avez pas besoin, ma chère.

Sous ses airs de gentille petite mamie aristocratique, se cache un vrai Staline.

— Au fait, reprend-elle en changeant soudain de ton, restez-vous à Redstone, ces prochains jours ?

— Je n'ai pas de projet particulier, et comme je n'ai pas loué de voiture, je ne devrais pas trop m'éloigner, de toute façon. Quel est le plan machiavélique qui trotte dans votre tête ?

— Je ne suis sournoise que le lundi matin. Voyez-vous, lorsqu'on est très riche, il y a deux façons d'employer son argent. Soit on corrompt le monde pour que Satan nous dorlote après notre mort, soit on tente de le rendre meilleur pour s'asseoir à une bonne place au paradis. Parfois, on fait les deux, pour conserver le choix. En ce qui me concerne, j'ai choisi la seconde option. Aujourd'hui, en tout cas.

— Et de quelle façon ?

— Je gère une fondation qui a pour but d'offrir les meilleures conditions d'apprentissage à des enfants de milieux défavorisés. Elle leur permet un large accès à toutes sortes de connaissances, afin qu'ils puissent ensuite opter pour les études supérieures ou les formations qu'ils souhaitent.

Mes mains deviennent moites et mon rythme cardiaque s'accélère.

— C'est une belle façon de rendre le monde meilleur, en effet.

— Je crois beaucoup en la formation des générations futures et je suis pour leur diversité. Chaque année, la famille Wallace me prête Redstone pour organiser une grande levée de fonds. Pendant deux jours, tout un tas d'activités sont organisées auxquelles participent bien sûr le personnel de l'hôtel, mais aussi des bénévoles. Ils s'affrontent dans des épreuves ludiques et les vainqueurs gagnent des enchères qui vont directement dans les caisses de la fondation.

— Et vous voudriez que je participe à l'une de ces activités ?

— J'avoue que j'avais espéré vous convaincre.

— Inutile. J'accepte avec plaisir. La cause me parle. Je crois, moi aussi, dans le pouvoir du savoir.

— Merveilleux ! Et puis, qui sait, cela pourrait même vous amuser et remettre un peu de couleur sur ces joues si pâles.

Catherine et moi bavardons encore une bonne demi-heure avant que je prenne congé et rejoigne ma chambre pour me préparer. Je me rafraîchis, enfile une robe de voile couleur anis, relève mes cheveux en queue haute et redescends dans le hall.

En homme bien éduqué, Glen est un peu en avance. Il sait sourire avec plus d'élégance que de charme, ce que j'apprécie. Je remarque qu'Archibald se trouve à l'accueil. Il me gratifie d'un petit geste discret, mais chargé de sous-entendus, auquel je réponds par un clin d'œil. Il est certain qu'il ne manquera pas de débriefer la scène dans la chambre de Lily, à la seconde où il aura fini son service.

Comme promis, Glen m'emmène dans plusieurs salles de réception de l'hôtel, afin de me montrer l'étendue de la collection d'œuvres d'art présente à Redstone. Il m'explique que sa famille a toujours compté parmi ses membres de grands collectionneurs. D'après lui, c'est une espèce de devoir familial, transmis de génération en génération. Il en profite pour me raconter l'histoire de son clan. Sa voix est mélodieuse, je comprends qu'elle puisse facilement captiver.

Cependant, dès l'instant où j'ai mis les pieds dans la première salle, je ne l'ai plus vraiment écouté. S'offrait à moi un spectacle bien plus intéressant : une impressionnante succession de toiles de maîtres de presque tous les grands mouvements de peinture. Winterhalter, Millet, Waterhouse, Frigerio, Gonin... Il me faudrait des mois pour tout référencer.

— Et donc, vous êtes ici pour un temps indéterminé, déclare-t-il soudain.

— Pas tout à fait *indéterminé.*

— Paul a fait la réservation dans ce sens, pourtant.

Le voilà, le lien !

— Alors, c'est vous le fameux contact à l'hôtel dont il m'a parlé, quand il a décidé de m'envoyer ici.

— Il était très ami avec mon père, et lui a d'ailleurs fait gagner plusieurs enchères en salle de vente.

— De quoi avez-vous parlé d'autre ?

— De rien qui ne soit à votre avantage, même s'il a omis de me dire qu'en plus d'être une experte en art, vous étiez très séduisante.

— Pas de tous les arts. Ma compétence est très ciblée.

J'élude sciemment une partie du compliment, qu'il doit servir à toutes les femmes dans ma tranche d'âge passant à sa portée. Je sens sur moi son regard appuyé, regard qui dissimule à peine sa convoitise.

Gardant toujours en mémoire l'épisode de l'après-midi, j'enchaîne :

— Restaurer et acquérir une collection pareille doit représenter une charge financière immense.

— En effet. Mais les affaires marchent plutôt bien.

— Ah oui ? Ne me dites pas qu'aucun acheteur ne vous harcèle pour acquérir l'une de ces merveilles !

— Tout le temps ! feint-il de se lamenter. Mais ma famille me ferait subir les pires tourments si je vendais la collection. Elle est une part importante de notre héritage.

Nous passons de salle en salle en échangeant des banalités. Il est très fort dans le dosage subtil de la conversation anodine et du flirt léger. Je me surprends à me laisser faire. Je ne suis pas pour autant dupe, l'homme est bien trop sûr de lui pour en être à son coup d'essai. Combien de clientes a-t-il fait venir dans ces pièces magnifiques pour leur parler de lords écossais, de révolution et de serments d'allégeance au cours d'un Moyen Âge fantasmé ? Mais ce petit jeu me divertit. Peut-être que Catherine a raison, je devrais avoir une relation sexuelle avec lui. L'endorphine dégagée me ferait dormir une nuit complète. Enfin. Je l'observe : belle silhouette, épaules nerveuses, hanches sèches. Objectivement, il ferait un bon partenaire.

En excellent chasseur qu'il est, Glen me fait croire que je gère le flirt et finit par prendre congé après deux bonnes heures de promenade, sans même proposer de me revoir. Il relâche le fil pour que le poisson que je suis pense qu'il est à nouveau libre de ses mouvements. Mais je suis convaincue que je ne tarderai pas à avoir de ses nouvelles. Il aura l'air de tomber sur moi par hasard et, au détour d'une phrase anodine, il me proposera une nouvelle soirée. Celle-là sera bien moins policée et bien moins chaste.

Il me laisse profiter à loisir de la dernière pièce dans laquelle s'est terminée la visite. Faisant un tour sur moi-même, je repense à tout ça et en viens à la conclusion qu'il y a quelque chose qui ne tourne pas rond dans cette histoire. À côté des toiles de maîtres se trouvent des œuvres sans aucune valeur. N'importe quel passionné préférerait laisser un emplacement vide sur le mur, plutôt que de mettre une peinture faite avec les pieds à côté d'un Waterhouse.

Quand, finalement, je sors de la pièce, j'entends un bruit sourd provenant d'une autre salle, un peu plus loin sur la gauche. L'aile dans laquelle je me trouve n'est pas ouverte à la clientèle. Il est presque 23 heures. Ma curiosité se réveille et démange ma conscience avec force. J'avance sans faire de bruit et glisse la tête dans l'embrasure. Je ne fais jamais ça, en temps normal, je n'écoute pas aux portes. Cet endroit fait de moi une vraie comploteuse.

De ce que je peux observer, je me trouve à l'entrée d'un grand bureau encombré de quantité d'objets hétéroclites. De vieux livres côtoient des meubles d'époques différentes, et lampes et bibelots se mélangent dans un joyeux bordel décoratif. Soudain, j'écarquille les yeux. Un homme fouille dans un vaisselier. Ses gestes rapides, nerveux, me font comprendre qu'il n'est pas en train de ranger.

Quand il sort la tête du meuble et qu'il le referme, je reconnais Lachlan. Une demi-seconde plus tard, il m'aperçoit. Son regard végétal lance des étincelles.

Question technique d'espionnage, il y a encore du travail.

— Je suis flatté que vous me suiviez, Miss, mais je ne suis toujours pas intéressé.

— Voilà enfin un sujet sur lequel nous sommes d'accord.

Croisant les bras sur la poitrine, je sors de l'ombre et entre dans la pièce avec autant d'aplomb que possible.

— Donc, vous allez me tenir compagnie, conclut-il en me voyant m'incruster.

— C'est ça.

— D'habitude, les gens comprennent assez vite que je ne les aime pas. Mais, avec vous, j'ai l'impression que ce n'est pas quelque chose d'évident.

— Ah si, rassurez-vous, il ne peut échapper à personne que vous êtes un inadapté social.

— Me voilà rassuré, en effet. Et donc, la raison pour laquelle vous restez, c'est... ?

— Mettez ça sur le compte de l'imprévisibilité française. Cela dit, je peux vous confirmer que vous avez sans doute raison, à propos de ce qui se passe à Redstone.

Ses pupilles se mettent à briller. Il est facile de capter toute son attention ; il suffit de prononcer le mot « Redstone ».

— Et qu'allez-vous exiger pour me dire ce qui vous conduit à cette hypothèse ?

— Vous ne m'intéressez pas assez pour me donner envie de vous faire chanter.

Il m'observe intensément.

— J'ai bien fait de poser la question.

— Le propriétaire de l'hôtel, Glen Wallace, vient tout juste de me montrer une grosse partie de sa collection.

Les lèvres de Lachlan se tordent en un sourire cynique un brin obséquieux.

— Grosse, vraiment ?

Je ne relève pas.

— Il y a des faux assez grossiers au milieu de toiles de maîtres. C'est la deuxième fois que je remarque ça. D'habitude, quand un collectionneur fait restaurer une toile, il se contente de la décrocher et laisse l'emplacement vide. Il ne lui viendrait jamais à l'idée d'y mettre un pauvre dessin fait à la gouache, histoire de ne pas laisser de trou.

— Et quelle est donc votre théorie, cher Watson ?

— Sherlock, merci : je vous signale que je suis la seule à émettre une théorie. Je me demande donc dans quelle mesure il ne s'agit pas d'un trafic, ce qui expliquerait cette volonté de ne surtout pas attirer l'attention sur les espaces vacants des murs. Glen Wallace est peut-être un homme de goût, mais il n'y connaît strictement rien en peinture. Ce serait un jeu d'enfant de le berner avec des faux, même de mauvaise qualité.

— Ce n'est en effet pas l'un de ses domaines d'expertise.

Je me rapproche un peu plus de lui et plante mon regard dans le sien.

— Et si vous me disiez ce que vous suspectez vraiment ?

— Pourquoi le ferais-je ? demande-t-il.

— Parce que je peux vous aider.

Il se penche vers moi, plissant les yeux. Cet homme

a définitivement quelque chose de reptilien dans sa façon d'être.

— Et *pourquoi* le feriez-vous ?

— Je vous l'ai dit, ça m'...

Des bruits de voix m'interrompent. Elles se dirigent vers nous. Des pas se rapprochent inexorablement. Lachlan balaye la pièce du regard. Juste derrière nous se trouve une autre porte restée entrouverte, qui semble desservir un petit débarras. Impossible donc de quitter la pièce sans tomber sur les deux personnes qui s'approchent, et cette perspective paraît fortement contrarier Lachlan.

Alors, il me saisit le poignet, nous précipite vers l'espèce de grand placard jouxtant la salle où nous nous trouvons, puis repousse la porte sans toutefois la fermer complètement. Je suis sûre que c'est une très mauvaise idée et que, lorsqu'ils nous découvriront, il sera bien plus difficile de justifier notre présence dans ce cagibi plutôt que si nous étions tombés sur eux en sortant dans le couloir.

— Ça ne passera jamais...

Mais Lachlan m'interrompt en susurrant odieusement à mon oreille :

— Détendez-vous, la première fois, c'est toujours un peu désagréable.

Chapitre 7

L'endroit où nous nous trouvons ne doit pas faire plus de trois mètres carrés. Il sent la cire, la poussière et le cuir. Lorsque Lachlan m'y a poussée, je n'ai pas eu le temps de voir ce qui nous entourait, mais il me semble que nous sommes cernés par des rayonnages. Beaucoup d'objets jonchent le sol et je viens d'en cogner un. Heureusement, le bruit a été étouffé par la présence des nombreuses autres choses entreposées ici qui ont évité qu'il ne roule bruyamment au sol.

Je me retrouve le nez collé à la porte, sans plus oser bouger, de peur de me faire tomber sur la tête des cartons, un balai, une pile de livres ou Dieu sait quoi d'autre. Lachlan s'est engouffré à ma suite et placé juste derrière moi. Si je ne suis pas à l'aise avec mon mètre soixante-dix, son mètre quatre-vingt-dix doit se sentir très à l'étroit dans ce capharnaüm. Il est penché en avant, l'oreille également collée à la porte, juste au-dessus de ma tête. Je sens son corps appuyer contre le mien et son parfum saturer l'air de la pièce minuscule.

Le bruit des pas a cessé, mais celui des voix persiste. Il y en a deux, celle d'une femme et celle d'un homme. Je tends le cou jusqu'à ce que mon œil atteigne la fine ouverture que nous avons laissée, afin de voir la conversation autant que de l'entendre.

— Arrêtez de gigoter, murmure Lachlan avant de plaquer la main contre ma nuque et d'immobiliser le haut de mon corps.

Je lui aurais bien enfoncé mon coude dans les côtes, mais la perspective de passer pour une folle furieuse auprès d'inconnus et de leur trouver, si ce n'est une excuse fumeuse, du moins un bon gros mensonge, me fait changer d'avis.

Et puis, l'attitude étrange de Lachlan m'intrigue. S'il avait la conscience tranquille, il serait sorti de là. Il les aurait croisés et n'aurait même pas ralenti. Il travaille dans l'hôtel, il a le droit de circuler où il veut à l'heure de son choix. Mais le voilà qui joue les espions en carton et cela éveille ma curiosité.

De là où je me trouve, je ne distingue pas grand-chose de ce qu'il se passe de l'autre côté de la porte. Il m'a semblé voir passer la silhouette de l'homme, qui ne cesse d'arpenter la pièce. Je comprends vite que la conversation démarrée un bon moment avant les met mal à l'aise, voire les contrarie fortement. Le ton de l'échange est sec et nerveux.

— Si Charlotte se doute qu'il y a un problème, elle va débarquer pour fourrer son nez partout ! déclare la femme. Et si ça arrive, nous serons pieds et poings liés. Or, ce n'est vraiment pas le moment.

— La priorité est d'effacer les traces, Claire. Je ne comprends pas pourquoi on ne l'a pas détruit, réplique l'homme avec, dans la voix, une angoisse mal gérée. C'était la première et seule chose à faire pour ne prendre aucun risque.

— Parce qu'on ne peut pas.

— Ce n'est quand même pas bien compliqué...

— S'il te plaît, laisse à d'autres le soin de la stratégie, on en a déjà discuté. Il faut faire parler Glen avant que Charlotte ne le mette sous clé.

— Ah oui, et comment ? C'est une vraie anguille, chaque fois que j'essaye d'avoir une conversation avec lui, il se dérobe. Il n'a jamais été très coopératif avec le conseil ! Dieu sait pourtant ce qu'il lui doit.

— Fais preuve d'imagination, pour une fois ! Comment s'appelle cette fille qui lui tourne autour ?

— Il y en a des tonnes, tu vas devoir être plus précise.

— Je ne te parle pas des morues qu'il cueille au buffet entre les scones et le jus d'orange. J'ai son nom sur le bout de la langue... une petite-cousine des Rothschild...

— Isobel Miller ?

— Voilà, sers-toi d'elle, qu'elle l'occupe une journée et toi, tu en profites pour lui sauter dessus, juste après. Va falloir qu'il nous rende des comptes, il n'est pas tout seul dans cette affaire.

Les protagonistes marquent une pause. Soit ils réfléchissent, soit ils se sont mutuellement égorgés. Il y a trois noms que je peux identifier dans la conversation : Glen, Charlotte et Isobel. Cela me conforte dans ma première impression : cette Miller est une petite intrigante et ce Wallace consomme ses clientes autant qu'il les loge. Mais surtout, ça sent mauvais dans les hautes sphères du clan.

Le souffle de Lachlan, juste derrière mon oreille, rend ma concentration de plus en plus difficile. Cette chaleur... Je n'avais jamais pris conscience que j'étais spécialement réceptive à cet endroit... Et pourtant, je suis plus perturbée que je ne pourrais l'avouer, surtout à lui. A-t-il perçu le frémissement involontaire qui a parcouru ma peau ? Il me semble que son emprise sur ma nuque se fait plus forte, mais il s'agit peut-être de mon imagination. Bien malgré moi, je tente un mouvement qui, au lieu de me libérer de son emprise, n'a pour effet que de me rapprocher de la source de mon trouble.

Sofia, enfin, ce type t'est insupportable, reprends-toi !

Soudain, je sursaute. L'homme vient de faire irruption juste devant l'ouverture de la porte, à quelques centimètres à peine de mon visage. Machinalement, je recule. Lachlan glisse son bras autour de ma taille pour me maintenir collée à lui et plaque son autre main sur ma bouche. J'attrape son poignet, que je serre fort. Que s'est-il imaginé ? Que j'allais crier de surprise ? J'ai du sang-froid, j'en ai toujours eu. Quand je hurle, c'est parce que je l'ai décidé.

Le corps coincé entre ses serres, je laisse mon esprit vagabonder loin de cet endroit. Mes yeux cherchent un détail dans la pénombre, quelque chose que je pourrais distinguer plus nettement. Mais il n'y a que l'ombre et elle nous encercle, elle nous avale.

Alors, une horrible sensation m'étreint brusquement le cœur. Ce lieu empli de noir, si exigu qu'on peut à peine bouger, et dont l'air est vicié par son manque de renouvellement, me fait penser à un cercueil. Celui où je devrais aujourd'hui me trouver. Celui qui m'appelle de sa voix désagréable depuis ce jour horrible. Si je comprends ses mots aussi parfaitement, c'est qu'il dit la vérité : ma place est entre ses quatre planches, confortablement étouffée par son capitonnage. Il a raison de m'attirer à lui, encore et encore, je n'ai rien à faire ici. Lui, le sait bien que je ne respire que parce que le Destin a commis une erreur. Mais tôt ou tard, il le réalisera. Tôt ou tard, j'apparaîtrai aux yeux du monde telle que je suis : un loupé dans la grande marche de l'Univers, une créature qui a volé à une autre sa place au milieu des vivants. Des frissons s'attaquent à ma colonne vertébrale, j'ai beau lutter de toutes mes forces, l'image d'un corps allongé dans une minuscule boîte capitonnée de satin clair envahit mon esprit. Les frissons se muent en tremblements ; je ne contrôle plus rien.

Pas tout de suite, pas tout de suite…

Impossible de contrôler cette vague de panique qui me saute à la conscience. Je ne me reconnais plus, comme si ce qui me restait d'âme n'était pas suffisant pour que je reste moi.

Et si j'avais traîné l'enfer jusqu'ici ? S'il était lui aussi à mes trousses ?

Je sais bien que je ne suis plus dans la rationalité et que ce qui se bouscule dans ma tête n'est rien qu'un délire produit par un choc psychologique. Je sais tout ça et, pourtant, je tremble comme une feuille contre Lachlan, les doigts serrés au maximum autour de son poignet, et le cœur tout près de la gorge.

— Quittons cet endroit avant qu'une femme de ménage un peu trop zélée ne nous tombe dessus et raconte à tous ses petits camarades ce qu'elle croit avoir entendu, déclare alors la dénommée Claire. Et allons parler à Glen.

J'ignore ce que j'ai raté de la conversation, mais je suis soulagée d'avoir compris cette partie-là. Je vais pouvoir quitter cette *boîte*, quitter l'ombre, quitter les Ténèbres, pour cette fois encore.

Le son de leurs pas qui s'éloignent ponctue la fin de leur échange. D'abord fort, puis de plus en plus étouffé. J'ai l'impression que le silence met une éternité à prendre à nouveau possession de la pièce.

J'attends encore quelques secondes, puis je m'arrache aux bras de Lachlan, pousse violemment la porte et marche jusqu'au milieu de la pièce. Je plaque la main contre ma poitrine, comme pour retenir mon cœur, dont les bonds semblent lézarder ma cage thoracique. Je crois que je suis en train d'hyperventiler, je respire vite et fort, si bien que des petits points noirs commencent à danser devant mes yeux.

— Que vous arrive-t-il ? demande Lachlan qui s'est rapproché de moi.

— Rien... je... il... rien...

Je déteste me trouver dans une situation qui me dépasse et que je ne contrôle pas ! J'ignore ce qui m'arrive, je n'ai pas d'explication à ma réaction. Ce n'est qu'un placard ! Je n'ai rien de logique à dire pour ma défense et je sais que je passe pour une cinglée.

Il faut que tu te calmes, il faut que tu te calmes.

— Vous êtes claustrophobe ?

Claustrophobe, mais bien sûr ! Pourquoi n'y ai-je pas pensé toute seule ?

— Oui, quelque chose comme ça. Les espaces étroits et sombres provoquent parfois des crises de panique, mais c'est plus impressionnant que grave. Ça va déjà mieux.

— Pourquoi ne pas l'avoir dit ?

Sûrement parce que je ne le savais pas il y a encore cinq minutes.

— Parce que, d'une part, ça n'arrive pas à tous les coups, et d'autre part, je n'en ai pas eu le temps.

— Je ne vous ai pas sentie beaucoup protester, commente-t-il, dubitatif.

Il ne manque vraiment pas de souffle ! Ayant retrouvé l'usage normal de mon système respiratoire, je me plante devant lui, les mains sur les hanches.

— Qu'est-ce qui vous a pris de jouer les Jason Bourne de supérette ? Ce n'est pas un comportement normal pour quelqu'un qui travaille ici et qui a donc toute légitimé à se trouver dans l'hôtel.

— *Supérette ?* Même pas un marché de produits frais et typiques ?

— Vous ne valez pas un marché de produits frais et typiques. Alors ?

— Juste par curiosité, à quel moment vous ai-je donné l'impression que j'avais envie de me justifier devant vous ?

— Depuis que vous avez manqué de me tuer dans ce placard.

Moi non plus, je ne manque pas de souffle.

— C'est de bonne guerre, reconnaît-il en croisant les bras. J'ai reconnu la voix de la femme dans le couloir et je voulais savoir ce qu'elle avait à dire dans un endroit de l'hôtel, où, contrairement à moi, elle n'avait aucune raison de se trouver.

Comme je sens qu'il n'a pas l'intention d'être très coopératif, je décide d'arrêter les questions et de passer aux propositions.

— Cette Charlotte dont ils ont parlé, s'agit-il de la mère de Glen, Charlotte Wallace ?

— Oui.

— Y aurait-il des conflits d'intérêts dans la gestion de la fortune du clan ?

— Vous êtes psychologiquement instable, mais très perspicace, note-t-il avec un sourire de biais.

— Je ne suis pas... passons. De quoi parlaient-ils exactement, ce soir ?

— Qui vous dit que je le sais ?

— Comme vous avez l'air encore plus contrarié que d'habitude, j'en conclus que non seulement vous savez de quoi ils parlaient, mais qu'en plus, cela ne vous arrange pas du tout.

— Vous avez raison, confirme-t-il de façon inattendue.

— Bien.

— Bien.

Il me fatigue.

— D'accord, je comprends que vous soyez un peu

timide, nous n'avons partagé qu'une filature et un placard, il vous faut un peu plus de temps. Alors, je vais retourner dans ma chambre et, demain, j'irai voir Glen et je lui poserai quelques questions. Bon, je ne peux pas vous promettre que ma langue ne va pas fourcher, ni que je ne vais pas lâcher des informations qui...

Il me coupe la parole en soupirant bruyamment.

— Je pense qu'ils parlaient entre autres du testament de Richard Wallace, le père de Glen, précédemment seigneur et maître de Redstone. C'est de lui que Glen tient son pouvoir et sa liberté d'action, je suppose.

Ma curiosité avait raison de se mettre à bouillonner.

— En quoi ce testament est-il problématique ? Si Glen dirige l'hôtel, c'est que la succession a dû se faire sans aucune contestation ?

Le sourire de Lachlan se fait plus mystérieux et plus sombre. Sous la lumière jaunie des vieux éclairages de la salle, je ne peux que lui reconnaître un charme bien singulier. Décroisant les bras, il se met à marcher dans ma direction.

— C'est assez pour ce soir, Miss Frémont. Il faut bien que nous gardions quelques sujets de dispute pour le moment où nous nous recroiserons, puisque je suis certain que je n'ai pas fini de vous voir dans mon sillage.

Il me frôle en passant près de moi, puis s'engouffre dans le couloir sombre. Je balaye une dernière fois du regard l'ensemble de la pièce et m'attarde sur la porte donnant sur le placard. Une seconde, je pourrais jurer avoir vu quelque chose se mouvoir dans la pénombre. Je frissonne, puis tourne les talons.

Sur le chemin qui me ramène à ma chambre, j'éprouve une drôle de sensation, une sorte de mélange perturbant de fébrilité et d'impatience. Mon séjour ici prend une direction surprenante. C'est comme si je venais de plonger dans un nouvel univers avec ses propres règles et ses propres codes. Ma curiosité pour l'inexplicable et le secret a toujours été le moteur de ma vie. C'est elle qui m'a fait me poser mille questions dont les réponses m'ont amenée là où je suis. Si seulement Lachlan était un tout petit peu plus coopératif, nous aurions bien plus de chances de trouver le fin mot de cette histoire. Nous pourrions faire équipe, cela distrairait mon esprit. L'empêchant de penser. Comme à ce moment troublant, tout à l'heure, où...

Il faut que je m'empêche de penser... Rien qu'un petit rêve éveillé, une dernière fois. Un ultime petit pas de danse, avant de sombrer.

Je rentre dans ma chambre, me débarrasse de mes vêtements et me glisse entre les draps. Je m'endors assez vite et, lorsque je me réveille, le lendemain, je comprends une chose. Personne n'est venu frapper à ma porte, cette nuit.

Elle n'a pas eu besoin de moi.

Chapitre 8

Le temps s'écoule bizarrement à Redstone, comme s'il ne faisait que semblant de courir, mais se figeait en réalité, pour ne laisser qu'une impression d'immortalité.

Ce matin, les nuages occupent toute la scène dans le paysage, et la pluie joue de ses aiguilles en piquant les reliefs de la végétation. La lumière grise affadit les couleurs qui tendent vers la monochromie.

Plantée devant la fenêtre, le téléphone collé à l'oreille, j'observe ce brusque changement d'humeur météorologique propre au climat côtier. Je n'ai jamais aimé la pluie, et pourtant, ici, elle devient poésie et littérature, comme si elle était là pour diluer la peinture du monde et le préparer à scintiller, quand le soleil percera à nouveau.

La surenchère de tissus, de coussins et de nappes dans la chambre prend maintenant tout son sens. Elle crée un cocon duveteux dans lequel se lover, en observant les intempéries.

— Mais si, ça va, si ça n'allait pas je te le dirais.

Ma voix sonne creux et à l'autre bout du téléphone, Paul le sent. Il insiste. Je persiste :

— Je dors plutôt très bien, ces deniers jours. Ce n'était pas une si mauvaise idée de m'envoyer ici, c'est calme et différent. Mais, j'aimerais quand même rentrer dès que possible. Je ne peux pas te laisser tout gérer à la galerie. Et puis, il faudra bien que je reprenne le travail et que j'arrive... Enfin, tu comprends.

Et voilà qu'il se met à tourner autour du pot. Quand il *tourne autour du pot*, ce n'est jamais bon signe. Il me dit qu'à son avis, mon retour serait prématuré, que je ne suis pas prête, que c'est encore la pagaille, que le chantier de la façade est à peine commencé et que la galerie est loin de pouvoir rouvrir ses portes. Il me parle des vertus du temps et du fait qu'il ne faut rien précipiter. Je le laisse monologuer et fais semblant d'être dupe. Depuis toujours, je ne peux rien lui refuser. Paul a contribué à me créer en taillant le bout de granit irrégulier que j'étais pour en faire quelque chose qui, sous une certaine lumière, peut parfois briller.

Je fais toutefois une dernière tentative :

— Tu sais qu'avec moi, les choses iraient plus vite. Je connais la collection bien mieux que quiconque. Non, je ne cherche pas à me disputer avec toi, je veux juste que tu réalises que je ne suis plus une enfant depuis longtemps. Depuis l'âge de six ans, pour être précise. Je vais m'en remettre.

Ce que ça sonne faux !

Comme je m'en doutais, il ne partage pas mon avis et pour éviter la polémique, change de sujet aussi subtilement qu'un pigiste pour un magazine féminin. Il y a quelques jours encore, je me serais battue en revenant à la charge et en insistant, quitte à faire vibrer chez lui la corde sensible, *la corde paternelle.* Mais depuis hier, je me surprends à apprécier mon séjour en cette terre changeante et capricieuse. Pour la première fois depuis des semaines, ma tête ne me brûle plus, mes tempes ne vibrent plus et ma gorge semble s'être dénouée. Par moments, j'oublie presque comme respirer m'est devenu difficile. Alors, comme je n'arrive pas à lui accorder que son idée de m'envoyer ici était plutôt bonne, je me contente de maugréer un vague : « D'accord, je ferai comme tu veux. »

Nous discutons encore une dizaine de minutes, je lui parle de Lady Catherine et suis surprise d'entendre qu'il l'a croisée à plusieurs reprises, lors de ses séjours à Redstone. Je mentionne Glen Wallace dont il a expertisé plusieurs peintures de la collection familiale et je décris le paysage qu'il connaît aussi. Je préfère ne pas lui parler de ma rencontre avec Lachlan, ni de notre petite « enquête ». Je me contente de lui faire confirmer que la famille Wallace est connue dans le milieu pour compter des collectionneurs d'art majeurs, mais j'apprends aussi que c'était surtout la passion de la génération de Charlotte et Richard Wallace.

Depuis sa mort, il se murmure que la famille déplacerait le centre de ses activités économiques. Je me demande alors si les tableaux que j'ai vus disparaître n'ont pas tout simplement été vendus pour l'entretien du bâtiment. Pourtant, cette théorie me paraît étrange, car Paul me confirme que, selon la rumeur, la fortune des Wallace ne s'est jamais aussi bien portée.

La conversation prend fin quand la batterie de mon portable montre des signes d'essoufflement. Je ne cherche pas à le rappeler, car j'ai rendez-vous avec Lady Catherine pour le petit déjeuner, et j'avoue que je suis heureuse à l'idée de passer un moment avec cette drôle de personnalité. J'enfile une robe trapèze noire et blanche, des chaussures au talon carré assorties, et noue un foulard dans mes cheveux. Mon reflet dans le miroir me met en joie ; on dirait une tenue de chez Courrèges, alors qu'elle m'a coûté deux sous à la brocante.

*
* *

Je descends en direction de la salle à manger. Ce matin, mon pas est presque léger, tout comme mes inspirations et mes expirations. Cette impression demeure fugace, mais l'espace de quelques instants d'inconscience, je me retrouve comme avant. Avant que je n'aie plus ma place en ce monde.

Il y a un peu plus de clients dans la salle, sans doute en raison de la pluie qui a dû entamer le moral des touristes les plus enthousiastes.

Lady Catherine est toujours assise à la même place, à croire que le siège et la table lui appartiennent. Elle arbore un beau tailleur bleu marine à la Jackie Kennedy, sur lequel se détache une broche dont les pierres doivent briller dans le noir.

— Oh ma chère, je suis heureuse de vous voir ! dit-elle lorsqu'elle m'aperçoit. Vous ressemblez à Brigitte Bardot dans cette tenue. Avez-vous passé une bonne nuit ?

Ses yeux pétillants de malice m'indiquent tout le sous-entendu qu'elle a placé dans l'apparente banalité de la question.

— Excellente.

— Votre double langage est un vrai délice ! ironise-t-elle, en se délectant de son thé.

— Il n'y a pas de double langage, Catherine. Glen et moi avons discuté un moment, j'ai pu voir toutes les merveilles que recèlent ces lieux.

— Merveilles ? Que les Français sont doués dans l'art de la métaphore !

— Que les Britanniques sont doués quand il s'agit de tordre la réalité ! Il ne s'est rien passé entre lui et moi.

— Patience, très chère, patience...

J'inspire profondément avant de beurrer mon scone

avec un peu de *lemon curd*. Je décide d'entraîner la conversation sur une autre pente.

— Votre époux ne prend pas le petit déjeuner avec vous ?

— Mon époux est le genre d'accompagnement qui fonctionne très bien la nuit, mais devient très vite encombrant le jour. Je l'ai envoyé se dépenser à la piscine de l'hôtel.

— Il me donne l'impression d'aimer se dépenser.

— Oui, un peu comme les labradors.

Je ne peux m'empêcher de pouffer de rire, ce qui la met aussi en joie. Après un moment d'hésitation, je décide d'en revenir au sujet qui occupe mes pensées.

— Avez-vous connu Richard Wallace ?

— Le roi Richard, corrige-t-elle, je l'ai bien connu, oui. C'était un personnage étonnant, très habile en affaires, doté de beaucoup de charisme et d'un charme fou. Redstone avait un je ne sais quoi de plus flamboyant, à l'époque où il le dirigeait. Son fils n'a pas hérité de son envergure, s'il a hérité de son goût prononcé pour les belles choses et les jolies femmes.

— Il s'entendait bien avec lui ?

— En voilà une question intéressante... Difficile à dire. Richard pouvait être un homme assez distant et sans doute exigeant avec ses proches. Peut-être aurait-il préféré avoir un fils plus rigoureux et ambitieux que Glen.

— Plus rigoureux ?

— Disons un peu moins superficiel et mondain.

Plus Napoléon et moins Joséphine Baker, quoi.

— Pourquoi me demandez-vous ça ? s'enquiert Catherine, dont j'ai de toute évidence piqué la curiosité.

— Pour rien de particulier. Je suis fascinée par ce que j'apprends sur le clan Wallace, ou plutôt sur la dynastie Wallace.

— Vous avez raison, elle fonctionne en huis clos depuis des décennies et, malgré les aléas de l'histoire, elle s'est toujours maintenue au sommet de la hiérarchie sociale. Cela prouve un sens irréprochable de l'adaptation, et une touche nécessaire de sournoiserie. Car il faut être sournois pour survivre à des crises, des changements de société, aux jalousies, aux trahisons et aux multiples successions.

— Glen est fils unique ?

— Oui, ce qui arrange bien des choses, et évite les guerres d'influence.

— Les testaments sont normalement là pour les éviter.

— Dans un monde parfait, sans doute, mais en réalité, il y a bien des façons de contourner la parole d'un mort.

Y aurait-il quelque chose dans le testament de Richard qui pourrait mettre en péril le nouveau règne de Glen ? Ou bien le pouvoir de l'héritier fait-il de l'ombre à d'autres Wallace ? Et pourquoi Lachlan met-il son nez dans les affaires de Redstone ?

— Au fait, Sofia, je peux toujours compter sur vous pour participer à ma petite fête caritative ?

— Absolument.

— Bien, alors, je vais vous inscrire à des activités.

— *Activités ?*

— Trois fois rien, des petites animations. Vous ne serez pas toute seule, rassurez-vous.

J'acquiesce, mais quelque chose, dans son regard, me dit que cela risque de me réserver bien des surprises. Je préfère ne pas la suivre sur ce terrain et me ressers un café.

Soudain, le visage de Catherine se transforme, comme éclairé de l'intérieur. Son attention se trouve accaparée par quelque chose, et je ne tarde pas à savoir quoi. Ou plutôt *qui*. Lachlan vient de faire son entrée dans la salle à manger. Sa présence froide et impénétrable envahit tout l'espace, comme si la pièce était devenue son royaume en un clin d'œil. J'avoue que le voir posséder les lieux est un spectacle fascinant. D'une certaine manière, cette observation valide ma première idée qu'il est un adversaire à ma mesure. Sa superbe flatte mon ego, comme si je regardais dans un miroir. Nous sommes faits de la même ombre et du même granit.

— Monsieur Boyd, l'interpelle Catherine sur un ton de velours, vous avez l'air de chercher quelque chose, ou quelqu'un... Pouvons-nous vous aider ?

Lachlan plante son regard dans le sien avec une expression curieuse que je ne parviens pas à déchiffrer.

— Il y a peu de chances, répond-il froidement, avant de glisser vers moi un rapide coup d'œil.

— Vous êtes si taciturne, mon cher, je vous vois errer entre ces murs, comme un croque-mitaine. Quelle horrible chose vous mine à ce point ?

— La clientèle.

Mon sourcil droit se dresse. Je sens qu'un coin de mes lèvres s'étire en un léger sourire. Lady Catherine ne sait pas à quel animal elle se frotte. Lachlan n'a rien d'un labrador. Après une seconde étrange de flottement, j'entends ma vénérable voisine éclater de rire.

— Beau et acide, vous me plaisez !

— J'aimerais pouvoir vous retourner le compliment.

Pivotant sur lui-même, Lachlan prend la direction de la sortie. Songeuse, je fixe la porte par laquelle il s'en est allé. Avant de nous quitter, je suis certaine qu'il m'a adressé ce qui se rapproche d'un sourire.

— Vous rêvassez, très chère.

Je tique.

— Un peu, oui.

— Celui-là, difficile de le garder au bout d'une laisse, commente Catherine sur le ton de la confidence.

— Ça tombe bien, j'ai horreur des accessoires.

— Ce genre de cible, il faut plutôt l'apprivoiser.

Quelques secondes de silence s'invitent entre nous, durant lesquelles Catherine m'observe si méticuleusement qu'elle doit pouvoir voir à travers ma peau.

— Je ne suis pas du genre à apprivoiser, Catherine.

Elle sourit.

— Bien sûr que non, vous êtes plutôt du genre à vous battre.

Sa perspicacité me laisse sans voix. Peut-être qu'elle est effectivement capable de lire à travers ma chair et mon sang, dans les lignes de mes veines. Moi je me bats, je ne sais faire que ça.

Nous échangeons encore quelques banalités liées en grande partie au temps, puis je prends congé d'elle.

Parmi les prestations qu'offre Redstone, se trouvent une immense piscine intérieure, un sauna et un hammam. Comme, pour l'instant, je n'ai aucune envie de jouer les grenouilles dans la campagne, j'envisage de profiter de ces installations, en espérant que tous les résidents de l'hôtel n'aient pas eu la même idée.

Tandis que je traverse tranquillement le hall pour rejoindre mon étage, j'aperçois Archibald aux prises avec une famille dont les mines oscillent entre désespoir et lamentation. Je ralentis et patiente en faisant semblant de m'intéresser au portant sur lequel se trouvent toutes sortes de brochures touristiques.

— Je suis navré pour le temps qu'il fait, s'excuse Archi, mais je viens de consulter le site de la météo et, normalement, une éclaircie est annoncée vers

13 heures. En attendant, puis-je vous proposer des activités d'intérieur ?

Comme le désespoir des parents s'accroît à mesure que leurs enfants leur rappellent qu'ils sont hyperactifs ou bien mal élevés — j'avoue que j'hésite —, Archibald s'empresse de sortir une carte d'un tiroir et de leur indiquer l'emplacement de plusieurs visites pouvant se faire à l'abri de la pluie. En quelques minutes intenses et cruciales, il vient de sauver l'intégrité morale et psychologique de ses clients.

Une fois l'accueil déserté, je me rapproche de lui.

— Oh ! comment donc ? Au bord de la mer, dans le Nord, il y a de la pluie ? maugrée-t-il, tout en mettant à jour son application de réservation. Ici, nous ne sommes pas sur la Croisette.

— Il pleut aussi à Cannes.

— Je ne te crois pas.

— Non, tu as raison, il ne pleut jamais, je voulais juste te remonter le moral.

— Tu n'as pas croisé Lily ?

— Non, pourquoi ?

— Elle était de service dans la salle à manger, ce matin. Où est-ce qu'elle est encore allée traîner ?

— Ne sois pas méchant avec elle.

— Mon système de valeurs est inversé : plus je crache du venin, plus j'aime. Une erreur de configuration du système à la naissance, je suppose.

Je souris.

— Tu sais, il faut la surveiller comme un indic chez les flics, sinon elle fait n'importe quoi, explique-t-il.

— Tiens, regarde, elle arrive, tu t'inquiètes pour rien.

Désignant du doigt la direction dans laquelle est apparue Lily, j'en profite pour adresser à la petite blonde un sourire tendre. Plus elle s'approche, plus son visage expressif semble préoccupé. On lit en elle si facilement.

— Oh non, elle a sa tête des mauvais jours, m'annonce Archibald avec fatalisme.

— Quoi ?

— Tu vas voir. Que se passe-t-il ? demande-t-il, quand Lily parvient à notre hauteur.

— J'ai vu un truc trop bizarre.

— Bizarre... comme « super on va pouvoir en faire un film d'aventures » ou bizarre comme « ça va direct dans la colonne des faits divers » ?

— Le patron et M. Boyd, annonce-t-elle en baissant la voix.

— Quoi, le patron et M. Boyd ? répète Archibald.

— Ils étaient en train de se disputer.

— C'est ça que tu trouves bizarre ?

— Non, mais, attends, ils se disputaient vraiment très très violemment !

Mes oreilles se dressent. Je décide de lui tirer les vers du nez.

— Et tu sais à propos de quoi ?

— Pas vraiment, je n'étais pas assez près. En tout cas, Boyd, il n'a peur de rien.

— Pourquoi dis-tu ça ? demande Archibald.

— Ben, parce qu'il tenait tête au patron, bien sûr. Sans rire, à un moment, j'ai même cru qu'ils allaient en venir aux mains. Je ne comprends pas l'attitude de Lachlan Boyd, il ne doit pas tenir à son poste pour réagir comme ça. Parce que... enfin, personne ne parle au patron de cette façon.

— C'est la testostérone, déclare Archi, ça envahit le cerveau et, comme il n'y a pas assez de place dans la boîte crânienne, la cervelle doit partir ailleurs. Et je peux vous dire qu'entre Glen et Lachlan, il y en a, de la testostérone !

Lily et moi le dévisageons ; sa mine ressemble fort à celle d'un chat devant une souris bien grasse.

— Mais t'es pas gay, fait remarquer ma voisine.

— Je suis bi. Autrement dit, un champion de l'adaptabilité.

Tandis que Lily arrondit la bouche pour lâcher un « oh » hébété et incrédule, j'ai une pensée émue pour Darwin et sa théorie de l'évolution des espèces.

Chapitre 9

La piscine de l'hôtel, et plus généralement tout le complexe appelé « centre de bien-être », est un petit paradis architectural. Des colonnades en marbre et des grands voilages donnent à l'ensemble un aspect antique un peu kitch qui sied à merveille à l'ambiance luxueuse de ces salles de détente. Celui ou celle qui a pensé les lieux devait être adepte de la luminothérapie, car la piscine, ainsi que le jacuzzi, est équipée de petites lampes qui changent de couleur à intervalles réguliers. Bleu, rose, jaune pâle, vert. Lorsque je suis arrivée, voici deux heures, quelques clients s'y trouvaient déjà, bien décidés à profiter comme moi des options de Redstone, à défaut de pouvoir faire du tourisme. Mais ils ne sont pas restés longtemps dans la piscine et, depuis une demi-heure, je suis toute seule dans cette somptueuse pièce de marbre décorée de belles plantes vertes, normalement pas adaptées au climat de la région.

Je reste un long moment inerte dans l'eau, faisant la planche et les yeux fixés au plafond immense. Mes oreilles sont immergées de sorte que je n'entends plus rien. J'oublie la chair qui entoure mes muscles, mes muscles qui enrobent mes ligaments, mes ligaments qui tiennent mes os. En suspension dans un parfait silence, j'ai l'impression que je pourrais quitter ce monde. Serait-ce vraiment si facile ? Laisser tout ça, la matérialité du réel et les limites du vivant. Serait-ce si facile de laisser l'ombre me rattraper ? Quand il m'arrive d'être suffisamment déconnectée de ce qui m'entoure pour me dédier à mes pensées, je prends la mesure du tas de cendres sur lequel mon trône se trouve en équilibre. Mais rien ne tient longtemps sur de la cendre et tout va bientôt s'écrouler.

Il faut que je bouge les membres ; le mouvement c'est la vie, c'est la survie. Un pas, puis un autre vers quelque chose, un but, une mission, n'importe quoi.

Bouge !

Quand je remonte dans ma chambre, je ne suis plus qu'une masse molle et chaude sans plus aucune ossature. Je me traîne jusqu'au fauteuil installé près de l'une de mes fenêtres. Les coussins moelleux happent aussitôt mon corps et je me dis que je pourrais me laisser mourir de faim et de soif, tant la place est confortable. J'ai du mal à garder les yeux ouverts et je sens que je m'abandonne aux bras de Morphée, bercée par le cliquetis régulier de la pluie contre la vitre.

On frappe à la porte et je tressaille, brutalement tirée de ma somnolence.

Oui… Attends, je suis là, ma chérie… j'arrive…

Les coups retentissent à nouveau. Je m'extirpe difficilement des mâchoires molletonnées du fauteuil et je titube jusqu'à la porte.

Quand je l'ouvre, je ne peux dissimuler ma surprise :

— Catherine ?

— Navrée de vous déranger, s'excuse-t-elle d'un ton désolé, d'habitude, quand je débarque chez quelqu'un sans le prévenir, je ménage au moins un peu plus de théâtralité.

Trop de mots dans ta phrase, pas assez réveillée.

— Je vous en prie, entrez. Vous voulez une tasse de thé ?

— Non merci, sauf si vous avez de quoi le pimenter, répond-elle en soupirant.

J'acquiesce.

— Que se passe-t-il ?

— C'est demain que démarre la fête que j'organise pour mon association de lutte contre l'illettrisme des enfants.

— Je m'en souviens.

— Vous savez, pour gagner gros, il faut miser gros. Je lève énormément de fonds parce que mon carnet d'adresses et les gens que j'invite ont de très importants moyens. Ils ont l'habitude de vivre dans un monde où l'excellence et la perfection règnent, car ils les payent très cher.

Catherine s'interrompt au moment de prendre la tasse de thé que je lui tends, et dans laquelle j'ai glissé une larme de whisky piqué dans le bar.

— Les gens que vous décrivez composent presque la totalité de ma clientèle à la galerie d'art.

— Alors, vous n'ignorez pas qu'ils sont allergiques à tout ce qui est en dessous de leurs critères de standing. J'ai l'habitude de prendre le meilleur des artisans de la région tant pour le buffet que pour l'alcool ou la décoration, et Redstone m'offre un cadre idyllique. Pendant deux jours, ils vivent une sorte de fantasme de retraite champêtre, telle qu'ils ont pu l'imaginer en lisant Emily Brontë ou Jane Austen, ou en regardant l'une des adaptations cinématographiques de leurs romans. Ils sont contents, ils ont vécu ce qu'ils croient être un séjour authentique, et ils dépensent. Beaucoup. Mais si le standing baisse, alors ils bouderont l'événement, parce qu'ils seront convaincus de valoir mieux.

Et voilà que ce fichu chef vient de m'annoncer qu'il ne peut produire les desserts prévus pour une histoire de temps ou je ne sais quoi d'autre !

Je suis à ce point dans le brouillard, que je comprends un mot sur trois. J'opine comme les petits chiens posés sur la banquette arrière des voitures, et avec autant de capacité de réflexion. Heureusement, j'ai une technique infaillible pour donner le change et faire croire que je suis concentrée : je répète les derniers mots que j'ai compris sous forme de question.

— Pas de dessert ?

— Ce qui est une vraie catastrophe ! Tout l'*afternoon tea*, le point culminant de ces deux jours de festivités, risque de ne pas être livré. J'attends deux cents convives et je n'ai aucune solution de repli.

— C'est un coup dur, mais pourquoi me l'expliquer à moi ?

— Le problème est français.

— Hein ?

— L'infâme créature, ce soi-disant grand chef pâtissier qui n'a aucun scrupule à priver des centaines d'enfants d'une scolarité digne de ce nom, est français.

Je sens que je vais aimer la suite.

— Ah. Et vous pensez que si une compatriote fait le lien entre lui et vous, la communication passera mieux ?

— Vous êtes si perspicace, ma chère !

— Donc, vous voulez que j'aille voir votre homme et que je lui transmette un message.

— Oui, et si, en plus, vous voulez vous laisser aller à vos plus bas instincts et lui broyer les attributs au passage, je ne serais pas contre.

— C'est vrai qu'il n'en a pas besoin pour cuisiner. Mais je ne suis pas quelqu'un de violent.

Je dis ça sans ciller et avec un soupçon de fierté.

— Entre nous, le nombre de situations où les hommes

ont réellement besoin de leurs attributs est bien moins important qu'ils ne se l'imaginent.

— Bon, admettons que j'aille le voir, je ne suis pas sûre que ce soit plus efficace, si c'est un problème technique ou de délai.

— Peut-être, mais cette fois, je serai sûre que mon message sera parfaitement compris, parce que livré dans la bonne langue, et vous pourrez m'expliquer exactement la raison pour laquelle il ne peut préparer ses maudites pâtisseries, raison que je n'ai pas comprise quand il me l'a exposée.

J'hésite, et puis je réalise que je n'ai pas grand-chose à faire de plus intéressant. J'aime bien Lady Catherine et quelque chose me dit qu'elle est le genre de personne à connaître la valeur de l'expression « renvoi d'ascenseur ». Il se pourrait que je finisse par avoir besoin d'un allié d'importance à Redstone.

— C'est entendu, j'irai botter les fesses de ce mangeur de grenouilles !

— Magnifique ! Prenez une petite laine, il ne fait pas chaud du tout, dehors.

Je la dévisage.

— Ah mais... tout de suite ?

— C'est pour demain, ma chère.

— Oui bien sûr, c'est pour demain...

En allant chercher un blazer dans le placard, je ne peux retenir un soupir.

— Et il est loin, ce pâtissier ? Je peux y aller à pied ?

— Mon Dieu, bien sûr que non ! Qui se déplace encore à pied de nos jours ? Il est à Dalmally.

— Oui, Dalmally, bien sûr, je vois tout à fait où ça se trouve.

— Vraiment ?

— Non.

— Eh bien, c'est pourquoi je vous ai trouvé un chauffeur.

— Vous êtes une femme si prévoyante !

— Il faut bien. Toute ma vie, j'ai été cernée d'incompétents. Il doit vous attendre. Par contre, très chère, peut-être devriez-vous passer par la salle de bains, vous ressemblez à un panda, et nous sommes assez loin du premier zoo.

Je m'exécute en traînant la patte, mais une fois devant le miroir, je dois bien reconnaître qu'elle a raison, j'ai l'air d'un panda, en moins mignon. Je me donne un semblant d'humanité à coups d'anticerne et d'illuminateur, puis je prends mon sac, tandis que Catherine m'attend déjà sur le pas de la porte.

— Où m'avez-vous dit que mon chauffeur m'attendait ?

— M. Boyd est garé juste dans la cour, à l'entrée.

Je me fige.

— Lachlan ?

— Oh ! je vois qu'il y a comme une certaine familiarité entre vous. Oui, c'est bien ça, l'homme à qui vous jetez des œillades.

— Je ne lui jette pas du tout d'œillades !

— Non ? Ma vue n'est plus ce qu'elle était, vous savez.

— Elle voit simplement ce qu'elle veut voir, en déformant au passage la réalité.

— Si nous discutions de ce que vous allez dire à mon pâtissier ?

— Écoutez, ça ne me dérange pas de jouer les hérauts pour vous, mais je ne suis pas sûre que ce soit une bonne idée que j'y aille avec lui.

— On ne choisit pas toujours ses options. J'ai appris qu'il devait aussi se rendre à Dalmally, alors j'ai sauté sur l'occasion. Enfin, c'est plutôt vous qui allez sauter sur l'occasion pour moi.

— Je sens que je vais passer une soirée formidable...

— Vous avez beaucoup d'humour.

— C'était de l'ironie.

— Ah oui ? Je n'avais pas remarqué.

Je ferme la porte un peu brusquement. Pendant que nous descendons dans le hall, Catherine me donne des instructions précises, et le moins qu'on puisse dire, c'est que ce pauvre pâtissier a intérêt à régler le problème des desserts séance tenante, s'il ne veut pas que toute la Grande-Bretagne lui tombe dessus et réactive la guerre de cent ans.

Tandis que je descends les marches en pierre de l'escalier imposant se trouvant à l'entrée de l'hôtel, j'aperçois une berline sombre de laquelle s'extrait Lachlan. Il marque un temps d'arrêt quand il me voit, et les traits de son visage se tendent quand il comprend que je m'approche de la voiture.

— Oh ! c'est vous le passager surprise que Lady Saint-Andrews m'a imposé.

— C'est aussi douloureux pour vous que pour moi.

Hé oui, mon petit vieux, fini les préliminaires entre nous !

— Ne nous sous-estimez pas, réplique-t-il.

— Bon, ce que je vous propose, c'est de partager le même véhicule, sans parler. En voilà une bonne idée, non ?

— Ça me va. Où suis-je censé vous déposer ? À moins que vous ayez développé une sorte d'obsession malsaine pour moi et que vous ayez décidé de me suivre partout ?

— C'est vrai, vous êtes si obsédant ! Je dois me rendre à la pâtisserie La Framboise Diabolique à

Dalmally, à la demande de Lady Catherine. Un problème de pâtisseries pour sa fête. Je suis si chanceuse.

— On va être en retard, coupe-t-il froidement.

— Eh bien, si vous cessez de me poser des questions, on perdra moins de temps.

Je claque la portière et attache ma ceinture. Le regard tranchant de Lachlan pèse sur moi, tandis qu'il démarre le véhicule. Il se remet à pleuvoir quelques minutes à peine après que nous avons quitté la cour de Redstone. Le bruit des essuie-glaces rythme notre avancée et fait écho à nos respirations. Le soleil rase l'horizon, et les derniers rayons qu'il jette contre les nuages embrasent la voûte céleste brouillée par la pluie. Le paysage défile, alternant belles maisons en pierre, bosquets, prairies et bois.

Dans la voiture, le silence est électrique. J'ai l'impression de sentir l'aura de Lachlan. Elle est dure, vibrante, elle envahit l'habitacle, et c'est comme si elle se collait à moi. Un poids invisible appuie sur ma poitrine et altère ma respiration. Il faut que ça cesse.

Je craque et demande :

— Quelle est votre fonction à Redstone ?

— Je croyais qu'on ne devait pas parler.

— On ne parle pas, je pose une question.

— C'est très différent, en effet.

— Je trouve aussi. Alors ?

— Pourquoi voulez-vous tant le savoir ?

— Pourquoi voulez-vous tant en faire un secret ? Vous travaillez pour le MI6 ou quoi ?

— Ça pourrait être le cas.

— Aucune chance, vous feriez un bien piètre espion !

— Discuter avec vous est un plaisir sans limite.

— J'ai appris que vous aviez eu une violente dispute avec Glen.

— Glen ? Pas M. Glen Wallace ? s'étonne-t-il en plissant ses yeux.

— Oui, Glen. Alors ?

— Eh bien... ?

Je lève les yeux au ciel.

— Apparemment, vous lui avez tenu tête au point de le mettre vraiment en colère. À mon sens, un employé peut se permettre de hurler aussi fort que son patron dans deux cas seulement. Soit il est cinglé, soit il sait qu'il ne sera pas viré quoi qu'il arrive.

— Je pourrais être cinglé.

— Vous êtes bien trop antipathique pour ça.

Lachlan laisse traîner quelques secondes de silence avant de se décider à répondre :

— Je travaille pour le clan Wallace, et non pas pour Glen uniquement. Je m'occupe des finances du groupe et je rends des comptes au conseil d'administration qui gère la fortune de la famille. Fortune ne provenant pas seulement de Redstone.

— Vous êtes donc une sorte de super-comptable.

— Et le super-comptable que je suis réalise un audit de l'hôtel. Il est apparu qu'il serait plus pratique que je me fonde dans la masse du personnel et me fasse passer pour l'un de ses membres, pour que tous continuent de se comporter normalement.

Les informations commencent à s'emboîter les unes dans les autres et forment un immense puzzle.

— Et c'est lors de votre audit que vous vous êtes rendu compte que des choses étranges se passaient à Redstone. Des choses comme la disparition de certaines œuvres d'art ?

— C'est une hypothèse.

— Glen n'est pas de cet avis ?

— Glen n'a pas d'avis.

Le ton sur lequel il vient de répondre me laisse

présager une profonde mésentente entre les deux hommes. Le dernier héritier du clan Wallace est né avec des privilèges auxquels n'ont pas accès la plupart des gens. Sa glorieuse destinée était déjà tracée dès sa naissance, alors que le reste des mortels doit transpirer pour bâtir la sienne. Il y a de quoi générer un peu de mépris et d'envie.

— J'en conclus qu'il n'apprécie guère qu'on contrôle sa gestion de l'hôtel et qu'on mette le nez dans ses affaires.

— C'est peu de le dire. La dispute qu'on vous a rapportée fait suite à ma demande de produire le testament de Richard Wallace, poursuit Lachlan sans que, pour une fois, j'aie dû lui extirper l'information.

— Pourquoi l'a-t-il mal pris ?

Il me jette un regard étincelant qui provoque en moi un frisson.

— Il m'a dit que ça ne regardait personne, mais que si j'y tenais autant, je n'avais qu'à essayer de le chercher dans, je cite, « le cul d'un bouc, là où est sa place ». Je dois reconnaître que ça m'a un peu contrarié.

— Une simple brise dans vos cheveux doit suffire à vous contrarier, mais, dans le cas présent, sa réaction est étrange.

— Je n'ai pas à être sympathique avec mon prochain. Il n'y a pas de loi sacrée et universelle qui m'y oblige, si ce n'est celle de satisfaire les ego fragiles et susceptibles de mes congénères.

Le frisson vire à la crispation.

— Vous n'avez rien de plus mélodramatique et théâtral comme réplique ?

— Non, mais je sens que ça va venir.

— La bienveillance, la courtoisie et la gentillesse ne sont pas des concepts inventés par une bourgeoisie susceptible, c'est simplement la base de relations saines et sereines. Précisément celles qui permettent à l'homme d'évoluer et de nouer des liens.

— Professeur en sociologie ?

— Et pourquoi pas ?

— Vous seriez nulle.

— Pardon ?

— La *bienveillance*, la *courtoisie* et la *gentillesse* ? De la part de quelqu'un qui est constamment en colère et sur la défensive ? Ah ben, vous n'avez peur de rien !

— Je ne suis pas du tout en colère, ni sur la défensive !

— Vous avez cassé le nez d'un homme.

— Il l'avait mérité !

Je me rends compte après coup que je viens de crier. Je prends une profonde inspiration, puis une autre et encore une autre. Il a le don d'appuyer pile sur le mauvais bouton, celui qui me fait démarrer au quart de tour.

Le silence s'installe à nouveau entre nous et, cette fois, pas question de le rompre pour risquer un nouvel incident diplomatique.

— Vous voyez qu'il valait mieux qu'on ne parle pas.

Je vais le tuer. Je ne sais pas quand ni comment, mais je vais le tuer.

Chapitre 10

Lachlan m'a déposée devant la pâtisserie La Framboise Diabolique avant de m'indiquer qu'il se rendait deux rues plus loin pour régler certaines affaires dont je n'ai pas demandé le détail. Non pas que cela ne m'intéresse pas, mais que je lui tire à nouveau les vers du nez lui aurait fait trop plaisir. Claquer la portière de la voiture a donc été la réplique la plus pertinente de la soirée, et ça a eu l'air de lui convenir.

La Framboise Diabolique n'a pas grand-chose de satanique, si tant est qu'une framboise puisse avoir un lien avec le Malin. Entièrement en bois et recouvertes d'une lasure blanche et or, les façades affichent une ambiance plutôt baroque et mignonne. Le lettrage de l'enseigne, tout en courbes de style Art déco, achève de donner à l'ensemble un brin de décadence monarchique. Catherine m'a dit qu'elle avait prévenu le grand chef de ma visite, cependant j'ignore si elle lui a expliqué le but exact de ma venue.

Je pousse la porte et une vague d'effluves de sucre, de chocolat agrémentés d'une pointe d'agrumes me saute aux narines. Deux inspirations suffisent à me rendre diabétique.

L'intérieur est raccord avec l'extérieur : précieux,

maniéré et un tantinet kitch. Pourtant, au bout de quelques secondes, une impression de bien-être et de quiétude prend possession de moi, malgré moi. Très probablement la faute au sucre qui doit me monter à la tête et m'anesthésier les neurones en les caramélisant. C'est agréable et, en même temps, un peu étrange. Ça renvoie au passé. Je suppose que si le mien avait été source de bons souvenirs, je serais en train de m'y replonger avec délectation. Il est fort, ce chef pâtissier.

La boutique fait pour partie salon de thé, décoré comme le boudoir de Mme de Pompadour. Enfin, comme les étrangers s'imaginent qu'il devait être. Vu l'heure tardive, il n'y a aucun client à table et je croise le dernier à la caisse, qui repart avec une énorme boîte enrubannée et surmontée d'un nœud au volume indécent. Une jolie serveuse portant un vêtement rappelant vaguement les années quarante s'adresse à moi d'une voix aussi poudrée que les cupcakes dans la vitrine. Je lui indique que je suis attendue par le propriétaire des lieux à propos de la grande fête caritative de Redstone. Je ne sais pas si mon anglais prête à confusion, mais la mine de mon interlocutrice perd instantanément toutes ses couleurs, au point que j'ai peur qu'elle fasse un arrêt cardiaque.

— Tout va bien ?

— Heu oui... Je vais voir... si M. André peut vous recevoir, bredouille-t-elle, en jetant un coup d'œil nerveux derrière elle.

— Ah, eh bien, il va falloir qu'il fasse un peu plus que pouvoir, parce que je ne repars pas sans lui avoir parlé.

Décidément, ils ne vont quand même pas tous se liguer pour me gonfler ce soir ! !

La serveuse acquiesce et disparaît dans l'arrière-salle. J'entends une voix masculine qui vocifère quelque chose dans un franglais que j'ai du mal à comprendre.

Super, un autre caractériel ! C'est le thème de la soirée.

Un homme fait irruption côté boutique. Il a déboulé si vite que c'est un miracle qu'il ne se soit pas empalé sur la caisse enregistreuse. Les boutons de sa blouse de chef tirent au niveau de son ventre, qui a tendance à pousser vers l'avant. Sa figure ronde, ses cheveux noirs gominés bien plus que de raison et sa petite moustache remontant bizarrement sur les pointes font de lui une caricature du personnage d'Hercule Poirot. Je retiens difficilement une envie de rire.

— Ah, voilà l'émissaire de l'Inquisition ! s'écrie-t-il avec un accent que je localise à Toulouse.

— Oui, j'ai laissé mon uniforme dans la voiture, nous essayons une méthode plus discrète. L'Inquisition se modernise.

— Vous venez vous repaître de mon malheur et m'humilier une seconde fois ? Allez-y, piétinez mon orgueil et jetez-le à la poubelle ! Vingt ans de savoir-faire culinaire dans les plus prestigieux établissements, et je ne parle même pas des concours ! Meilleur ouvrier de France, madame, trois fois de suite, mais ça, ça ne veut rien dire pour vous !

Ah si, il va vraiment me gonfler ce soir.

— Holà, on se calme, Jolly Jumper ! Vous vous êtes engagé par écrit auprès de Lady Saint-Andrews pour la livraison de l'*afternoon tea* de sa fête caritative et, sauf erreur de ma part, vous êtes dans l'incapacité d'exécuter votre part du marché. Si j'ai bien résumé les choses, c'est plutôt elle qui a toutes les raisons d'être en colère.

— Vous pensez qu'elle a toutes les raisons d'être en colère ?

— C'est précisément ce que je viens de dire.

— Suivez-moi !

Je lève les yeux au ciel et lâche un gémissement de lassitude, tout en contournant le comptoir. L'arrière-salle est immense et l'atmosphère radicalement opposée à celle du magasin. Les murs sont d'un blanc immaculé et totalement nus. L'inox recouvre l'ensemble du mobilier et étincelle de propreté. Les plats, fours, pianos, casseroles et autres ustensiles de cuisine qui me rappellent justement certains outils de torture inquisitrice sont parfaitement ordonnés sur les étagères et le plan de travail. Des volutes de fumée claire s'élèvent de récipients de formes très différentes. Le tout ressemble à une sorte de laboratoire de chimie, sauf que ça sent la barbe à papa. Le chef pâtissier se dirige tout au fond, puis s'arrête et désigne une longue tablée sur laquelle sont disposées des plaques contenant ce que j'identifie comme des sortes de... crottes blanches.

— Alors là, va falloir m'aider un peu.

— Voilà le désastre ! s'exclame-t-il, le teint virant au rouge tomate.

Je me rapproche des plaques.

— Bon, c'est vrai que ce n'est pas très beau, mais peut-être que c'est bon ?

— Peut-être que c'est bon ? Peut-être que c'est bon !

— Arrêtez de répéter tout ce que je dis, vous ressemblez à un magnétophone cassé.

— Ici, mademoiselle, on fait de l'art, on ne fait pas de la purée en sachet ! pérore-t-il en ignorant ma réplique. Les pièces que je crée sont des régals autant pour les yeux que pour les papilles. Je suis un génie de l'équilibre des saveurs et j'innove tous les jours pour mettre au point des mélanges qui, une fois en bouche, donnent un avant-goût du paradis.

— Enfin là, on est plus proche du pâté en boîte que de l'illumination culinaire, si je puis me permettre.

— Ceci est un désastre, un véritable génocide !

— À la base, ça devait être quoi, au juste ?

— Des meringues ! De fabuleuses et parfaites meringues.

— Ah oui, en effet, je n'y étais pas du tout. Écoutez, je ne suis pas un génie de... l'équilibre et tout ça, mais peut-être que vous pouvez en refaire ?

Il me dévisage comme si j'étais atteinte de folie furieuse.

— Qu'est-ce que vous n'avez pas compris dans « œuvre d'art », mademoiselle ?

Je soupire.

— Je ne sais pas, probablement toute cette conversation ?

— La météo était très claire, nous avions fait tous nos calculs et voilà que cette dépression atmosphérique sort de nulle part et ratatine toutes mes meringues. Nous avons tout essayé, rien à faire, elles sont mortes ! Et l'ensemble de mes desserts, cette année, contient des meringues, parce que c'est un peu ma spécialité.

— Moi, la seule chose que je retiens, c'est que vous croyez les bulletins météorologiques. Vous savez que la voyance a un taux de réussite plus élevé que les sites météo ?

— Je ne sais même pas pourquoi j'essaye de communiquer avec vous.

— Parce que vous n'avez pas le choix. Parce que si votre savoir-faire et vous ne vous remuez pas les fesses pour trouver une alternative, ce sont les avocats de Lady Saint-Andrews qui vont débarquer ici et, croyez-moi, ce sera bien moins agréable !

— Je crois que vous ne comprenez pas l'étendue de la catastrophe.

— Non, c'est vous qui ne comprenez rien. Combien vaut un établissement comme La Cerise Démoniaque ?

— La Framboise, et elle est diabolique, ce n'est pourtant pas compliqué à retenir.

— Ça aussi... À quel moment avez-vous cru qu'un nom pareil serait une bonne idée ? Mais passons... Allez, je dirais quatre cent, cinq cent mille euros ? Sachez que Lady Saint-Andrews a des moyens illimités et que si elle vous colle un procès, vous serez tellement noyé par la paperasse et pressé par les avocats que vous n'aurez plus aucune énergie pour faire tourner votre chère pâtisserie. À votre avis, combien de temps ça vous prendra pour déposer le bilan, monsieur le génie culinaire ?

Un silence de cour d'assises s'abat sur nous. Ni lui ni moi ne nous quittons du regard. Si nous avions eu dix ans, je lui aurais donné un coup de pied dans le tibia pour être sûre que le message remonte plus vite à son cerveau. C'est une des grandes lois du corps humain que j'ai personnellement vérifiée plusieurs fois, et que le monde scientifique sous-exploite grandement.

— Je ne vous aime pas beaucoup, m'annonce-t-il après un moment.

— Ça me brise le cœur.

Il se met à tripoter sa moustache, ce qui lui donne l'air d'un tueur en série.

— Bon, peut-être que si je mets toutes mes équipes sur le coup, je pourrai faire des macarons. Ce sera banal, convenu et manquant cruellement d'envergure, mais, après tout, ils sont anglais, ils pensent que le *carrot cake* est le point culminant de l'art pâtissier.

— J'aime bien le *carrot cake*.

— Ça ne m'étonne qu'à moitié.

— Alors, puis-je dire à Lady Saint-Andrews que vous pourrez livrer comme convenu et permettre ainsi à des centaines d'enfants d'obtenir une éducation digne de ce nom ?

— Dites-lui que M. André, la mort dans l'âme, lui proposera quelque chose de… moins… de plus…

— Oh ça va, des gâteaux, des choux, des macarons, des meringues, c'est bon, vous n'êtes pas en train de concevoir le nouveau module de la station spatiale internationale !

Les artistes et leur ego ! Alors que je fais volte-face pour sortir de cet antre du diable, j'aperçois Lachlan planté à l'entrée aussi souplement que le fil tendu d'un arc.

— Tiens, tiens, maugrée le chef derrière moi, le bras armé de Lady Saint-Andrews. Il a dû flairer le sang.

Je ne relève pas, mais trouve un peu étrange qu'il associe Lachlan à Lady Catherine. Ces deux-là ne sont pas censés être proches. Me cacheraient-ils quelque chose ?

— Nous avons fini, n'est-ce pas ?

— Oui, oui, me confirme M. André.

— Nous attendons votre livraison, demain à 11 heures au plus tard, lui indique Lachlan d'un ton dénué d'émotion.

— Sinon, je suis bien sûr que vous viendrez me le rappeler.

— Et vous n'aimeriez pas ça.

Lachlan tourne les talons et sort de La Framboise Diabolique. On ne peut pas lui reprocher de ne pas savoir ménager ses apparitions.

Je le rejoins sur le trottoir où il m'attend.

— Je suis garé juste ici. J'ai encore une ou deux choses à régler, si vous voulez attendre dans la voiture, m'explique-t-il en me tendant les clés.

— Je ne suis pas un chien.

— Non, c'est pourquoi je n'ai laissé aucune vitre ouverte.

Je lui prends les clés et me dirige vers le véhicule. Lachlan disparaît rapidement au bout de la rue. Comme la pluie a cessé, je ne vois pas pourquoi j'attendrais bien tranquillement dans l'habitacle, pendant qu'il joue avec ses petits camarades. Je décide donc d'arpenter les rues voisines qui offrent quelques jolies devantures de magasins encore ouverts. Il fait presque nuit et, malgré le temps maussade, il y a encore beaucoup de monde qui circule entre les boutiques. Des achats de dernière minute pour la soirée qui s'annonce, à en juger par l'empressement des gens.

Cette ville n'a pas le charme d'Oban, mais j'aime son côté authentique et rugueux. Tout a l'air plus fort et plus sauvage, ici, le vent et les intempéries ont sculpté les reliefs du paysage, choisissant le couteau plutôt que le pinceau.

Soudain, quelque chose attire mon attention. Un homme vient de s'engouffrer dans une ruelle coincée entre les épaisses façades en pierre de maisons. Pourquoi cela m'intrigue-t-il autant ? Je sais ! L'homme en question est l'un de ceux croisés à Oban, celui-là même qui a vendu le tapis et sorti de Redstone Dieu sait quoi d'autre.

Je m'avance tout doucement. Je ne tarde pas à comprendre qu'il est en compagnie de son acolyte. Me penchant à l'angle du mur, je remarque que l'un d'eux tient un tableau couvert d'une vulgaire serviette, tandis que l'autre éclaire un bout de papier grâce à la lampe torche de son téléphone et lit à voix haute le mot qu'il contient.

— Bon, alors, t'es sûr que le gars, il nous attend demain à la première heure ? demande le plus petit des deux, celui qui tient la toile.

— Ouais. Et si on roule bien, on y sera en une heure et demie et on pourra boire un coup au Chatty Unicorn avant de se pieuter.

— Une heure et demie ? T'es gentil, vu comme il a plu, on va y aller mollo, à Kinlochleven. Avec la fourgonnette et sa direction de merde, je veux pas me retrouver les pattes en l'air dans un fossé.

— OK, comme tu voudras, mais allons-y, je suis crevé en ce moment.

— Pense au fric, ça vaut tous les stimulants du monde.

Ils échangent un rire gras et pas très intelligent. Celui qui tient le tableau se gondole tellement qu'il le laisse échapper. La toile s'écrase au sol et je manque de lâcher un cri. La serviette qui la protégeait lui est restée entre les mains et il ne me faut qu'une fraction de seconde pour identifier le peintre : John Everett Millais.

Ce trou de balle vient de laisser tomber un Millais dans la flotte ? !

Mes doigts se crispent sur la pierre de la façade. Une vague de rage m'envahit jusqu'à tendre tous mes muscles. Je passe en revue toutes les tortures du Moyen Âge dont je me souviens et qui iraient parfaitement au teint de ce gros demeuré. Je n'ai qu'une envie, c'est de m'élancer dans la ruelle et de lui arracher les yeux pour le crime qu'il vient de commettre. J'ignore où je trouve la force de rester cachée. Je crois que je suis en train d'hyperventiler, ou je fais une attaque, j'hésite.

Je quitte mon poste d'observation quand je comprends que les deux hommes s'apprêtent à partir. Une fois qu'ils sont assez loin pour ne pas me voir, je me faufile dans la ruelle, car j'ai eu le temps d'apercevoir quelque chose de très intéressant : l'un d'eux a laissé tomber le papier qu'il lisait à voix haute. Je le ramasse et lis son contenu. Il y a un nom ainsi qu'une adresse, mais aucune signature ni rien qui pourrait renseigner sur son auteur.

Un bruit me fait tressaillir.

Merde ! Ils reviennent.

Je lâche le papier et me plaque contre la première embrasure de porte. Je rentre les seins autant que je peux pour ne pas dépasser du mur. L'un des hommes grommelle quelque chose avant de ramasser le papier puis le fourre dans sa poche.

Quelle conne !

Je me maudis, j'aurais dû garder le mot. Quand il disparaît à nouveau, je compte jusqu'à soixante, puis je sors de ma cachette. Je me précipite vers la voiture alors que Lachlan apparaît sur le trottoir d'en face. À peine arrive-t-il à ma hauteur que je lance :

— On va à Kiniochleven !

— Ça ne se prononce pas du tout comme ça.

— Je m'en fiche, tant que vous savez y aller.

— Et pourquoi cette envie soudaine de tourisme à 21 heures ?

— Je viens de croiser les deux abrutis de l'autre jour à Oban, ceux qui ont vendu le tapis et sans doute plein d'autres œuvres. Ils sont en possession d'un Millais qu'ils doivent remettre à un contact à Kiniotruc. J'ai le nom du contact et l'adresse de leur rendez-vous demain matin. Je sais même dans quel pub ils ont l'intention d'aller boire un verre, ce soir. Je ne crois pas que ces hommes sévissent dans beaucoup d'endroits pouvant abriter un Millais, ça vient forcément de Redstone et, si ce n'est pas le cas, il faut sauver cette toile et la remettre à sa place.

— Combien d'avance ont-ils ?

— À peine cinq minutes.

Nous nous engouffrons dans la voiture et démarrons en trombe.

— Pouvez-vous me décrire le tableau ? finit-il par me demander au bout de quelques minutes de trajet silencieux.

— Je peux faire mieux que ça, je peux vous dire exactement de quelle toile il s'agit. C'est le *Proscribed Royalist, 1651*, achevée en 1853, mettant en scène une jeune puritaine qui cache dans un arbre un soldat royaliste en fuite après la bataille de Worcester, en 1651.

Les mains de Lachlan se crispent sur le volant.

— C'est bien une toile qui appartient à Redstone.

— Et il n'y a aucune chance que la vente soit légale, vu les conditions dans lesquelles ils transportent cette œuvre.

— C'est pire que ça, déclare-t-il, lugubre. Les Millais font partie de la collection privée de Charlotte Wallace et se trouvent dans ses appartements. Ils ne sont pas exposés au public.

— D'accord, donc ce n'est peut-être pas qu'un vol fortuit, quelqu'un de l'intérieur renseignerait et livrerait ces gens. Mais qui pourrait à la fois connaître la valeur de ses toiles et avoir assez de connaissances dans le système de sécurité de Redstone pour le faire ?

— La presque totalité du personnel. La sécurité de Redstone est très loin de valoir celle d'un musée. On circule partout sans trop de restriction pour peu qu'on ait une carte de pointage.

Cette révélation nous plonge dans nos réflexions et nous restons muets près d'une heure, tandis que la voiture file sur la route qu'on devine encore ruisselante des précédentes averses.

— Vos connaissances en matière d'art sont impressionnantes, finit par lâcher Lachlan d'une voix que je trouve plus veloutée que d'habitude.

— C'est mon métier. Je gère la collection d'une galerie d'art à Monaco et ma spécialité est le courant des préraphaélites. On fait appel à moi pour des authentifications ou des évaluations de collections privées et publiques.

Il me jette un coup d'œil empli de curiosité. J'ai l'impression qu'il me regarde pour la première fois comme son égale, et non comme une agression extérieure, un imprévu dans le déroulement de ses plans, ou une écharde dans son doigt.

— Je comprends mieux pourquoi vous aviez l'air si intéressée par ce que cache Redstone.

— Cet hôtel contient un vrai trésor et je ne parle pas uniquement des tableaux, mais aussi des meubles, des murs, des sculptures... C'est un musée à lui tout seul. J'imagine que les finances d'un établissement comme celui-là sont très fragiles et dépendent du tourisme, qui lui-même dépend de tout un tas de choses sur lesquelles nous n'avons aucun contrôle. Cependant, je crois que vous ne devriez pas laisser s'abîmer un tel patrimoine.

— Vous avez l'air de croire que j'ai le pouvoir d'influer sur les décisions du clan Wallace.

— Vous jouez avec les mouvements financiers de ce clan, je ne peux pas croire qu'ils ne vous écouteraient pas.

— Pourtant, c'est ce qu'ils font. Ils ne m'écoutent pas. Ils n'écoutent personne.

Je l'observe. Son profil racé et d'un charme indéniable se découpe sur la vitre éclairée par les phares des quelques voitures que nous croisons. Je sens en lui comme une amertume étouffée qui, l'espace d'un bref instant, perce l'épaisse couche de sa colère froide. J'ai l'habitude de lire dans les courbes d'un visage, les lignes d'un cou ou d'une épaule, j'ai fait ça toute ma vie. D'abord, pour jauger mes interlocuteurs et mes adversaires, puis, bien plus tard, pour comprendre le message et l'intention du peintre. Qu'a-t-il voulu exprimer en créant ces lèvres, ce sourire, ce regard ? Que cache Lachlan derrière la couleur émeraude de ses yeux ou sous le relief de sa mâchoire ? Je commence à comprendre qu'il est comme un mille-feuille, une superposition de couches qui ne se mélangent pas.

Tout à coup, le moteur a une sorte de hoquet qui secoue la voiture. Quelques secondes plus tard, le même soubresaut, qui ressemble à une sorte de contraction, ralentit le véhicule. Nous entendons un bip annonciateur d'un problème technique, lequel, s'il avait fait son travail, aurait dû se déclencher avant la catastrophe. Lachlan passe plusieurs vitesses et observe dans le détail le tableau de bord. Notre allure se réduit inexorablement, puis Lachlan doit se garer sur le bas-côté, avant de s'arrêter définitivement. Il tente de redémarrer à plusieurs reprises, en vain. Le moteur produit un son sinistre qui ne présage rien de bon, même pour moi qui sais à peine où il se trouve. Je porte la main à mon front.

— Ça ne peut pas être pire !

Chapitre 11

Ah si, ça peut être pire.

Étalée à plat ventre de tout mon long, le nez dans la boue, sur le bas-côté où j'ai glissé en sortant un peu vite de la voiture, je maudis tout ce qui a concouru à m'amener ici, dans ce pays de malheur, dans ce bled paumé. Lachlan est en pleine inspection du moteur, et moi, je peste autant que mon vocabulaire me le permet, en me remettant difficilement sur mes jambes.

— Bordel, que c'est glissant !

— Vous ne voulez pas la mettre en veilleuse deux secondes, que je me concentre ? me jette-t-il de derrière le capot.

— Oh ! excusez-moi d'exister ! Je vais très bien, merci.

— Je ne vous ai rien demandé.

Après avoir pédalé dans une choucroute d'herbe et de boue subtilement amalgamées par la pluie, au plus grand plaisir de l'ensemble de mes vêtements, je parviens à remonter sur la route dans un état lamentable.

— Vous êtes la personne la plus détestable du monde ! Passe encore votre manque total de courtoisie, mais votre comportement égoïste et dénué d'empathie est une insulte au genre humain !

— Merci pour cette minute d'analyse psychologique de comptoir, mais ça ne va pas arranger nos affaires, commente-t-il sur un ton égal.

— Sans doute pas, mais vous insulter rend presque tolérable cette affreuse soirée.

Contournant la voiture, je viens me placer juste à côté de mon odieux compagnon de voyage.

— Alors, allez-y, faites-moi rêver.

— La courroie d'accessoire s'est cassée et elle a entraîné la rupture de celle de la distribution.

Face à mon expression d'opossum, il se sent obligé de vulgariser un tantinet le diagnostic.

— Voiture cassée. Pour ce qui est de repartir, autant faire une croix dessus. Il faut appeler une dépanneuse et l'emmener directement au garage.

— Magnifique. Parfait. Appelons donc une dépanneuse.

— Un dimanche à près de 22 heures ? Votre chute a endommagé votre cerveau ou vous êtes naturellement délirante ?

— D'accord, alors que proposez-vous ?

La pluie se remet à tomber, ce qui m'oblige à préciser davantage ma question :

— Là, tout de suite.

— On est presque arrivés à Kinlochleven. Marchons jusqu'à la ville, essayons le pub dont ont parlé nos deux voleurs, ensuite nous prendrons une chambre dans un hôtel. Demain, à la première heure, on règle cette histoire de vente de tableau et on appelle la dépanneuse.

— Super !

J'attrape mon sac dans la voiture et fouille l'habitacle dans l'espoir fou de trouver un parapluie, en vain, car le sort a décidé qu'il nous en ferait baver. Alors, on en bave.

Nous prenons donc la route sous l'averse qui, en moins de deux minutes, nous détrempe, ainsi que le paysage. Je ne me suis jamais sentie aussi misérable, mais j'apprécie que Lachlan ne soit pas en meilleure posture. Il n'existe pas d'immunité contre les intempéries, et je m'amuse de le voir ruisselant d'eau. Il envoie plusieurs messages de son téléphone et peste contre le manque de réseau. Finalement, il m'annonce que Redstone a été prévenu et que quelqu'un, là-bas, se chargera de la dépanneuse, ainsi que du taxi pour nous ramener.

Je n'ai plus de batterie et pas de montre, impossible de savoir combien de temps nous a pris notre promenade de santé jusqu'à la ville. À vue de nez, je dirais au moins trois vies. Le GPS de Lachlan nous conduit droit au Chatty Unicorn, prestigieux établissement qui sent la bière bon marché et la friture mal cuisinée.

Dès que nous passons la porte, un brouhaha assourdissant s'abat sur nous, altérant nos facultés cognitives avec une incroyable brutalité. L'air surchauffé et saturé d'alcool, de transpiration et de cuisine grasse me fait suffoquer. Lachlan et moi balayons la salle du regard à la recherche des voleurs de tableaux et de tapis. J'essuie des remarques avoisinant le degré zéro de l'humour potache sur l'état dans lequel je me trouve. Le taux d'alcool ambiant a de quoi plonger le pays entier dans un coma éthylique. J'essaye d'éviter la danse des bières pour ne pas avoir à rajouter l'alcool au mélange affreux de boue et d'herbe que j'ai déjà étalé sur moi.

Nous tenons dix minutes dans cet enfer avant de renoncer, lorsque nous réalisons que nos cibles ne sont pas dans le pub.

— J'ai trouvé une auberge juste à côté, m'indique Lachlan, le nez sur l'écran de son portable, ce n'est pas un cinq étoiles, mais je crois que nous avons assez marché pour aujourd'hui, et puis l'endroit sera raccord avec votre mise.

Je te déteste.

— Voilà la vraie première bonne nouvelle de la soirée.

Une fois dehors, je prends plusieurs profondes inspirations et j'apprécie de débarrasser mes poumons de l'air vicié de la « licorne bavarde ». Je me demande ce qui leur prend, dans le coin, de baptiser leurs magasins de noms aussi débiles. Sans doute font-ils une sorte de concours. La pluie a enfin cessé et, bientôt, je serai dans un lit douillet, au chaud, avec un bon thé. Le mauvais sort a l'air de s'être lassé de nous et de cette soirée.

Nous atteignons l'auberge assez vite. L'intérieur évoque un décor de film des années trente. Des boiseries foncées recouvrent à peu près toutes les surfaces, tandis qu'une moquette colorée donne à l'ensemble une atmosphère surannée. De jolies plantes grasses complètent le tout, ajoutant une petite touche « cottage perdu dans la campagne anglaise » tel qu'on se l'imagine.

Lorsque nous nous présentons à l'accueil, nous tombons sur une dame d'une soixantaine d'années. Sa figure potelée un peu trop fardée et ses yeux immenses lui donnent un air jovial et gourmand.

— Oh ! mes pauvres chéris, vous êtes complètement trempés ! s'exclame-t-elle en nous dévisageant, l'air atterré. Henri ! Henri !

Son cri suraigu nous transperce les tympans.

— Quoi ? répond une voix masculine depuis une autre pièce.

— Apporte des serviettes chaudes, tout de suite !

— Des serviettes chaudes ? Je fais bouillir de l'eau aussi ?

Lachlan extirpe un bonbon à la menthe d'une coquette bonbonnière à disposition des clients puis me le tend.

— Mais enfin, on va accoucher personne !

— Je sais pas moi, t'es pas très claire aussi ! hurle l'homme de plus belle.

— Henri Thomas William Scott, veuillez apporter des serviettes chaudes immédiatement ! ordonne-t-elle, avant de nous confier plus bas : Je suis désolée, mon époux est un peu bourru. J'imagine que vous allez rester peu de temps, vu que vous n'avez pas de bagages ?

— Une nuit effectivement, répond Lachlan.

— Parfait. Avec petit déjeuner ?

— Non, merci, ça ira.

— Vous avez tort, nous préparons le meilleur petit déjeuner de la ville et vu votre teint à tous les deux, vous manquez de fer. On le prépare vite et très tôt, ça ne vous mettra pas en retard et...

— D'accord, va pour deux petits déjeuners, l'interrompt Lachlan, la voix tendue.

— Vous faites bien ! Je suppose que vous avez entendu parler de nos spécialités ?

— Quoi ? Non... mais... Vous venez juste de nous en parl... passons, pourrions-nous avoir nos clés, s'il vous plaît.

Je sens Lachlan perdre patience.

— Vous voulez une clé chacun ?

— Je pense que ce sera plus pratique.

— Vous savez, il n'y a rien à faire la nuit, ici, vous aurez meilleur compte de rester dans la chambre.

— Les clés, je vous prie, insiste Lachlan dont le regard vert vire soudain au noir.

— Chambre 18 A, annonce l'hôtelière, en nous donnant deux clés.

Un petit homme trapu à la tête de taupe fait son entrée, les bras chargés de plusieurs serviettes.

— Vos serviettes chaudes, lance-t-il en nous dévisageant. Ah oui, effectivement, vous en avez besoin.

— En effet, répond Lachlan, avant de s'adresser à moi : 6 heures demain matin dans le hall.

— Ça marche.

Je récupère la moitié des serviettes et le contact du tissu chaud me procure un immense plaisir, presque un orgasme émotionnel.

— Heu, vous savez, la chambre, elle est pas grande, vous devriez pouvoir vous entendre si vous parlez normalement, tient à préciser la femme.

Il y a un blanc. Lachlan et moi échangeons le même regard de panique avant de regarder la clé de l'autre et de constater qu'elles portent le même numéro.

— Attendez, non, en fait on veut deux chambres, explique Lachlan.

— Je me doute, vous n'avez pas du tout l'air d'un couple. Hein, Henri, qu'ils ont pas l'air d'un couple ? Il a le nez pour ça.

— Non. Remarque, l'amour vache, c'est bien aussi, paraît.

J'abats ma paume un peu fort sur le comptoir.

— S'il vous plaît, comme vous pouvez vous en douter, mon compagnon et moi avons eu une soirée difficile. Pourriez-vous nous donner une autre chambre.

— Ma douce, je l'aurais bien fait, mais il n'y en a plus. C'est le Green Sunday, tous les touristes sont à Kinlochleven. Tout est complet, croyez-moi. On vous donne déjà une chambre qu'on ne loue pas, normalement, parce que la télévision est en panne. Mais vu votre état, j'ai supposé que vous iriez dormir tout de suite.

— C'est un gag, ce n'est pas possible !

Je jette un regard plein de rage et de désespoir à Lachlan. Il doit sans doute penser la même chose que moi, car il se met à pianoter frénétiquement sur son portable, afin de trouver un autre hébergement.

— Les serviettes vont refroidir, fait remarquer Henri, dont j'aurais bien arraché la jugulaire avec les dents.

La situation tourne à la vraie catastrophe quand le visage de Lachlan perd le peu de couleur qui lui reste.

J'exulte :

— Magnifique !

Je reprends rageusement ma clé et me dirige vers l'escalier en martelant la moquette de mes talons. Lachlan m'emboîte le pas et, deux étages plus haut, nous nous retrouvons dans une chambre qui, en d'autres circonstances, aurait sans nul doute été douillette et pittoresque. Plafond avec poutres apparentes, large cheminée, tapis coloré et un énorme lit à baldaquin, digne d'une chambre de princesse.

Je décide de prendre les choses en main :

— Bon, on va essayer de rendre l'expérience supportable. Voyez s'il y a dans le placard des couvertures et des oreillers en double, et prenez le tapis.

— Bien sûr, oui, répond Lachlan, sauf que ça, c'est dans les films. Dans la vraie vie, je ne me flingue pas le dos par terre, alors qu'on a un lit king-size. Je prends le côté gauche.

Il me tape tellement sur les nerfs que je sens comme des décharges électriques au niveau de mes cervicales. La nuit va être longue et douloureuse. Je tourne les talons et m'enferme dans la salle de bains. J'ôte mes vêtements et constate l'ampleur des dégâts, entre les taches de boue et d'herbe. Je m'empare d'un des échantillons de savon que je verse sur ma tenue et je me mets à frotter. De plus en plus fort. Mes gestes canalisent ma colère et ma frustration.

Au bout de dix minutes, je viens à bout du plus gros des marques, de quoi me rendre à peu près présentable demain. Je prends ensuite une bonne douche brûlante qui allège un peu le poids qui pèse sur ma poitrine. Je ne peux pas croire que Lachlan et moi ne puissions pas passer une heure sans finir par nous écharper. Peut-être devrions-nous éviter tous les sujets sensibles et nous cantonner à des échanges strictement nécessaires...

Je ressors entièrement emmitouflée dans ma serviette de bain, et j'étends mes vêtements près du chauffage.

— Vous refaisiez les joints de la salle de bains ou quoi ? lance Lachlan avant de s'engouffrer dans la pièce.

Ou peut-être qu'on ne devrait pas se parler du tout.

Je me glisse sous les draps que je remonte jusqu'au cou, et prie pour m'endormir vite et pour que cette interminable excursion prenne fin.

Quelques minutes plus tard, Lachlan ressort, une serviette nouée sur les hanches. Je l'imaginais moins musclé. En y réfléchissant, ce n'est guère étonnant. C'est un homme sec et nerveux, sa musculature est allongée et ciselée. Toute son énergie doit passer dans son métabolisme d'enragé. Cela étant, le spectacle est agréable et, comme il me doit bien au moins une politesse, je le reluque sans honte.

— Le spectacle vous plaît ? demande-t-il.

— Ça ou les murs, il faut bien que je m'occupe : y a pas la télé.

Contournant le lit, il vient s'installer sur ma gauche. Je ne sais pas pourquoi, j'ai beaucoup de mal à le regarder, maintenant qu'il est allongé à quelques centimètres de moi. Je me trouve idiote, mais j'aurais aimé qu'il prononce un mot gentil. N'importe quoi, « bonne nuit », par exemple, aurait fait l'affaire. Cela m'aurait fait plaisir. Étonnamment, plus j'attends une attention de sa part, plus je suis déçue. Je crois que si je tiens autant à ce qu'il me montre, si ce n'est de l'amitié, au moins de la gentillesse, c'est parce que alors cela signifierait qu'il me perçoit comme sa partenaire, son alliée, son égale. Pourquoi est-ce important pour moi ? Qu'ai-je à faire de son intérêt ?

Il ne prononce plus un mot, moi non plus. Je lui

tourne le dos et éteins la lampe. Je ferme les yeux et appelle de toutes mes forces le marchand de sable.

Finalement, l'ombre m'avale et me fait tout oublier.

Soudain, Lachlan m'appelle et ses mains me secouent les épaules. Je crois que je marmonne :

— Attends… j'arrive… qui…

Je suis complètement désorientée. Quelle heure est-il ? Quelqu'un a frappé à la porte, j'en suis sûre !

— Sofia, dit tout bas Lachlan, calme-toi, tout va bien, tu es dans une chambre à l'hôtel et personne n'a frappé à la porte. Rallonge-toi.

C'est la première fois qu'il me tutoie et prononce mon prénom. Il le fait avec une certaine douceur et ça me touche. Je me rends compte que je suis à moitié debout, en équilibre sur une jambe et en sueur. Mes membres tremblent autant qu'ils sont crispés.

Il me tire doucement en arrière et je bascule sur les oreillers. Mon cœur bat vite, je m'inquiète :

— Quelle heure est-il ?

— Un peu plus de 4 heures.

— Que s'est-il passé ?

— Tu t'es mise à crier et tu m'as réveillé en disant que quelqu'un frappait à la porte.

Je pousse un long soupir et m'excuse, d'une voix légèrement éraillée.

— Je… je suis désolée.

L'un des bras de Lachlan est toujours sous mon dos. Il me tient fermement, sans toutefois coller son corps au mien.

— Sofia… qui est Mathilde ?

Mon corps se raidit.

— Quoi ?

— Tu as prononcé plusieurs fois ce prénom et tu l'as fait avec beaucoup d'angoisse.

— C'est une amie.

— Aucun ami n'inspire autant de panique.

— Nous avons été élevées ensemble et nous travaillions ensemble. Nous avons passé toute notre vie ensemble. Elle est ma seule famille.

— Elle est restée à Monaco ?

— Elle ne sortira plus jamais de Monaco.

Je déglutis un peu bruyamment, car ma gorge se gonfle. J'ai l'impression qu'une balle de golf vient de pousser dans ma trachée. Je finis néanmoins par articuler d'une voix que je ne reconnais pas moi-même :

— Parce qu'elle est morte. Tout est mort.

La main libre de Lachlan se pose sur mon bras nu ; la chaleur de sa peau irradie la mienne.

— Pas si toutes les nuits, elle frappe à ta porte, murmure-t-il à mon oreille.

Ses doigts glissent de mon épaule jusqu'à mon coude, et leur danse électrise mon corps. Son souffle caresse ma nuque, tandis que je sens son torse appuyer plus fort contre mon dos dans l'intervalle de sa respiration. Ses muscles sont durs et, pourtant, immobiles, faussement inactifs. Je sens sa force intérieure courir sous sa chair et pénétrer la mienne par le contact de ses doigts.

Une partie de moi brûle d'envie de se retourner, d'abattre mon corps sur le sien, d'écraser nos peaux l'une contre l'autre et de se laisser envahir par lui. *Une partie de moi* a furieusement envie d'avaler son âme et de dévorer son corps pour calmer la faim que je sens bouillir dans le fond de mes entrailles. *Une partie de moi*, seulement.

Mais je reste inerte, tel un oiseau mort.

Mes membres sont entravés par un poids sur lequel je n'ai aucun contrôle, et le harassement drainé par ma peine me cloue aux draps du lit. Alors, nous restons tous deux figés, tendus et puissants à l'extrême, prêts à nous rompre, prêts à exploser, mais toujours paralysés par cette ombre que nos propres cœurs alimentent.

Deux crocodiles soudés l'un à l'autre, une seconde statufiés, une autre, calcinés dans la violence de l'action.

Et entre deux minutes de cette nuit qui s'étire, je sens couler des larmes sur mes joues. En silence. Je pleure toujours en silence.

« Tes larmes méritent de faire du bruit, elles méritent qu'on les entende », me disait souvent Mathilde.

Il est 17 heures, ce jour-là, et je me revois, plantée sur mes pieds, plus morte que vive, le visage écorché de douleur et d'incompréhension. Je revois les flashs de lumière que le soleil crée en frappant les éclats de verre. On dirait des étoiles coincées sur terre. L'énorme poussière saturée de particules opaques a tout envahi et tout asphyxié. Je ne suis même pas sûre de respirer encore. Ça sent le soufre, la transpiration et la peur. Et puis, tout ce rouge qui suinte des murs et coule sur moi. Il est 17 heures, ce jour-là, et pour toujours dans mon cœur.

Chapitre 12

Je n'ai pas fermé l'œil du reste de la nuit, et pourtant j'ai eu l'impression de ne pas être restée éveillée, comme si je m'étais trouvée coincée entre deux états de conscience.

Quand je me suis levée, Lachlan dormait de l'autre côté du lit. Je l'ai observé quelques instants. Son visage voilé par sa chevelure auburn semblait si serein, si apaisé. J'ai eu tout le loisir de détailler son profil digne d'une statue grecque : pas un accro dans l'harmonie du nez, du menton ou du front. Tout était lissé. Comme si la bête encore assoupie à l'arrière de son cœur laissait l'homme refaire surface le temps d'un somme.

Devant le miroir de la salle de bains, je reprends peu à peu contenance. Mes vêtements ont séché et je me félicite de n'acheter que des tissus qui ne se repassent pas. Je m'occupe de mes cheveux avec le peigne de secours de mon sac, ce qui me prend un temps infini et m'arrache des larmes de douleur. Après vingt minutes d'un minutieux ravalement de façade, j'ai presque l'air humaine. Quand je sors de la salle de bains, Lachlan a terminé de s'habiller. Il noue ses cheveux et enfile sa veste. Son visage a repris son vernis froid et distant.

— Allons faire acte de présence dans la salle de

petit déjeuner pour nous épargner un nouvel échange avec les propriétaires de cet hôtel, annonce-t-il sans autre forme de cérémonie.

J'acquiesce et sors la première de la chambre, non sans jeter un dernier coup d'œil au lit.

Assis l'un en face de l'autre dans la coquette salle à manger, Lachlan et moi devons bien nous rendre à l'évidence : c'est l'un des meilleurs petits déjeuners que nous ayons mangé. Le buffet de Redstone ne peut pas rivaliser avec cette cuisine familiale inventive, authentique et pleine de saveurs. C'est donc à contrecœur que nous pressons le mouvement et quittons l'atmosphère douillette de l'auberge.

Il est à peine 7 heures quand nous nous rendons à l'adresse inscrite sur le bout de papier que les voleurs ont laissé tomber, hier. Le lieu de rencontre se situe un peu en dehors de la ville, une maison modeste en pierres grises, trapue sur ses fondations et comme tassée sur elle-même. Le jardin est à l'abandon et, avec l'alternance du soleil et de la pluie, la végétation a poussé de façon anarchique.

Je saisis le bras de Lachlan et désigne une vieille fourgonnette qui a dû, jadis, être blanche.

— Je reconnais ce véhicule, il était garé dans la rue, à Oban, quand on les a surpris.

— Moi aussi, je le reconnais, il s'est garé plusieurs fois dans la cour de Redstone. Attendons qu'ils sortent de la maison pour échanger quelques civilités.

— Et pour la toile ?

— Je vais contacter quelques amis au sein de la police.

— « Quelques amis » ? Parce que vous avez des amis ?

— Pots-de-vin.

— Ah oui, ça me paraît déjà plus votre genre.

Nous nous éloignons de la bâtisse et patientons sur le trottoir d'en face, entre deux autres maisons typiques. Lachlan passe quelques appels et je suis soulagée de savoir qu'on ne laissera pas un chef-d'œuvre pareil entre les mains d'un trafiquant d'art sans scrupules. Dans mon milieu, les vols de tableaux sont un vrai fléau. Ces crimes se font dans le velours des soirées mondaines. Les casses violents arrivent, mais ce n'est pas la façon de faire de la plupart des trafiquants. Ils préfèrent saper les fondations financières des musées ou des galeries, puis, à coups de dessous-de-table ou de menaces, ils les pillent pour enrichir les collections privées de mégalomaniaques russes ou des Émirats. On lutte quotidiennement contre cette guerre silencieuse en recherchant des mécènes suffisamment puissants pour ne pas trembler devant une menace économique. Parfois on gagne, parfois on perd. Et parfois, c'est plus violent que prévu.

Parfois, ils tuent.

Une vingtaine de minutes plus tard, nos deux lascars sortent enfin. Ils n'ont pas le tableau, en revanche, ils arborent une mine épanouie et satisfaite. La transaction a dû être très lucrative, et pour cause, la toile est unique. J'espère que les amis de Lachlan vont faire vite, car, d'expérience, le tableau transite très vite par les circuits étrangers pour disparaître des radars.

Alors que je me perds en suppositions et conjectures, Lachlan s'élance vers les deux hommes, si vite que je n'ai pas le temps de réagir. Je le suis deux secondes plus tard, mais ses longues jambes l'ont déjà porté plusieurs mètres plus loin. En traversant la rue, une voiture manque de me rouler dessus. Quand j'arrive sur l'autre trottoir, le spectacle auquel j'assiste me laisse sans voix. Lachlan a contourné la fourgonnette, puis surgi pour surprendre les hommes. Il assène au plus petit des deux un tel coup de poing que ce dernier s'effondre et perd connaissance. Puis il se jette sur l'autre, encore sidéré par la soudaineté de l'agression, lui crochète le bras et lui écrase le visage contre la vitre du véhicule.

— Hey ! Bordel, vous êtes taré ou quoi ? vocifère le malheureux, en articulant difficilement, du fait de sa position.

— Vous et moi allons avoir une petite discussion à propos du tableau que vous venez de vendre, annonce Lachlan d'un ton glacial et étonnamment calme, compte tenu de la poigne dont il est en train de faire preuve.

— Je sais pas de quoi vous voulez parler !

— Patience, je vais expliquer. Sofia ? Pouvez-vous lui prendre les clés du véhicule ?

Tout en parlant, il me jette un regard d'une incroyable intensité, et je sens comme un lien puissant entre nous. Je m'approche et tâte les poches du voleur, avant de trouver les clés dont je m'empare. Lachlan me gratifie d'un sourire de biais, auquel je réponds avec une spontanéité qui m'étonne. Abattant la main sur le cou de l'homme tout en continuant de lui tordre le bras, il l'entraîne plus loin vers un champ. Je les suis en balayant la rue du regard, afin de vérifier que personne ne nous voit. Mais il est encore très tôt et les lieux sont déserts. Lachlan balance l'homme contre la barrière et l'immobilise en collant son avant-bras sur sa gorge.

— Je vais tâcher d'être clair et de résumer la situation, ça va vous aider. Nous savons que vous avez volé un tableau de Redstone ainsi qu'un tapis et tout un tas d'autres choses. Nous savons que vous venez de céder la toile à la personne qui se trouve dans la maison que vous venez de quitter. Et nous savons que ce trafic, qui dure depuis un petit moment, est facilité par quelqu'un qui travaille à l'hôtel. Jusque-là, c'est compréhensible ?

— Je... je vois... pas de quoi vous voulez parler, bafouille l'individu, la trachée écrasée par le bras de Lachlan.

— Ça va venir. Maintenant que j'ai expose ce que nous savons, je vais vous expliquer ce que vous ne savez pas. Nous avons appelé la police qui ne va pas tarder à arriver et, comme elle va trouver le tableau, ainsi que deux témoins de la scène, vous allez prendre un billet long séjour pour la prison. La question que je vous suggère donc de vous poser maintenant est celle de savoir comment vous pouvez limiter la casse.

Cette fois, le voleur n'essaye plus de nier ni même de parler. Sa figure, qui porte les stigmates d'un abus d'alcool et de nicotine, vient de virer au gris sale.

— Dans votre malheur, poursuit Lachlan, vous avez de la chance, car vous vous trouvez justement face aux deux témoins qui tiennent votre avenir carcéral entre leurs mains. Il n'appartient qu'à vous de nous satisfaire en répondant à nos questions. Si vous le faites, alors notre témoignage sera moins à charge et votre participation au délit pourrait être jugée, disons, un peu moins importante.

Les pupilles de Lachlan sont immobiles et si profondément ancrées dans celles de l'homme qu'on dirait qu'elles s'efforcent de le réduire en leur pouvoir. Le voleur ne s'y trompe pas et son corps montre des signes de renoncement.

— Pour qui travaillez-vous ? Qui, au château, facilite ou initie ce petit trafic ?

— Je... je sais pas.

La réponse ne plaît guère à mon compagnon qui le lui signifie en lui appuyant un peu plus sur la gorge.

— Je... je vous jure ! crache l'homme en toussant.

Je sais pas qui c'est ! On a été contactés par téléphone et on l'a jamais rencontré. Quand on nous passe une commande... qu'on doit récupérer des objets d'art, on reçoit juste un mot et on le détruit ensuite. Parfois, ils appellent, mais jamais ils ne nous rencontrent.

— Ils sont plusieurs ?

— Au téléphone, c'est pas toujours la même voix. Un coup c'est une femme, un coup un homme.

— Depuis quand ce manège dure-t-il ?

— Deux ans, mais depuis six mois, les choses se sont accélérées.

— Comment ça ?

— Ils démembrent Redstone.

Le corps de Lachlan se fige.

— Que voulez-vous dire par là ?

— Je suis pas dans le secret des dieux, moi, mais Redstone est un train de mourir et y a des gens dedans qui veulent être sûrs de récupérer un max de blé sur le dos de l'hôtel. Alors, ils sont en train de le mettre en pièces, petit à petit, ni vu ni connu, et quand le merdier sera vendu, tout ce qui se trouve à l'intérieur et qui a de la valeur aura disparu.

— Vous mentez ! hurle Lachlan en lui empoignant la gorge.

— Non... non, je mens pas ! Vous m'étran...

Je pose la main sur l'épaule de Lachlan, ce qui lui fait tourner le regard dans ma direction et me permet d'intervenir :

— Ça suffit. Nous avons ce que nous étions venus chercher. Allons nous occuper du tableau.

Ses yeux crachent des étincelles, mais je constate avec soulagement qu'il relâche la pression sur le cou de sa proie, qui se met à tousser très fort. Nous le ramenons à la fourgonnette. Son acolyte est toujours dans les vapes, la tête sur le goudron du trottoir.

Quelques instants plus tard, deux voitures de police arrivent. Les agents qui en descendent s'entretiennent un moment avec Lachlan, lequel résume la situation en rappelant la conversation qu'il a eue avec leur supérieur un peu avant. Les hommes prennent en charge les deux voleurs, les menottent et les fourguent à l'arrière de l'un de leurs véhicules.

Puis, sans perdre une minute, ils se présentent à la porte de la maison. Le résident ouvre, c'est sa première erreur. Les policiers s'engouffrent à l'intérieur, et la porte se referme derrière eux. Lachlan et moi observons le spectacle sans échanger un mot. Les minutes s'écoulent à une lenteur insupportable. Finalement, l'un des policiers ressort de la maison et nous fait signe d'approcher. Une fois que nous sommes à sa hauteur, il nous fait entrer dans un petit salon meublé très sobrement, et nous désigne un tableau accroché à un chevalet. Un coup d'œil suffit à me rassurer, il n'a pas été endommagé.

— Reconnaissez-vous le tableau ? demande-t-il.

— Oui, répond Lachlan, il fait partie de la collection privée des Wallace et il appartient à Redstone.

Il n'en faut pas plus aux représentants de l'ordre pour informer le receleur de ses droits et lui indiquer qu'il va devoir s'expliquer au poste de police. L'homme sec, un brin chétif, n'oppose aucune résistance. Dans son pyjama en coton et ses pantoufles en cuir, il a l'air inoffensif. Une autre règle de ce trafic : ne jamais avoir l'air de ce que l'on est. Brouiller les pistes, mélanger les cartes, inverser les rôles, sont des armes redoutables. Les policiers nous informent que nous allons nous aussi être entendus sur les circonstances qui nous ont fait soupçonner les voleurs et la façon dont nous nous sommes retrouvés ici.

Je regarde le tableau partir lui aussi dans un véhicule de police et un long frisson me traverse. Ce n'est pas le même pays, mais la scène est si familière pour moi ! Les uniformes, les gyrophares, les menottes, les interpellations, ça a un arrière-goût détestable de déjà-vu. Le sang en moins. À croire que mon karma répète en boucle la même partition jusqu'à la nausée, jusqu'à l'écœurement.

Une fois l'ensemble des protagonistes parti, une dépanneuse vient enlever la fourgonnette pour l'emmener aussi au poste et juste après, le taxi dépêché par Redstone nous récupère. Pour une fois, le timing est parfait.

Lachlan et moi restons silencieux. Le chauffeur se croit obligé de faire la conversation pour trois, ce qui nous tape sur les nerfs. Durant le trajet du retour, je crois que je somnole un peu, mes pensées s'embrouillent ; j'ai l'impression de regarder un film et que tout ça ne m'arrive pas vraiment.

Quand le taxi se gare dans la cour de l'hôtel, Lachlan sort le premier et fait quelque chose qui me surprend : il m'ouvre la portière. Après l'avoir refermée, il me saisit par les épaules. Son étreinte est ferme, mais pas agressive. Il me fixe avec intensité avant de souffler :

— Merci.

Puis il me libère, tourne les talons et s'engouffre dans le hall.

Je reste un moment sur place, immobile. J'observe la découpe des toits sur le ciel presque sans nuages. Presque. Disposée dans son écrin d'herbes rases, la bâtisse m'apparaît si majestueuse, si vibrante, que j'ai l'impression de l'entendre respirer. Je suis en train de comprendre que c'est bien plus qu'un empilement de pierres, de verre ou de bois. Je suis en train de comprendre qu'elle est au cœur d'une tourmente et qu'elle tient l'existence de beaucoup de personnes entre ses doigts figés séculaires.

Je ne connais aucun directeur financier qui s'attacherait autant à la survie d'un hôtel. Ce n'est qu'une ligne comptable sur un bilan économique d'entreprise. Un actif de plus dans une analyse comptable. Or, ce que les yeux et le corps de Lachlan m'ont dit aujourd'hui, c'est précisément tout le contraire.

Redstone vaut bien plus pour lui qu'une donnée fiscale. Et je veux savoir pourquoi.

Chapitre 13

J'atteins ma chambre et, quand je referme la porte derrière moi, la pièce me donne une impression de familiarité, comme si elle était déjà devenue une sorte de *chez-moi*. Je sens mon odeur, malgré le nettoyage quotidien et le changement des draps et des serviettes, et mes affaires sont pliées et rangées comme je le fais toujours. Je quitte avec délice mes vêtements de la veille et enfile un négligé en satin. L'animation dont je suis en charge pour la fête caritative de Lady Catherine n'a pas lieu avant 17 heures, alors j'ai bien gagné le droit de me vautrer quelques heures sur les plaids et les coussins. Avec un peu de chance, je pourrai même faire une petite sieste pour me remettre de ma nuit blanche et de ma confusion émotionnelle.

Mais avant, je me prépare un thé. C'est mon péché mignon. Depuis que j'ai découvert cette boisson chez une amie de faculté issue de la bonne bourgeoisie cannoise, et que Paul lui a donné ses lettres de noblesse, je ne peux plus m'en passer. J'aime particulièrement les thés noirs, quand ils contiennent un soupçon de cannelle et d'agrumes. L'odeur me renvoie à quelque chose d'ancien, bien que j'ignore quoi.

Je me cale dans le fauteuil près de la fenêtre, replie

les jambes vers ma poitrine et approche la tasse de mon visage. Il est presque 10 heures quand j'aperçois dans la cour des véhicules aux couleurs de La Framboise Diabolique. Un sourire illumine mes traits, M. André a finalement trouvé une solution, ou il a *finalement* compris qu'il ne serait pas de taille à lutter contre une vieille aristocrate enragée.

Soudain, quelqu'un frappe à la porte. Des petits coups timides et discrets que j'ai presque failli ne pas entendre, tant mon attention est accaparée par la danse des plateaux de pâtisseries qui se joue juste sous mes fenêtres.

Lorsque j'ouvre, le joli visage de Lily m'apparaît dans le couloir.

— Heu... pardon, je te dérange pas ? demande-t-elle avec une légère gêne.

— Bien sûr que non, je t'en prie, entre.

— Je ne suis pas en service, c'est comme qui dirait une vraie visite.

— Alors, laisse-moi te préparer du thé.

Je la fais asseoir en face de moi et lui tends la tasse une fois celle-ci remplie.

— Je ne suis pas très douée pour les introductions, me confie-t-elle, en me fixant de ses grands yeux de biche.

— Les introductions ?

— Oui, tu sais, on parle de tout un tas de trucs pour ne pas aborder le sujet principal de la discussion.

— Pourquoi ?

— Bah, je sais pas. J'ai vu plein de gens le faire, je pense que c'est pour qu'ils aient le temps de tourner les phrases le mieux possible.

— Eh bien, avec moi, c'est inutile : tu n'as qu'à me parler directement de ce que tu veux.

— Ah super ! Parce que je sais tout juste mettre

un sujet et un verbe l'un après l'autre, alors dès que ça se complique, c'est la misère.

— Lance-toi.

— Oui, oui. Voilà… J'étais du matin… ce matin, donc. Et je t'ai vue rentrer avec M. Boyd en taxi. Attention, je ne juge pas, tu as le droit d'aimer les machines à laver, mais juste tu avais l'air si fatiguée et si… je sais pas… si absente ? Ça m'a inquiétée. Dès que j'ai fini mon service, je me suis dit qu'il fallait que je vérifie si tout allait bien.

— « Les machines à laver » ?

— C'est comme ça que j'appelle les hommes qui ne montrent aucun sentiment…

Pas faux…

— C'est très gentil à toi. Je vais bien, c'est juste que j'ai eu une nuit un peu agitée.

— Comment ça ? s'empresse-t-elle de me demander.

— Rien de bien extraordinaire, une nuit un peu étrange…

Ses yeux en forme de soucoupes me font comprendre que mon explication n'a aucun sens et que je vais difficilement pouvoir me contenter de ça.

Je me résigne.

— Bon, de toute façon, quand la police va venir pousser ses investigations ici, tout le monde va le savoir, alors, pour faire court, Lachlan et moi avons surpris des voleurs et les avons suivis.

— Vous avez poursuivi des criminels ! s'exclame-t-elle avec surprise et un brin d'excitation.

— Deux petits voleurs sans grande envergure et pas très méchants, crois-moi.

— Mais, qu'est-ce qu'ils ont volé ?

— Un tableau de maître.

— Ils sont débiles !

— Un peu, je pense.

— Voler un tableau, alors qu'il y a de la vaisselle en argent dans tous les placards, faut vraiment pas être futé !

Je sens mon sourcil droit se dresser. Lui faire un cours accéléré d'histoire de l'art me paraît une entreprise un peu hasardeuse, surtout après une nuit pour ainsi dire blanche.

Je décide d'enchaîner :

— Enfin, tout ça pour dire qu'en les suivant, nous sommes tombés en panne de voiture et que nous avons dû marcher un bon moment sous une pluie battante. Heureusement, on a trouvé une auberge où dormir, mais... disons qu'elle n'était pas aussi confortable que celle-ci.

— Eh ben, quelle histoire ! siffle-t-elle, avec une admiration que je sais ne pas mériter. Tu es vraiment comme une de ces super-héroïnes avec un mini-short et une cape.

— Absolument pas, non.

— Si, si, je vais te coudre une belle cape ! J'adore coudre, je réalise presque toutes mes tenues.

Elle bombe le torse et écarte les bras pour me montrer le détail de la robe qu'elle porte. Je tends légèrement le cou pour m'approcher.

— À moi d'être impressionnée, Lily, les finitions sont parfaites.

— Merci, c'est ma grand-mère qui m'a tout appris. Elle était costumière.

Quelque chose se met soudain à briller sur elle et m'aveugle une seconde. En y regardant de plus près, je réalise que le scintillement provient d'un magnifique bracelet en or blanc et diamants qu'elle arbore au poignet. Les bijoux sont aussi des œuvres d'art, et sans être aussi calée dans ce domaine que dans celui de la peinture, je sais néanmoins distinguer un vrai d'un faux.

Je ne peux cacher ma surprise.

— Lily, quel magnifique bracelet tu as là !

Elle se met à rougir.

— Oui, c'est un cadeau... d'un...

— ... Homme ?

— Oui. D'ailleurs je ne dois pas traîner, je vais le voir dans une demi-heure.

— Il loge dans le coin ?

— Oui, mais il n'a pas beaucoup de temps, répond Lily, un peu trop vite pour ne pas attirer mon attention.

Elle n'ose plus croiser mon regard et je sais bien ce que ça veut dire.

— Lily, pourquoi cet homme te voit en plein milieu de la matinée dans un hôtel et pour un laps de temps si court ?

— C'est que... il est très occupé, tu vois...

— C'est surtout qu'il est très marié, n'est-ce pas ?

Elle pousse un soupir à fendre l'âme.

— Mais, il est vraiment gentil, lui, pas comme l'autre.

— À quel moment t'a-t-il offert ce bracelet ?

— Comment ça ?

— Que faisiez-vous, quand il te l'a offert ?

— Bah, on venait de... tu vois ? Et puis, comme ça, il m'a offert ce bijou. Ça prouve bien que c'est un homme délicat et plein de manières, non ?

— Oh ! ma petite Lily, ça prouve surtout qu'il est conscient de la valeur d'un corps.

— Qu'est-ce que tu veux dire ?

— Tu le connais depuis combien de temps ?

— Deux jours...

— Et il t'offre un magnifique bracelet juste après que vous avez fait l'amour.

— Oui.

— Il t'a payée, Lily ! Ce n'est pas ça avoir des manières, ce n'est pas troquer une relation sexuelle entre deux rendez-vous contre un bijou. Un cadeau est désintéressé, il n'est lié à aucun acte, aucun fait en particulier, il est spontané.

Les yeux de Lily s'humidifient.

— Tu veux dire qu'il m'a prise pour une... une... Moi, je voulais juste qu'il m'aime bien, j'ai cru que ce serait plus facile, si je lui donnais ce qui lui fait plaisir.

— Lily, la seule créature à qui tu dois le plaisir et l'amour, c'est toi. C'est toi que tu dois satisfaire. Tu es une personne, un petit miracle de conscience et d'inconscience, de passion et de raison, tu n'es pas un objet. Ne laisse personne te traiter et te consommer comme tel.

— Mais, si je ne leur donne pas ce qu'ils veulent, ils ne me remarqueront plus.

— Et alors ? Tu mérites quelqu'un qui peut te remarquer dans le noir.

— Ça va pas être facile, y a de l'éclairage partout, ici.

Je laisse échapper un rire qui la surprend et entraîne le sien.

J'entends à nouveau quelqu'un frapper, puis un impeccable : « Service d'étage », dont nous reconnaissons toutes les deux les intonations.

— Entre, Archibald !

Celui-ci se matérialise presque dans la chambre, tant il ouvre et referme la porte rapidement.

— Je ne peux pas le croire, tu es arrivée avant moi ! s'exclame-t-il en dévisageant Lily.

— J'ai pris l'ascenseur, répond Lily avec toute sa naïveté.

— Je vous préviens, toutes les deux, vous n'avez pas intérêt à me faire la version résumée parce que vous en avez déjà parlé.

— Résumée de quoi ?

— Ta folle nuit avec M. le seigneur des glaces dans la même chambre d'une petite auberge, certes un peu miteuse, mais non dénuée du charme rustique des bourgades isolées.

— La même chambre ? répète Lily, l'air stupéfait.

— Alors, premièrement, ma nuit n'a rien eu de *fou*. Et deuxièmement, comment diable sais-tu qu'on était dans la même chambre ?

Il marque un silence avant de prendre une chaise et de s'asseoir à nos côtés.

— En fait, je n'en étais pas certain, j'ai tenté. C'est une période touristique un peu chargée, les hôtels sont complets.

— Ah.

Touché. Coulé.

— Donc, vous avez dormi dans la même chambre ? insiste Lily.

— Il n'y en avait plus qu'une de libre. Apparemment, il y avait une sorte de fête et tous les touristes de la planète se trouvaient à Kiniochleven.

— Ça ne se prononce pas du tout comme ça, me font remarquer en chœur mes deux interlocuteurs, ce qui a le don de m'agacer.

— Toute cette histoire fait tellement cliché ! commente Archibald, en piquant la tasse de thé encore pleine de Lily pour en boire une grosse gorgée. Alors, comment est-il fait de sa personne ?

— Pas mal.

— Aucune chance que j'avale ça ! Rien qu'à la coupe du costume, je parie sur un « carrément à tomber », rectifie Archi.

— Oui, bon, peut-être. Mais le cliché s'arrête là, il n'y a rien eu de romantique après.

— Qui veut du romantisme, quand il peut y avoir du stupre et de la luxure ?

— Ni stupre, ni luxure, ni rien du tout, je le jure.

— En résumé, tu étais au volant d'une Maclaren et tu as préféré jouer avec les essuie-glaces plutôt qu'avec la boîte de vitesses.

— Elle a poursuivi et arrêté un voleur, intervient Lily.

— La toile de Millais ?

— Non, la toile de *Maître*, corrige Lily.

— Pour ça aussi, tu es déjà au courant ?

— Je suis à l'accueil, je reçois tous les appels qui arrivent à Redstone dix heures par jour, cinq jours par semaine. Autant dire que je suis mieux renseigné sur Redstone que Dieu lui-même. La police a appelé pour nous avertir qu'elle souhaitait interroger le personnel et pour poser quelques questions sur le catalogue de la collection des Wallace. En leur demandant de cibler un peu ce qu'ils cherchaient, j'ai eu l'information.

— Je suis heureuse qu'on ait réussi à remettre la main dessus, nous avons eu beaucoup de chance de le récupérer avant qu'il ne parte chez un collectionneur privé.

— C'est dans la lignée des événements étranges qui se passent à Redstone depuis quelque temps, ajoute Archibald, en allant mettre trois sucres dans la tasse de thé.

— C'est-à-dire ?

— Personne ne fait attention à nous, le petit personnel, on est aussi transparents que les meubles, alors, pas mal de gens parlent devant nous en pensant que nous n'écoutons pas. Mais c'est tout l'inverse, c'est même l'un de nos passe-temps préférés. J'ai surpris des messes basses bizarres entre les membres du conseil d'administration.

— Tu parles bien du conseil d'administration des Wallace ?

— Celui qui gère la fortune du clan, oui. Deux de ses membres ont d'ailleurs élu domicile à l'hôtel depuis quinze jours. Ça ne leur était jamais arrivé !

— Laisse-moi deviner, est-ce que l'un d'entre eux ne serait pas une certaine Claire... quelque chose ?

— Claire Wallace, belle-sœur de Charlotte et veuve depuis un demi-siècle au moins. Elle est avec son cousin, un sombre abruti prétentieux.

Je me remémore la scène du placard et j'en conclus que les personnes complotant dans la pièce devaient être ces deux-là.

— Redstone n'est qu'une partie infime des activités du clan, développe Archibald, le diamant qu'on exhibe, mais, en réalité, les Wallace, c'est aussi la restauration de luxe, les circuits automobiles et même une compagnie aérienne. Presque toute la famille siège à ce conseil, la grand-tante, les deux oncles, la belle-sœur, le fils, bien sûr, et quelques autres rejetons consanguins que je ne connais pas. À part Charlotte, ils ne mettent jamais les pieds à Redstone. C'est le saint-siège du roi, actuellement occupé par Glen.

Je l'écoute avec une immense attention et mets plusieurs secondes à répondre, histoire d'être certaine d'avoir bien enregistré toutes les informations.

— Est-ce que tu sais s'ils pourraient envisager de vendre Redstone ?

— Le vendre ? s'étonne Archibald. Non, ça jamais ! Ce sera la dernière chose que vendra cette famille en cas d'apocalypse. C'est le cœur de leur histoire, leur âme. Redstone a façonné cette branche-là des Wallace, plus que l'inverse. Si tu leur retires cet endroit, tu leur retires leur honneur d'anciens lords écossais. Et à ce niveau d'ego, une plaie d'orgueil est mortelle.

— Donc, l'hôtel se porte bien ?

— Je ne suis pas au service comptabilité, mais ce que je peux dire, c'est qu'il a très peu de périodes creuses sur l'année. J'ai fait pas mal de palaces européens avant d'atterrir ici et un tel taux de remplissage est rare, même pour un hôtel de luxe.

Je prends le temps de repasser dans ma tête les informations principales qu'Archibald vient de me livrer. Je ne sais pas trop quoi en faire pour l'instant, mais les énigmes fonctionnent toujours de la même façon : un empilement de petites choses qui n'ont rien à voir les unes avec les autres, en apparence du moins, et puis, un jour, elles s'emboîtent et forment une œuvre d'ensemble qu'on est en mesure de comprendre.

— Holà, je dois vous laisser, je vais être en retard pour faire la morte ! s'exclame Lily.

Archibald et moi échangeons un regard perplexe.

— Pour faire quoi ?

— La morte, répète Lily. Comme l'année dernière, on m'a dit que j'avais un certain don pour jouer les cadavres.

Devant nos mines incrédules, elle se sent obligée de développer :

— La fête de Lady Saint-Andrews... La *murder party*, c'est moi qui fais la victime.

Je comprends soudain.

— Ah, mais voilà ! C'est pour ça que je dois donner tous ces indices aux gens qui me posent des questions. Je n'ai pas eu trop le temps de m'intéresser aux animations. On m'a juste dit que je devrais porter un costume d'époque, me poster vers le bois et donner une série de réponses figurant sur de petites fiches.

— Tu es dans l'équipe des témoins, m'explique Archibald. Il y a une énigme policière, et les participants essayent de trouver le tueur. Ils ont le droit d'interroger tout un tas de bénévoles qui se trouvent sur un circuit imposé. Certains leur disent la vérité, d'autres leur mentent, et ils peuvent avoir recours à des enquêteurs. On leur donne un petit fascicule qui leur explique le contexte de l'enquête. Il y en a à l'accueil, je vais t'en donner un.

— Ça dure longtemps ?

C'est le moment de m'intéresser à la chose.

— L'année dernière, ça a démarré vers 10 heures et ça s'est fini à 21 heures. Enfin, tout le monde arrête à 19 heures parce que la collation est servie dans la cour.

Ma mâchoire inférieure s'affaisse.

— Ne t'inquiète pas, les équipes de bénévoles se relayent et, surtout, tu n'es jamais toute seule. Ce sont des groupes de deux, minimum. Enfin, sauf moi, parce qu'il n'y a qu'un seul cadavre et puis, je suis allongée.

— Déjà, je ne fais que la fin de journée et, heureusement, il ne pleut pas.

— Tu verras, c'est très sympa, les hommes sont en kilt, précise Archibald.

— Ah oui ?

— Oui, costume traditionnel obligatoire, on est là pour vendre du rêve à la haute bourgeoisie européenne qui n'a pas dû voir le loup depuis une décennie.

— Je ne crois pas qu'on ait prévu des loups, fait remarquer Lily.

— Oh misère, mais pourquoi me suis-je laissé entraîner dans cette histoire ?

— Parce qu'il est extrêmement difficile de dire non à l'aristocratie, répond Archibald, il faut une révolution pour ça.

Et moi, je n'ai clairement pas la force pour une révolution.

Chapitre 14

Devant la glace, mes lèvres s'étirent en un sourire. Quelques minutes après que Lily et Archibald se sont éclipsés de ma chambre, non sans poursuivre leur débat houleux sur les métaphores et les loups, un membre du personnel de l'hôtel est venu m'apporter mon costume pour les animations. Quand j'ai appris que je devrais me déguiser, j'ai imaginé une robe de paysanne ridicule et mal ajustée. Mais c'était oublier qui était à l'origine de l'organisation de cette fête. Lady Catherine ferait un AVC, si un soupçon de mauvais goût entachait ses festivités.

La tenue que je porte, d'inspiration XVIIIe, se compose d'un corset noir, d'une large jupe en tartan qui couvre mes chevilles et d'une étole assortie attachée sur l'épaule par une broche représentant les armoiries d'un clan. J'ai remonté mes cheveux en un chignon sobre mais élégant. Entre ma rousseur et le costume, j'ai tout d'une femme des Highlands. Je tourne plusieurs fois sur moi-même et je dois reconnaître que j'aime ce que je vois.

Elle aurait adoré ça.

Soudain, je grimace, une intense et brève douleur frappe mon cœur comme si on y avait planté un dard. Je me détourne du miroir et m'assois sur un siège. Je me sens si lasse ! Quelque chose n'est pas à sa place à l'intérieur de moi et rend bancal tout l'ensemble. Je ne sais pas d'où me vient cette certitude, mais elle s'accroche à moi telle une mauvaise odeur. Un instant, j'envisage de m'excuser auprès de Catherine, et puis, la perspective de devoir répondre à la salve de questions qui ne manquerait pas de suivre me fatigue encore plus.

Bouge…

Je vais me munir des petites fiches pense-bêtes qu'on m'a données avec la tenue et que je parcours rapidement, ainsi que le fascicule dont m'a parlé Archibald. La pauvre Lily s'est fait poignarder de seize coups de couteau et, visiblement, la coupable est l'épouse du lord, qui n'aurait pas supporté la liaison de son époux avec la petite femme de chambre sexy et débordante de jeunesse. Convenu, mais universel.

Lorsque je me retrouve dans le hall de l'hôtel, il y a énormément de monde et les personnes que je croise ne ressemblent pas à la clientèle avec laquelle j'ai passé ces derniers jours. Sur les visages passent des expressions que je connais bien : la conscience aiguë de la supériorité sociale, la voracité, la froideur et l'attente un brin méprisante. Voici donc les comptes en banque que nous sommes censés séduire pour qu'ils s'ouvrent. C'est une danse que je connais bien, ils font un pas vers nous, nous anticipons leur rythme, ils tournent autour de nous et nous suivons la cadence.

Des bouquets de fleurs apportent des notes de couleurs vives sur les murs sombres du hall d'entrée. Ce que je prenais pour de la suffisance décorative à mon arrivée m'apparaît à présent comme authentique. La surenchère baroque devient plus imposante que ridicule et, ainsi parée d'élégance, Redstone brille. Cet hôtel a une âme, indéniablement. Il vit, respire, et nous évoluons dans le ventre de la vieille bête.

Laissant les convives s'imprégner de l'atmosphère rustique des lieux, je me dirige vers l'extérieur, contourne l'escalier en pierre monumental de la cour, passe devant l'une des terrasses du jardin d'été parsemée de tables rondes et de chaises sculptées de motifs floraux en étain, et prends la direction du lac. Pour pouvoir y accéder, il faut éviter l'entrée principale de Redstone et remonter l'allée bordée de petits arbustes taillés en forme de gouttes, leurs pointes parfaitement alignées, *parfaitement* droites. Puis les arbres sagement plantés à intervalles précis laissent place à des bosquets plus denses, puis à des arbres qui finissent par former un petit bois. Sur la droite, le lac lui fait face dans une parallèle impeccable. D'ordinaire, il n'y a aucun mobilier, ici. Un ponton et quelques barques permettent aux nonchalants de se laisser aller au charme désuet d'une balade sur l'eau.

Mais, aujourd'hui, des tables et des chaises recouvertes de tissu blanc sont plantées un peu partout sur la pelouse, comme des crocus, et des serveurs en costume s'affairent à installer des verres et des plats. D'immenses torches ont été fixées au sol pour éclairer les jardins, cette nuit. Nul doute que les invités en auront plein les yeux. Lady Catherine est décidément une petite dame très rusée et aux multiples ressources.

Je jette un nouveau coup d'œil au fascicule des festivités. Mon emplacement sera marqué d'un point jaune. M'approchant de l'orée du bois, je remarque une sorte de stand sur lequel sont disposés des fioles de toutes sortes, ainsi que des livres artificiellement vieillis. Des récipients contenant des fleurs et des herbes séchées complètent le tableau. Un gros point jaune sur la nappe m'indique que je suis arrivée à bon port. Mon rôle est celui d'une guérisseuse au service de la châtelaine meurtrière. À ce titre, j'ai donc bien des choses à raconter, si jamais on se présente devant moi.

Alors que je tripote quelques flacons, une jeune femme portant un costume ressemblant au mien, et que je n'avais pas vue en arrivant, sort de derrière un arbre. Elle me gratifie d'un sourire radieux teinté de soulagement. Je pense que c'est la personne que je viens remplacer pour la fin de la journée.

Nous nous saluons et elle m'explique rapidement quelles sont les questions qu'on pose le plus souvent et quoi répondre pour mettre sur la voie les enquêteurs les moins doués. Elle me dit de ne pas m'inquiéter, que l'ambiance est très agréable, qu'on ne s'ennuie pas et que, enfin, je ne suis pas toute seule, puisque nous sommes deux sur le poste. La dernière information est la seule qui me paraît crédible. Je la remercie et prends place derrière mon stand.

J'aperçois assez vite des groupes de personnes se diriger lentement vers moi. L'une d'entre elles attire mon attention. Dépassant la plupart des gens d'une bonne demi-tête, Lachlan est facilement repérable. Je l'observe esquiver les contacts comme un serpent les pierres et fendre la foule par moments. Je ne peux m'empêcher de sourire en détaillant le costume traditionnel écossais qu'il porte. Le tartan de son kilt est quadrillé de vert sapin et de rouge sang, un sporran s'accroche à une large ceinture de cuir brun ornée d'une boucle en argent qui brille au rythme de ses pas. Une simple chemise blanche ouverte sur son torse complète sa tenue par une touche un peu moins civilisée. Il a noué ses cheveux en demi-queue pour dégager son visage dessiné d'une barbe courte.

En le regardant ainsi évoluer, quelque chose me frappe : cet homme est parfaitement intégré à Redstone, comme les murs, comme le lac, comme le bois.

Je ne peux nier une certaine fascination et même une envie de jauger avec mes mains la lourdeur du tartan, la douceur de la chemise et la rugosité du cuir de la ceinture. Lachlan est une belle peinture, complexe et produisant sa propre lumière, crue et vive.

Ce n'est qu'au bout de plusieurs minutes que je comprends qu'il se dirige vers moi. Plus il se rapproche, plus je devine la fulgurance de son regard braqué sur moi, dont je ne peux — et ne veux — me défaire.

Une fois à ma hauteur, il observe le stand, et fait une grimace. Et là, tout devient clair.

C'est mon partenaire.

— Lady Catherine vous a aussi trouvé une fonction dans son plan de conquête de la bonne société ?

— Un jour, il faudra bien que quelqu'un lui cloue le bec, déclare-t-il en reniflant le contenu d'un flacon.

Mon silence en dit long sur ce que je pense de l'immunité de Catherine dans ce monde.

— Bonjour ! Vous êtes des lutins ?

Lachlan et moi faisons volte-face. Un petit garçon âgé de six ou sept ans se tient devant nous, une énorme sucette dans une main, l'autre agitant ce qui a dû être le fascicule de jeu avant d'être mis en pièces. Celle que nous supposons être sa mère, une beauté refaite aussi engageante que la perspective d'un contrôle fiscal, se tient en sentinelle trois pas derrière.

Je me pare de mon plus beau sourire commercial avant de m'adresser à notre premier client :

— Non, nous ne sommes pas des lutins, nous sommes des herboristes et des soigneurs. Tu vois, nous guérissons les gens grâce à des plantes et des fleurs.

— Mais où sont les lutins, alors ?

— Eh bien, je ne sais pas, les jardins sont grands, ils se cachent sûrement.

— Pourquoi ?

— Parce qu'ils sont un peu timides. Est-ce que tu veux que je te donne un indice pour trouver la solution de l'énigme ?

— Non, je veux parler à des lutins !

Je décoche un regard plein de sous-entendus à Lachlan qui, jusque-là, brille par son manque total de solidarité et d'utilité. Il soupire, écrit quelque chose sur un bout de papier qu'il ajoute aux restes du fascicule dans la main de l'enfant.

— Les lutins n'existent pas, explique-t-il, ce sont des inventions pour éduquer les enfants, quand les parents ne sont pas à la hauteur. Je t'ai inscrit le numéro du prochain stand où te rendre pour suivre le parcours.

Je plaque la main sur le front, navrée.

— Les lutins existent ! Même que ma maman, elle en a vu, persiste l'enfant, la mine brouillée par la colère.

— Eh bien, ou ta maman se drogue ou elle t'a menti. Choisis.

— Non, mais ça ne va pas bien ! s'exclame la supposée menteuse ou droguée. C'est un enfant. Qu'est-ce qui vous prend de lui raconter ça ?

— Ce n'est pas parce que les enfants sont plus petits que les adultes qu'ils sont plus bêtes. Si on leur disait la vérité, ils ne s'en porteraient que mieux.

— Vous êtes détestable !

La femme et son enfant, à qui il va sans doute falloir plusieurs rendez-vous chez le pédopsychiatre pour effacer ce malheureux épisode de sa mémoire, tournent rapidement les talons. Quand ils sont assez loin pour arrêter de nous jeter des coups d'œil rageurs et nous entendre, je me tourne vers Lachlan et l'applaudis.

— Magnifique ! Le manuel illustré du parfait odieux personnage ! Pour peu, je jurerais que vous avez répété.

— Non, ça me vient naturellement, répond Lachlan,

tandis que je crois bien distinguer une esquisse de sourire satisfait.

— Je ne le crois pas ! Tout ça vous amuse, en fait.

— Quoi, cette petite sauterie ? En aucune façon.

— Je ne parle pas de ça. Je parle de cette provocation chargée de venin que vous jetez à la figure de toutes les personnes que vous croisez. Ça vous plaît de voir leur réaction. Vous êtes comme un enfant qui joue avec des jouets dont il ne comprend pas le fonctionnement.

— D'après vous, je ne comprends pas mes congénères ?

— D'après moi, vous ne vous y intéressez même pas.

Pour clore ce débat que je ne souhaite pas poursuivre, je me détourne et m'assois derrière le stand.

Durant l'heure et demie qui suit, nous n'échangeons aucun mot. Chaque fois qu'un des convives vient jusqu'à nous pour glaner des renseignements, nous répondons tour à tour sans jamais lier nos réponses. Les heures passent et, au bout d'un moment, plus personne ne vient nous voir. Je regarde ma montre, presque 20 heures, le buffet a dû être dressé dans la cour. Je me demande à partir de quand je pourrai quitter cet endroit sans avoir l'air de fuir. Une demi-heure ? Encore une heure ? Mes soupirs tiennent lieu de réponse.

— Arrêtez de souffler, je n'ai tué personne, me reproche Lachlan. À la fin, j'ai même été plutôt sympathique.

— Oui parce que notre dernier client était un petit garçon muet, il pouvait difficilement vous agacer celui-là.

— Et alors ?

— Super. Vous voulez une médaille ?

— Non, juste un peu de courtoisie et de reconnaissance.

Je lève les bras au ciel et les abats sur mes hanches.

— De la courtoisie ? De la reconnaissance ? Ça, c'est vraiment le comble pour quelqu'un qui dépense une énergie folle à se rendre à ce point détestable ! Qu'est-ce qui s'est passé dans votre petite enfance, pour que vous en vouliez à la terre entière et au genre humain ? On vous a volé votre trottinette quand vous aviez six ans ? On a écrasé votre chat ? Laissez-moi vous confier quelque chose qui va changer votre vie : en fait, on en bave tous et personne n'est responsable quand on tombe et qu'on se fait mal. C'est la vie, c'est tout. Pas la peine de chercher des coupables autour de nous.

— Merci pour la révélation, mais je crois que c'est un petit peu plus compliqué que ça.

— Pas du tout ! Vous croyez être le seul à porter toute la misère du monde et avoir le droit de la cracher au visage de ceux qui croisent votre route ? Je suis navrée de vous dire que vous n'êtes qu'un être humain parmi les autres. Ni plus mal en point, ni en meilleure posture. Juste un *être humain comme les autres.*

— J'aimerais vraiment savoir en quoi ma façon de me comporter envers les autres vous affecte autant ?

— Parce qu'elle m'affecte aussi.

— Conneries ! Vous avez le cuir bien assez dur pour ne pas vous offusquer de mon manque de politesse. Alors, qu'est-ce qui se cache derrière ce besoin viscéral d'être entourée d'amour et de bienveillance ?

— Quoi ? Mais ce n'est pas du tout ça !

— Bien sûr que si. Vous débarquez ici en cliente et, en trois jours, vous volez au secours d'une pintade, vous devenez sa meilleure amie, vous acceptez de vous faire exploiter par une vieille chouette manipulatrice et vous désespérez de me rendre civilisé et agréable. Pourquoi ? Vous ne pouvez pas vous contenter de faire ce que font les autres : du tourisme ? Qu'est-ce qui s'est passé dans votre petite enfance pour que vous ayez à ce point besoin que les autres vous aiment ?

Mes muscles se tendent à l'extrême, une vague de rage déferle dans mes veines et gonfle mes organes jusqu'à me donner l'impression qu'ils vont exploser. Mes yeux doivent lancer des flammes, car je sens au plus profond de mes tripes une colère sourde mélangée à une immense frustration. Je pourrais me jeter sur lui et lui arracher la peau de son beau visage avec mes ongles. Un filament de raison me retient et me fait tourner les talons pour m'échapper au plus vite de cette tension malsaine qui nous pousse l'un vers l'autre comme deux principes actifs prévus pour exploser au premier contact.

Mais Lachlan me saisit le bras et me tire à lui.

— Attends !

— Lâche-moi !

Je tords le poignet et tire pour me dégager, tandis que le feu me monte aux joues, me brûle le cou et la poitrine. Lachlan refuse de me libérer et nous nous défions du regard, sans savoir si nous allons nous taper dessus, ou si nous allons nous enlacer assez fort pour étouffer notre colère. Il m'entraîne plus loin dans le bois, à l'abri des regards, et me plaque contre un arbre. Il lâche mon bras, mais s'empare de mon visage, qu'il maintient à quelques centimètres du sien. Son corps appuie contre le mien pour l'empêcher de glisser hors de son emprise et me permettre de m'échapper.

— C'est à cause de Mathilde ? murmure-t-il d'une voix rauque et vibrante.

Son regard a changé, il est envahi d'un velours nuancé et magnifique. La lumière jaillit toujours de ses prunelles, mais elle ne pique plus, elle ne transperce plus. Au contraire, elle irradie, m'atteint et m'enveloppe. Je ne crois pas avoir jamais été regardée de la sorte, comme si j'étais la créature la plus importante et la plus singulière que le monde ait portée.

— Qu'es-tu venue faire à Redstone ? souffle-t-il contre mes lèvres.

Je remonte les mains le long de son torse, le tissu de sa chemise est doux et léger, et je les plonge dans ses cheveux épais et lisses.

Je murmure à mon tour, dans un soupir tendu :

— Survivre.

Les événements qui se précipitent ensuite échappent à ma compréhension. Je ne sais pas ce que je fais, ce qu'il fait, ni pourquoi tout dérape ainsi. Si on m'avait raconté la scène, si on me l'avait décrite dans le détail, j'aurais trouvé le récit si incohérent, si incompréhensible que jamais je n'aurais pu le croire.

Les mains de Lachlan approchent mon visage de ses lèvres et celles-ci viennent s'écraser contre les miennes. Elles m'assaillent avec puissance et font exploser en moi un désir violent, totalement incontrôlable. Sa bouche me dévore avec une fièvre que je sens déborder de tous ses muscles tendus contre moi. Nos langues se nouent avec une envie irrépressible, comme si on les avait frustrées du goût de l'autre pendant trop longtemps. Lachlan s'empare de mes hanches, puis de mes fesses, et me soulève contre l'arbre. J'anticipe le mouvement en écartant les cuisses avec empressement pour lui encercler la taille de mes jambes et prendre appui sur son bassin. Je n'ai plus la libre disposition de mon corps, il fonctionne avec sa propre loi et ses propres envies. Une force irrésistible me pousse à répondre aux assauts passionnés de Lachlan, malgré ma raison. Je ne suis plus qu'un désir qui répond au sien dans une parfaite osmose.

J'ouvre sa chemise qui tombe sur ses épaules nerveuses et je découvre avec délice le relief de ses muscles et la texture de sa peau. À chacune de mes caresses, Lachlan se fait plus audacieux, plus conquérant, comme si mes doigts jouaient directement avec les boutons de sa conscience. Son souffle devient plus saccadé au fur et à mesure que j'atteins les zones sensibles de ses pectoraux, de ses reins et du tour de son nombril. Son entrejambe impatient appuie entre mes cuisses, tandis que j'ondule d'envie. Je quitte ses lèvres pour reprendre mon souffle et ne peux retenir un « oui » jouissif qui s'envole au-dessus de nos têtes. La bouche de Lachlan s'empare de mon cou, de mon décolleté. D'une main, il arrache le haut de mon bustier, libérant la majeure partie de mes seins, que sa langue couvre d'attentions appuyées. De petites décharges électriques font vibrer ma poitrine et m'arrachent des gémissements. Je m'empare de mon jupon encombrant pour le remonter sur ma taille. Lachlan suit le mouvement et, après m'avoir aidée, soulève son kilt.

J'ai la réponse à la fameuse question de ce qui se trouve sous ce vêtement traditionnel, ou, plus exactement, ce qui ne s'y trouve pas. Le sexe de Lachlan appuie contre ma lingerie et je sens sa chaleur irradier mon entrecuisse. Je resserre les jambes autour de sa taille, nos corps s'écrasent plus fort l'un contre l'autre, comme s'ils trouvaient encore trop de distance entre eux. Je sens les doigts de Lachlan atteindre mon intimité et en prendre possession avec une vigueur qui me rend folle.

Alors qu'il joue de façon impérieuse avec mes reliefs intimes, je perds toute notion de ce qui m'entoure et m'entends à peine lui murmurer cet ordre :

— Viens à moi...

Ses reins m'obéissent et le poussent à forcer l'entrée de mon vagin. Il progresse lentement pour que ma chair s'adapte à son désir, puis ses hanches fougueuses prennent le commandement de la danse. Nos respirations bruyantes se mêlent au fur et à mesure des à-coups de nos bassins, qui semblent se faire l'amour autant que la guerre. Je sens l'écorce de l'arbre racler le tissu de mon costume à chaque assaut de ses reins. Le va-et-vient s'accélère et, à présent, je ne retiens plus mes cris. Mes ongles s'ancrent dans la peau de son dos ; j'enfouis la bouche dans ses cheveux. Sa voix s'emballe autant que ses mouvements et, lors d'un ultime assaut, nous laissons nos deux êtres se consumer en un orgasme puissant et animal.

Soudée à lui, je tremble comme une feuille et je commence tout juste à réaliser ce que nous venons de faire. Je balaye du regard ce qui nous entoure et j'ai l'impression de le voir pour la première fois. Qu'est-ce qui m'a pris de m'être laissée aller en plein milieu d'un bois, à quelques mètres à peine des stands et des convives ? Si quelqu'un nous avait observés, je crois que je ne l'aurais même pas remarqué tant je me suis abandonnée.

Nous restons silencieux un long moment, toujours collés l'un à l'autre, nos souffles ralentissant de concert. Il pense peut-être la même chose que moi. Que s'est-il passé ? À quel moment a-t-on remplacé la joute des mots par celle des corps ? Nous ne disons rien, parce que rien n'explique ce qui vient de se produire, ni pourquoi j'ai perdu toute notion de rationalité, de protection et de retenue. Est-ce la façon dont s'aiment les crocodiles ?

De ses lèvres, Lachlan me caresse lentement le cou puis l'arête de la mâchoire. C'est doux et tendre. Il me garde serrée contre lui, même après que mes jambes se sont détendues et mes pieds posés au sol. Ses mains sont plaquées dans mon dos et le câlinent discrètement.

Après un temps infini que je n'aurais su mesurer, il susurre à mon oreille :

— Tu as raison, je déteste le genre humain. Sauf toi.

Chapitre 15

Il fait presque nuit, à présent, et les torches sont toutes allumées. Leur lumière jette des taches d'or dans le paysage qui s'assombrit de minute en minute, telles des perles luminescentes. De la musique nous parvient, étouffée. L'atmosphère est étrange ; rien ne nous indique l'époque à laquelle nous nous trouvons et comme nos vêtements brouillent les cartes, je me surprends à penser que je me trouve quelques siècles en arrière. Un homme et une femme se sont peut-être tenus au même endroit que nous, des décennies auparavant.

Lachlan et moi sommes assis à même le sol dans le petit bois qui vient d'être le terrain d'un jeu bien étrange entre nous. J'ai réussi à me rendre à peu près présentable, bien que mon chignon ne soit plus qu'un souvenir. Lui n'a pas meilleure allure. Ses cheveux sont emmêlés autour de son visage et lui donnent l'air d'un guerrier celte. Il est encore en grande partie dépoitraillé et je trouve que ce négligé sauvage lui va bien.

— Mathilde et moi avons passé notre enfance ensemble... à la DDASS. C'est l'Assistance publique.

Il accueille ma révélation sans ciller, son regard ancré au mien. Son silence, dépouillé de jugement et de provocation, m'encourage à poursuivre.

— Malgré leur complet désintéressement, nos parents n'ont pas été déchus de leur autorité parentale, si bien que nous n'avons jamais été adoptables. Nous nous sommes suivies de foyer en foyer et, finalement, nous avons fait les mêmes études d'art.

Je marque une pause, juste le temps de me demander si je dois aller plus loin. Tout le monde me reproche de ne pas réussir à parler d'elle, de ce qu'il s'est passé. Il paraît que le silence dans la tragédie aggrave les séquelles et ralentit le processus de guérison. Comme si les gens ne supportaient pas que la douleur et la peine s'éternisent, comme si ce n'était pas socialement acceptable de ne pas réussir à se défaire de la mélancolie. Mais si cette douleur était ce qui me faisait me sentir encore vivante ? Si c'était la seule chose qui me reliait encore à elle ? La seule chose qui justifiait encore ma présence ici ?

Je tressaille au moment où la main de Lachlan se pose sur mon bras. Il ne fait rien de plus, ne prononce pas le moindre mot, n'initie aucun autre mouvement. Juste la main sur mon bras et ça me suffit.

— Et puis, nous avons rencontré Paul au cours de l'une de ses conférences, à laquelle nous participions. Il est propriétaire d'une prestigieuse galerie à Monaco. C'est une personnalité, sur le Rocher, quelqu'un qui compte, avec un important carnet d'adresses. Je crois qu'il a eu une sorte de coup de foudre pour le duo que nous formions, Mathilde et moi. Elle était l'ange, sage, bienveillant, et possédé par un vrai supplément d'humanité. Je n'ai jamais su d'où sortait cette bonté d'âme, chez elle, dans quel placard crasseux de foyer elle avait pu la nourrir. Moi... j'étais le chat sauvage, indisciplinée, révoltée et rageuse. Deux façons de survivre, deux visions du monde qui se complétaient. Paul n'a jamais pu avoir de famille. Il s'est investi corps et âme dans notre formation professionnelle, à la sortie de la faculté. Mathilde gérait les relations extérieures, à la galerie, moi la collection. Et nous avons fait des merveilles.

La partie tragique du récit commence là. Je le sens au nombre d'aiguilles qui poussent dans mon ventre et ma poitrine.

— Il y a deux mois environ, nous préparions une grosse exposition, avec des toiles de maîtres très rares que les contacts privés de Paul avaient accepté de prêter. Un dimanche soir, alors que nous étions, Mathilde et moi ainsi que deux vigiles, en train de peaufiner les derniers détails, un véhicule militaire a foncé dans la galerie. Il a pulvérisé la baie vitrée et la façade en rentrant presque jusqu'au fond de la salle. Quatre hommes cagoulés ont fait irruption, munis de AK-47 qu'ils ont pointés sur nous. Deux d'entre eux se sont chargés d'emporter un maximum de toiles. Ça a duré à peine quelques minutes. Nous n'avons rien pu faire tant l'attaque a été soudaine. La voiture est repartie aussi vite qu'elle était arrivée, et par le même chemin. La galerie était méconnaissable, plus rien ne tenait debout. Mais nous devions nous estimer heureux, car ils n'avaient pas été violents avec nous, juste avec les murs. Aucun coup de feu n'avait été tiré. Aucun. Juste la voiture. Quand ils sont partis, nous avons vu que Mathilde était à terre et qu'elle ne bougeait plus. Elle se trouvait devant les vitres, vérifiant les étiquettes des toiles. Juste sur la trajectoire de la voiture.

Je me passe la main sur le visage pour essuyer quelques larmes.

— Tu m'as demandé pourquoi c'était si important pour moi d'être aimée des autres, ou de nouer des liens avec eux. C'est parce que je n'ai plus de lien ; j'ai perdu le seul point de repère que j'aie jamais eu dans la vie. Tout pouvait tomber en miettes, disparaître, ou changer, notre relation était toujours là. Quand tu viens de nulle part, *créer des liens* avec les autres est un bon moyen de survie. On ne se relève jamais seul. On a besoin des autres pour être plus fort.

— Tu crois que je pense que ce n'est pas le cas ? me demande Lachlan avec une douce fermeté. Qu'on n'a nul besoin des autres ?

— Oui.

— Sofia, moi, je n'ai jamais eu de Mathilde.

Il y a une indéniable tristesse dans sa voix, ainsi que du regret.

— Quand tu ne peux pas faire équipe parce que l'isolement est ton univers, tu apprends à survivre seul et, au bout d'un moment, ta solitude devient ta meilleure et ta plus loyale alliée. Elle devient ce que tu es.

— Lachlan... Quel est ton rapport avec Redstone ?

— Comment ça ?

— Je ne connais aucun comptable, aucun directeur financier qui se sente autant investi par sa mission. Il y a quelque chose entre ce lieu et toi. Qu'est-ce que c'est ?

— Disons que j'ai été élevé plus ou moins dans les mêmes sphères que Glen et qu'étant originaire de la région, je ne supporte pas la façon dont il gère Redstone.

— Et comment le gère-t-il ?

— Par-dessus la jambe, comme si c'était un accessoire, une sorte de jeu. Il se moque du patrimoine du pays et de la région. Redstone est une partie de l'âme écossaise, c'est le signe que nous ne sommes pas sur Terre en vain, et qu'il reste quelque chose de notre passage pour les générations suivantes. Cette demeure n'est pas uniquement un fonds de commerce ou une société avec des actionnaires, c'est une partie de notre histoire. Et Glen est comme un prince capricieux ; sa capacité de concentration et sa rigueur dans les affaires sont proches de celles d'une amibe. Depuis qu'il a pris la tête de l'hôtel, les comptes ne cessent de présenter des anomalies. Il dépense sans mesure et n'a aucune notion de justificatifs comptables ou de budget prévisionnel. Je ne le laisserai jamais vendre Redstone à des entrepreneurs russes ou chinois.

Son visage exprime tant de fierté ; il n'est pas aussi solitaire qu'il veut bien le dire. En réalité, je le découvre viscéralement dépendant de sa terre et de son histoire. Peut-être qu'à défaut de créer une interaction avec ses congénères, protéger la mémoire de ceux qui n'existent plus est une façon d'inventer son humanité. Que sommes-nous d'autre que le produit de nos liens passés et présents ?

— Et dans cette histoire, que vient faire le testament de Richard Wallace ? Pourquoi le cherches-tu ?

— Parce que je connaissais bien Richard. Il aimait Redstone ; il l'a restauré et rendu compétitif. Il ne se serait jamais contenté de le léguer à Glen sans y adjoindre quelques conditions essentielles pour l'avenir du clan et de l'hôtel. Je pense qu'il a dû insérer une clause empêchant la vente du domaine, ou limitant le pouvoir de Glen et du conseil d'administration, raison pour laquelle personne ne se préoccupe de récupérer ce testament.

— Aucun d'eux ne veut parler de ce qu'il contient ? Le notaire a bien dû en faire une lecture devant eux.

— Ils se serrent les coudes. Les Wallace n'ont jamais voulu ouvrir les portes de leur conseil à quelqu'un qui n'est pas de la famille, quitte à devoir taper dans l'arrière-cour des petits-cousins par alliance. Le sang passe avant la compétence, si bien que le conseil est vérolé par un tas de profiteurs qui ne se rattachent au clan Wallace que par leur nom. Pour eux, Redstone est une source de revenus et si on leur explique que, vendue, la propriété rapportera plus, alors ils signeront tous pour une cession au plus offrant.

— Il va donc falloir remettre la main sur ce document et assez rapidement, si jamais ce que notre voleur a dit du démantèlement de Redstone est exact.

— Malheureusement, nous n'avons aucune piste, déplore Lachlan en jouant avec une pierre.

— Nous trouverons.

Il me fixe l'air étonné, presque amusé.

— Je crois que je ne t'ai pas assez remerciée pour ce matin, dit-il d'un ton mélodieux qui tranche avec son habituelle élocution glacée.

— De rien. Je voulais sauver cette peinture.

— Qu'est-ce que tu as pensé de mon coup de poing ? demande-t-il avec ironie.

— Pas mal, mais la prochaine fois, il faudrait pivoter un peu plus le buste.

— Ah oui ?

— Oui, je tiens ça d'un brillant professeur, un spécialiste du genre.

— J'en prends note.

Dans cet écrin vert, le vent est doux et la température ni trop fraîche ni trop chaude. Le moment est calme et serein. J'emplis mes poumons d'air et je me sens en paix. Je pourrais rester là une éternité, assise face à lui, me nourrissant de la faible lumière qui illumine ses prunelles, bercée par le bruit étouffé de la fête. Je meurs d'envie de m'allonger, de poser la tête sur ses cuisses, de fixer l'émergence des étoiles dans le ciel, puis m'assoupir en essayant de les compter.

Si les circonstances étaient différentes, serions-nous quand même ce genre de créatures romantiques et contemplatives ? J'ai peur de savoir et de détester la réponse. Je m'abstiens donc et retiens mon impulsion.

Nous échangeons encore quelques banalités, mais

la petite ouverture sur le monde intérieur de Lachlan s'est refermée. Il ne me livre plus rien de personnel. C'est un animal qu'il faut apprivoiser lentement et patiemment.

La nuit a tout envahi quand nous décidons de sortir du bois pour rejoindre la cour. Le choc est grand, car la fête bat son plein. Un orchestre joue des musiques celtes agréables, tandis que le personnel de l'hôtel se montre aux petits soins pour les convives, lesquels, d'ailleurs, ont l'air ravis.

J'aperçois Lady Catherine, portant un costume fait d'un magnifique tartan rouge et noir, et régnant au milieu d'un groupe de personnes. Elle rayonne, telle une impératrice, et distille son attention mesurée aux sujets qu'elle désigne d'un jeu de regard. Son mari, dissimulé dans son ombre, un peu plus loin, a l'air aussi adapté à l'environnement qu'un boucher à un congrès végétalien.

Lachlan finit par disparaître de mon champ de vision. Il s'en est retourné dans son château de glace, et je n'ai pas cherché à le retenir. On ne retient jamais les animaux sauvages.

Je le sais, car je ressens le besoin de fuir, moi aussi.

Tandis que je m'apprête à retourner dans ma chambre, Lady Catherine se place en travers de mon chemin, une coupe de champagne à la main, qu'elle s'empresse de me tendre. Ses yeux de chouette semblent luire sous les lumières des torches et cela lui donne l'air encore plus énigmatique.

— Votre mine épanouie ainsi que l'état de vos cheveux me laissent à penser que nous avons quelque chose à fêter, déclare-t-elle en me souriant.

Mais elle est branchée sur quel satellite ? !

— Est-ce que vous êtes contente de la journée ?

Subtil changement de sujet. Très subtil.

— Oh ma chère, tout ce que j'organise est toujours réussi. Je pense que vous ne me contredirez pas sur ce point.

Je cache mon expression de gêne derrière mon verre, mais nous ne sommes dupes ni l'une ni l'autre. Par miracle, j'arrive à détourner son attention ; nous échangeons quelques mondanités et, une demi-heure plus tard, je me retrouve à nouveau dans le couloir qui me ramène vers ma chambre.

Ce n'est que lorsque je suis devant le miroir de la salle de bains que je comprends à quel point mon apparence est propice aux sous-entendus graveleux. Je remercie Lachlan du fond du cœur de ne pas m'avoir indiqué à quel point j'avais l'air d'une folle furieuse, un nid à hirondelles à la place de mon ancien chignon. Je soupire, fataliste, me déshabille et me glisse sous les draps.

Il me semble que, pour la première fois depuis longtemps, je m'endors à peine mes paupières closes.

Chapitre 16

Lorsque j'ouvre les yeux, je constate qu'il est presque 10 heures. Je n'ai jamais été une grosse dormeuse et les fois où mon horloge interne m'a réveillée après 8 heures se comptent sur les doigts d'une main. En général, ces oublis s'expliquent toujours par la présence d'un virus dans mon organisme, ou d'un fort taux d'alcool. Mais, ce matin, je me sens bien et reposée. Je ne me suis pas réveillée une seule fois dans la nuit, je n'ai pas rêvé, j'ai juste perdu puis repris conscience une fraction de temps qui a duré plus de neuf heures.

Tandis que je me dirige vers la salle du petit déjeuner, je remarque une affluence de clients. À cette heure tardive, ce ne sont pas des touristes, d'autant qu'ils sont habillés comme si un magazine de mode devait venir faire un reportage. Les invités de Lady Catherine ont passé la nuit à Redstone, et quelque chose dans l'atmosphère de la vénérable maison en est légèrement modifié.

À l'accueil, telle une impeccable sentinelle, Archibald assure un service cinq étoiles. Je profite d'une accalmie dans son flot de sollicitations pour aller le saluer.

— Bien entendu, madame, notre service d'étage est ouvert toute la nuit, répond-il à une dernière cliente arborant un manteau de fourrure à l'épaisseur indécente. Il vous suffit d'appuyer sur la touche 9 de votre téléphone.

— Parfait, répond-elle en jetant un coup d'œil à son portable.

— Si je puis me permettre, madame, je parle du téléphone de votre chambre, précise Archibald sans rien montrer de la lassitude que je devine chez lui.

— J'ai un forfait international.

— Il s'agit d'une ligne interne, madame.

— Mais si c'est international, jeune homme, ça englobe l'interne aussi.

— Non, ça ne l'englobe pas.

— Eh bien, ça devrait, au prix où coûtent les chambres !

— Oh ! je suis d'accord, madame, mais les techniciens sont des gens si étroits d'esprit.

Après avoir retroussé le museau à la manière d'une hyène, la cliente tourne les talons et s'en va dans un mouvement un brin grandiloquent, accentué par celui des dépouilles qui ornent sa tenue.

— Abigaël Warwick, me confie Archibald, trop de botox, pas assez de neurones. Une des plus grosses fortunes new-yorkaise.

— Je connais, son mari m'a acheté plusieurs œuvres.

— Oui, c'est à peu près le seul qui a échappé aux ravages de la consanguinité de classe.

— Tu as vu Lily, ce matin ?

— Elle n'était pas dans sa chambre, m'indique-t-il d'un ton plein de sous-entendus qui ne nous plaisent ni à l'un ni à l'autre. Avec le débarquement de tous ces nantis qui ne pensent qu'à goûter la cuisine locale, je crains que ses nuits ne se raccourcissent.

— Archibald, ce n'est pas très gentil de dire ça.

— Quoi, c'est la vérité ! Ça fait des années que je

la ramasse à la petite cuillère, parce qu'elle a tendance à inverser les emplacements des organes génitaux et du cœur. Il n'y a pas moyen qu'elle apprenne de ses erreurs !

Derrière son énervement, je devine l'étendue de sa tristesse. Sa pudeur ne s'en remettrait pas s'il savait que, pour un observateur un tant soit peu attentif, son agressivité de façade ne suffit pas à dissimuler sa profonde affection.

— Moi, je pense qu'au contraire, elle est en train de comprendre certaines choses.

— Grâce à toi, commente-t-il.

— Tu me prêtes plus de pouvoir et d'influence que je n'en ai.

— Tu es la première femme qu'elle rencontre qui ne soit ni une garce ni une potiche ; ça lui a ouvert de nouvelles options.

— Elle a manqué de modèles féminins ?

— Sa mère s'est fait engrosser à seize ans par un coup d'un soir et a quitté le domicile familial à dix-huit ans pour vivre la belle vie. Lily a été élevée par sa grand-mère, une paysanne du coin pétrie de superstitions, et qui a confondu affection et étouffement. Résultat, dès que la petite Lily a été majeure, elle a expérimenté sans limite ni conscience tout ce qu'on peut faire quand on a la cervelle d'un moineau.

— Elle n'a plus jamais eu de nouvelles de sa mère, par la suite ?

— La malheureuse a fini dans le caniveau. On n'est même pas sûr qu'elle soit encore en vie. La source de tous nos malheurs réside en nos géniteurs, ça aussi, c'est d'un cliché...

— Comment une plante pourrait-elle s'épanouir si, dès le départ, le pot est cassé et la terre empoisonnée ? C'est cliché parce que c'est vrai.

— Tu as aussi grandi dans un pot cassé ?

— Oui, et par moments, je la sens encore, cette terre malsaine, malgré tous les parfums que je porte.

Archibald et moi échangeons un regard complice, un regard qui résume la somme de toutes les peines qu'éprouvent les fleurs qui ont poussé et poussent encore tordues.

Nous apercevons Lily en haut de l'escalier. Un sourire radieux illumine son visage au moment où elle nous voit. Elle ressemble vraiment à une poupée de porcelaine, les pommettes piquées de rose, la bouche en forme de bouton, ses boucles blondes arrondissant encore l'ovale de son visage.

— Eh bien, c'est la folie depuis ce matin ! déclare-t-elle, une fois à notre hauteur. C'est la première pause que je peux faire.

— Je ne t'ai pas vue au pointage, ce matin, dit Archibald sur un ton de reproche à peine voilé.

— J'ai commencé deux heures plus tôt, aujourd'hui. Comme c'est en horaire de nuit, c'est mieux payé.

— Donc, tu n'as pas découché ?

Je braque des yeux indignés en direction d'Archibald.

— Non, j'ai compris que je valais plus qu'un bracelet.

— Tu as pris de la drogue ? s'inquiète Archibald qui ne comprend pas l'allusion.

— Non.

— Tu en es sûre ? Parce que, des fois, tu te rends pas trop compte de ce que tu mets dans ta bouche.

— Non, répète Lily, en faisant traîner la syllabe.

Archibald se raidit brusquement, comme si on venait de lui remonter une tige en fer le long de la colonne vertébrale.

— Saint-patron droit devant, marmonne-t-il.

Glen Wallace est apparu de nulle part au milieu

du hall et tourne autour des clients comme un paon dans son parc.

— Avec tout le gratin Wallace qui a envahi Redstone, il devient impossible d'éternuer tranquille, chuchote Archibald. Même la Charlotte est dans les murs. En fait, tout le clan est là.

— Charlotte Wallace est ici ?

— Depuis hier, m'indique Archibald. Elle est arrivée tard dans la nuit. Si ce n'était pas la patronne, j'aurais juré qu'elle avait quelque chose à cacher, tellement elle a fait profil bas. Ça va dans le sens de ce que tu disais hier. Quelque chose cloche et ça sent de plus en plus mauvais ici.

— C'est les canalisations, ça, commente Lily avec une mine d'expert qui nous laisse sans voix.

En face de nous, Glen achève de faire le tour des personnes de qualité qui, toutes, ont l'air de le féliciter de son accueil. J'ai une petite pensée pour Lady Catherine qui aurait sans nul doute trouvé quelque chose à redire sur le fait qu'il s'arroge le fruit de son travail. Comme je ne suis pas un modèle de discrétion à mon poste d'observation, le seigneur et maître de Redstone finit par me voir et s'approcher.

— Miss Frémont, je constate que vous empêchez mon personnel de travailler, déclare-t-il avec un parfait sourire de gentleman.

— Juste un tout petit peu, et je dois dire qu'il est parfait.

— Nous sommes particulièrement exigeants en matière de recrutement.

Lily disparaît comme une souris dans son trou et Archibald fixe avec une concentration trop appuyée l'écran de l'ordinateur.

— J'étais sur le point de prendre un café dans le jardin d'hiver, voudriez-vous vous joindre à moi ?

J'hésite à peine une seconde.

— Avec plaisir.

J'ignore si cette entrevue me sera utile ou non, mais je décide de ne pas laisser passer l'opportunité de glaner d'éventuels renseignements.

Le jardin d'hiver est situé à l'opposé de l'entrée du château. Ses vitres sont en partie constituées de vitraux aux motifs complexes, qui diffusent une lumière de kaléidoscope dans la pièce en demi-cercle d'une centaine de mètres carrés. Des plantes grasses ainsi qu'un mobilier en osier donnent à l'ensemble une atmosphère colonialiste assez étonnante. L'hôtel regorge de petits mondes indépendants les uns des autres, mais que réunit une forme de désuétude.

— J'ai eu un appel de Paul Lamard, ce matin, m'annonce Glen, en s'installant dans un fauteuil à la manière d'un planteur de l'ancienne république du Congo.

Je prends sur moi, mais l'information me fait tiquer.

— Ah ?

— Il s'inquiète pour vous. Il m'a demandé de vos nouvelles.

— Paul est quelqu'un de très protecteur, trop parfois. Et donc, que lui avez-vous répondu ?

— Que pour le savoir, il fallait que je passe un peu plus de temps avec vous.

— D'où la proposition de prendre un café.

— Paul est un ami, je serais désolé de ne pouvoir lui donner une réponse honnête et complète.

— D'autant qu'il n'est pas du genre à renoncer, tant qu'il n'a pas obtenu ce qu'il voulait.

— Nous sommes nombreux dans ce cas.

Je souris ce qu'il faut pour flatter son ego, avant qu'un serveur ne vienne suspendre le petit pas de danse que nous avons débuté tous les deux.

— Alors ? enchaîne-t-il.

— Alors quoi ?

— Comment allez-vous ?

— Fort bien.

— Je suis terriblement désolé de ce qui vous est arrivé.

Intérieurement, je maudis Paul. En temps normal, j'ai déjà horreur de ne pas contrôler les informations qui circulent sur moi, mais dans ces circonstances, j'ai envie d'appeler mon mentor et de lui passer un savon comme jamais on ne lui en a passé ! Je réussis à rester impassible et à garder pour moi l'étendue de mes blessures.

— Merci.

— Les cambrioleurs ont-ils été arrêtés ?

Ma nuque se raidit. Je corrige un peu sèchement :

— Les assassins.

— Bien sûr...

— Oui, ils ont été arrêtés à la frontière italienne.

— C'est une bonne chose.

— C'est ce que tout le monde dit.

— En tout cas, si je peux faire quoi que ce soit pour rendre votre séjour encore plus agréable, n'hésitez pas.

— Croyez-moi, il est parfait tel quel. Il n'y a rien à ajouter.

— J'apprécie le compliment, mais, vous savez, gérer un établissement de ce standing, j'entends avec son histoire, est une charge qu'il est parfois difficile de porter.

— Vraiment ? Je pensais que ce serait au contraire une sorte de privilège que de veiller sur un morceau du patrimoine de votre pays, berceau de vos ancêtres, en outre.

— Oh ! ça, c'est sur le papier... En réalité, cette structure est un puits sans fond à entretenir et l'équilibre entre coûts de fonctionnement et bénéfices est toujours fragile, prêt à voler en éclats face à la concurrence.

— Dois-je comprendre que vous n'envisagez pas de passer votre vie à régner sur Redstone ?

— Vous savez, rien n'est jamais acquis dans le monde des affaires, et nous devons constamment anticiper le marché pour ne pas tout perdre.

— Vous n'avez jamais pensé à passer des contrats avec des musées pour des expositions temporaires ? Ce sont des partenariats assez lucratifs, en général, et cela pourrait contribuer à la notoriété de Redstone.

Je vois bien à sa mine que non seulement il n'a aucune idée de ce dont je suis en train de parler, mais qu'en plus, cela ne le passionne pas. Je me remémore alors les conversations que j'ai eues avec Catherine et Lachlan : Glen n'a que très peu de goût pour l'art. En revanche, à en juger par la façon dont il reluque mon décolleté, qui n'a pourtant rien de très plongeant, ses goûts sont très clairement tournés vers la gent féminine.

— En tout cas, vu de l'extérieur, Redstone a l'air d'être complet. Lady Saint-Andrews fait un travail formidable avec cette fête de charité.

— Disons qu'elle sait où se trouve son intérêt financier.

La pique est directe, ce qui m'amène à m'interroger sur l'origine de l'inimitié apparente entre la vieille aristocrate et lui.

— La charité a un coût, quoi qu'on en dise.

— Et rémunère grassement ceux qui la pratiquent ! précise-t-il.

— M. Boyd m'a expliqué que cette fête était devenue un événement mondain incontournable dans la région, une réjouissance qu'il ne fallait pas manquer.

Je remarque que le corps de Glen se crispe et que ses traits se creusent.

— Lachlan ? Vous parlez de Lachlan Boyd ?

— Je suppose qu'il s'agit du même.

— Comment le connaissez-vous ? demande-t-il d'un ton légèrement abrupt.

— Lady Saint-Andrews nous a présentés à l'occasion d'un petit déjeuner que je partageais avec elle.

— Croyez-moi, il ne faut pas trop accorder de crédit à ce que dit cet homme.

Je ne sais pas quel passif ces deux-là peuvent cacher, mais ça dépasse largement le stade de l'opposition professionnelle. La tentation est trop forte de fouiller un peu dans cette direction.

— Vous ne semblez pas le porter dans votre cœur.

— Et j'ai mes raisons. Lachlan est très fort pour entraîner son entourage dans le malheur et toujours s'en tirer.

— J'en déduis que votre relation dépasse le cadre du travail.

— Pourquoi dites-vous ça ?

— Il y a de l'affect dans vos propos, et on en met rarement autant quand on parle d'un collègue ou d'un subordonné, car il me semble avoir compris qu'il travaillait pour vous.

La bouche de Glen se tord en une légère grimace, et il fait une pause de quelques secondes avant de me répondre :

— Redstone fonctionne comme un petit univers cloisonné. L'équipe qui travaille entre ses murs ressemble à une famille avec ses affections, ses jalousies, ses rancœurs et ses colères.

— Un microcosme, en somme.

— Exactement... En tant que cliente, vous ne voyez que la façade, une sorte de reflet qu'on a lissé pour le public, mais la réalité est tout autre. Aussi, je ne saurais trop vous conseiller de vous tenir éloignée de lui. Il n'apporte que des problèmes.

Je n'en apprends pas plus sur Lachlan, car Glen change de sujet et m'entraîne sur le thème, banal et convenu, des spécialités de la région. Je le laisse mener la conversation, car je sens que le pousser davantage risquerait de le faire se refermer comme une huître.

— Alors, est-ce que vous allez m'aider à satisfaire les désirs de notre ami commun ? finit-il par me demander.

— Pardon ?

— Ferez-vous en sorte que nous passions un peu plus de temps ensemble, afin que je puisse en toute honnêteté dire à Paul que vous allez bien ?

— Eh bien, il me semble qu'il vous est facile de me trouver.

— En effet.

Tendant la main pour attraper sa serviette, il laisse traîner les doigts le long de mon poignet. Je reconnais que sa technique d'approche est impeccable, mais elle me laisse indifférente. Mes hormones ont toujours été aussi imprévisibles et illogiques que moi. Elles ne réagissent jamais quand les circonstances les inciteraient à le faire, et se mettent à bouillir au moment le moins opportun. C'est une chose qui a toujours beaucoup amusé Mathilde, laquelle avait développé un genre de petit jeu consistant à pronostiquer leur réaction. Au fil des années, elle les anticipait plutôt bien, tandis que c'était toujours une surprise pour moi.

Lachlan et Glen en sont encore un exemple criant. Qu'est-ce qui ne va pas, dans mon moi profond, pour préférer me laisser séduire par un chat sauvage dénué d'attaches, au lieu du gentil chartreux ronronnant sur un pouf en cachemire ? Si encore je vivais toujours au fin fond de ma grotte, le choix le plus audacieux se justifierait, mais ça fait belle lurette que je n'ai plus besoin d'aucun guerrier pour aller chasser ma pitance.

Fichue mémoire génétique, je ne vois pas d'autre explication.

Tandis que je me lamente sur ma propension à mal choisir mes partenaires sexuels, je sens un frisson glaçant figer mon épine dorsale. Toutes les cellules de mon corps s'électrisent en une fraction de seconde et les battements de mon cœur s'accélèrent. Le sang s'épaissit dans mes artères et des fourmis se mettent à courir sur l'ensemble de ma peau.

Sous mes yeux ahuris, Glen est en train de gribouiller un mot à destination du serveur qu'il a rappelé pour débarrasser le café.

Et je sais exactement où j'ai déjà vu cette écriture.

Chapitre 17

Il me faut tout mon self-control pour ne pas me précipiter hors du jardin d'hiver et attendre que Glen se lève de table et me raccompagne dans le hall. Mon impatience a du mal à ne pas me faire gigoter et, tandis qu'il me répète à quel point il a passé un excellent moment en ma compagnie et à quel point il attend notre prochaine rencontre, je ne pense qu'à une chose : courir raconter ce que j'ai vu.

Oui, oui, c'est bon j'ai compris, je te plais, tu veux me sauter, passons.

À mesure que les politesses s'éternisent, mon sourire se crispe. Heureusement, il prend congé de moi avant que j'aie l'air d'un requin qui ouvre la gueule pour dévorer un surfeur plutôt que d'une jouvencelle qui minaude à son premier rencard.

Dès que Glen disparaît de mon champ de vision, je me précipite à l'accueil où j'espère qu'Archibald est enchaîné H24. Les conditions de travail déplorables de l'hôtellerie me donnent raison et je me précipite sur lui.

— Archibald ! Est-ce que, par hasard, tu saurais où se trouve Lachlan ?

— Dans sa dimension démoniaque, pourquoi ?

— Je suis morte de rire.

— Je vois ça.

— Et comment je m'y rends ?

— As-tu essayé de prononcer trois fois son nom devant un miroir ?

— Ah oui, donc là, on est sur du comique de répétition ?

— Je suis infatigable à ce jeu-là, mais comme je suis de bonne humeur, je t'informe que je l'ai vu se diriger vers le petit salon bleu, sur le palier du troisième étage.

— Palier du troisième étage, OK !

— Entre les deux ailes des étages, suis la couleur rouge des murs, puis celle du bleu du salon parce que, dans cet hôtel, tout le monde se moque de la concordance des couleurs, à tel point que...

Je ne l'écoute déjà plus, je m'élance aussi vite que je peux dans la direction indiquée. Après une hésitation entre deux nuances de pourpre, j'aperçois un éclair bleu dans l'embrasure d'une porte. Alors que je m'apprête à faire une entrée fracassante, quelque chose, en mon for intérieur, m'ordonne de stopper mon élan. J'entends deux voix à l'intérieur de la pièce, la première appartient à Lachlan, la seconde à une femme avec un accent écossais assez prononcé. J'ignore pourquoi je reste plantée là, à ralentir ma respiration pour mieux entendre leur conversation. Peut-être le ton qu'ils emploient. L'échange sent la révélation de la fin d'un acte. Alors, je colle l'oreille dans l'entrebâillement de la porte et ne perds pas une miette de ce qui se joue.

— Ta venue était censée dénouer les choses. Au lieu de ça, j'ai l'impression qu'elles empirent, déclare la femme d'un ton de juge de cour suprême.

— Je t'en prie, répond Lachlan avec colère, si je ne t'avais pas harcelée en te disant que quelque chose clochait dans les comptes de Redstone, personne n'aurait mis le nez dans ses affaires.

— Ta haine de Glen te fait perdre ton objectivité et te rend stupide.

— À qui la faute, Charlotte ?

Un léger frisson me taquine la nuque. Charlotte Wallace.

— Tu savais dès le départ quelle serait ta place. Ne me reproche pas une ambition que tu as nourrie envers et contre tout.

— J'avais cinq ans ! Comment voulais-tu qu'un enfant de cet âge comprenne vos sacro-saintes règles d'un autre temps ?

— Parce que tu étais brillant, tu l'es toujours.

Tous deux observent quelques secondes de silence, avant que la maîtresse du clan reprenne la parole :

— Crois-tu que ces règles m'enchantent ? Crois-tu que je ne me réveille pas au milieu de la nuit pour demander à Dieu pourquoi lui et pas toi ? Mais ces règles d'un autre temps, comme tu dis, maintiennent notre famille à sa place depuis des générations.

— Si le château est démonté pour être remonté dans je ne sais quel pays du Moyen-Orient, la famille devrait en prendre un sacré coup, non ?

— Où sont les preuves, Lachlan ? Des suspicions, voilà tout. Pour l'instant, tu as été incapable de me donner un nom. Il nous faut le commanditaire et il nous faut la preuve que le château est sur le point d'être cédé. Or, pour l'instant, rien ne l'atteste.

— Que Robert et Claire soient là en ce moment, comme quasiment tout le conseil d'administration, alors qu'ils ne sont jamais venus, tu ne trouves pas ça un peu louche ?

— Quand bien même ! Je suis encore majoritaire.

— Pas si Glen se rallie aux autres.

— Il ne ferait jamais ça.

S'ils savaient ce que je viens de découvrir, ils changeraient radicalement d'angle de conversation, mais je crains que débarquer maintenant fasse perdre à mes révélations leur crédibilité. Les Britanniques sont assez peu sensibles aux coups de théâtre. C'est une grande erreur de stratégie de leur part, car les rebondissements font toujours avancer l'histoire alors que la tiédeur est mère de tous les vices.

— Puisque tu sembles si sûre de la loyauté de ton fils, poursuit Lachlan, tu pourrais en profiter pour qu'il te dise où il l'a mis.

— Ce testament tourne à l'obsession !

— Et pour cause : je suis persuadé qu'on peut s'en servir pour empêcher la vente de Redstone.

— Comment ?

— Tu étais là, quand le notaire en a fait la lecture. Il devait bien y avoir quelque chose dans la façon dont Richard a tourné ses phrases qui laisserait entendre qu'il ne souhaitait pas qu'on vende la propriété.

— Je te répète que non. Il n'y avait pas de mention expresse sur le sujet.

— Tu en es bien certaine ?

— Absolument. J'en ai même été aussi surprise que toi. J'aurais pensé que, vu sa relation fusionnelle avec ces lieux, ce serait la première chose qu'il aurait couchée sur le papier.

— C'est à n'y rien comprendre. Tout comme le fait que ce soit Glen qui conserve ce fichu document et pas Me Brooks.

— Il en a gardé une copie.

— Des copies, ça peut toujours se remettre en cause !

— Mais enfin, qu'est-ce que tu es en train d'insinuer au sujet de ce testament ?

— Rien, si ce n'est que je trouve étrange que Glen ait égaré un document qui, pourtant, lui a donné les pleins pouvoirs.

— Sauf sur la collection, n'exagère pas.

— La collection ?

— Les œuvres d'art. Quand je ne serai plus là, leur gestion sera confiée au musée de Londres, qui prendra en charge leur conservation. Ça fait quand même une grosse part de la valeur de Redstone.

De là où je suis, je ne peux distinguer le visage de Lachlan, mais je suis presque sûre qu'il s'illumine d'un sourire, le même que celui qui est en train d'éclairer le mien.

— Toutes les œuvres ? répète-t-il.

— Oui, pourquoi ?

— Parce qu'un paquet d'entre elles sont scellées aux murs du château !

— Et ?

— Et alors, tu ne comprends pas ? Elle est là, notre solution ! Si les œuvres sont gérées par un musée et classées au patrimoine, on ne pourra pas les vendre. Ça vaut pour les meubles, les tableaux, les sculptures, mais aussi les peintures murales, les fresques... C'est peut-être pour cette raison que Richard n'en a pas dit plus sur l'interdiction de vente de la demeure. Il a dû se douter que certains chercheraient à remettre en cause son testament, ce qui aurait été jouable, étant donné que, les derniers temps, on lui supposait un début d'Alzheimer.

— Le cancer l'a emporté bien avant qu'il ne perde la tête. Il était en parfaite possession de ses moyens.

— Tu crois qu'un juge prendrait plus en compte le témoignage de sa veuve aimante que le diagnostic de médecins et dix témoignages d'oncles, de cousins, de frères et sœurs ?

— Et personne n'aurait réagi ?

— As-tu réagi ? Toi, qui as pourtant vécu quarante ans aux côtés d'un homme qui te parlait tous les jours des trésors de l'hôtel. Qui t'en faisait l'inventaire dès qu'il le pouvait. Glen et cette merveilleuse famille de cafards qui composent le conseil d'administration sans avoir presque jamais mis les pieds ici ne sauraient pas faire la différence entre un balai-brosse et la *Vénus de Milo.*

— Nous n'avons donc pas le choix, il faut retrouver le testament.

— Merci, c'est ce que je me tue à dire depuis des mois. Que tu fasses dans l'eugénisme dynastique, passe encore, mais si ça pouvait éviter de te rendre sourde à toute proposition rationnelle.

— Sur un autre ton, Lachlan, n'oublie pas qui je suis et qui tu es !

— Comment le pourrais-je ? Tout le monde me jette ma bâtardise à la figure depuis ma naissance.

— N'emploie pas ce mot, s'il te plaît.

— Quoi ? « Figure » ou « bâtardise » ?

— Tu es un Wallace, cela n'a jamais fait aucun doute et tu le sais.

— Un Wallace peut-être, mais pas assez pur pour être rattaché à l'arbre généalogique du clan.

— Si seulement ton père n'avait pas...

— ... Fricoté ailleurs avec ma traînée de mère ?

— Tout aurait été bien plus simple et c'est toi qui aurais pris la tête des affaires de la famille.

— Je n'ai que faire de tes regrets, surtout quand ils sont une insulte à ma naissance et à celle qui m'a donné la vie.

Je recule d'un pas et retiens mon souffle. Tout est clair dans mon esprit, à présent : la relation fusionnelle de Lachlan avec les lieux, le ressentiment et la colère constante qui suintent par tous les pores de sa peau, le venin de ses paroles, chaque fois qu'il s'agit du clan. Il est un Wallace et cette famille l'a gardé avec elle comme un bon petit chien bien docile, mais sans jamais lui permettre de quitter sa cage et de rentrer dans la maison. Comment des gens ont-ils pu croire que cela n'aurait pas de conséquences désastreuses sur le développement d'un enfant ?

La porte s'ouvre brusquement et je me retrouve nez à nez avec Charlotte Wallace, une grande femme élégante mais aussi sèche et austère qu'un bout de bois mort. Comme elle me dévisage, je me sens obligée de bafouiller une explication :

— Heu... désolée, j'étais venue voir M. Boyd.

Elle ne me répond pas et passe devant moi avec la rigidité protocolaire d'une impératrice. Quand je croise le regard de Lachlan, je n'y vois que colère et agressivité. Je vais devoir danser avec la bête.

— J'ai quelque chose à te dire.

— Ça ne peut pas attendre ? répond-il d'un ton qui ne me plaît guère.

— Non, ça ne peut pas attendre. D'ailleurs, il y a d'autres choses qui auraient dû ne pas attendre.

J'entre dans le petit salon bleu, effectivement *bleu* des murs au plafond, et referme derrière moi.

— Ce matin, j'ai pris un café avec Glen.

— Je ne sais pas comment j'ai fait pour survivre jusque-là en ignorant cette nouvelle !

— Vous devriez rentrer vos griffes, Lachlan Wallace, parce que ce que j'ai à vous dire va beaucoup arranger vos affaires.

Même de là où je me trouve, je peux voir l'ensemble de sa musculature se tendre de colère.

— Tu as écouté aux portes ? éructe-t-il.

— Je n'ai pas eu besoin de trop m'avancer, vous parliez assez fort et vous aviez laissé la porte ouverte.

— Ce n'est pas une raison, tu aurais dû revenir plus tard.

— Si tu t'étais montré ne serait-ce qu'un tout petit peu honnête avec moi, je n'aurais pas été obligée de jouer les espions pour mettre les informations bout à bout.

— Ma vie ne te regarde pas.

— En effet, mais je pensais qu'après notre rapprochement et après avoir répondu à tes questions personnelles, j'aurais droit à la même marque de respect.

— Ça n'a rien à voir.

— Oh ! parce que, maintenant, tu hiérarchises les drames personnels ? Bien, parfait ! Mais avant de tirer des conclusions et de décréter que le petit Lachlan a infiniment plus souffert que la petite Sofia, je te conseille de comparer nos blessures. Pas sûr que tu gagnes, au final !

— Pour toi, la confidence est peut-être facile, mais je me voyais mal te dire entre deux portes que j'étais le bâtard de la maison qu'on tolérait vaguement à un poste sans enjeu, histoire qu'il ne revendique pas trop l'héritage, ni ne fasse parler de lui.

J'explose de rage :

— Parce que tu crois que ça ne m'a pas coûté de te parler de la mort de Mathilde ? Tu crois que ça ne m'arrache pas les entrailles, chaque fois que je dois prononcer le nom de la seule personne qui m'ait jamais apporté un peu d'affection dans ce monde de merde, où on jette un gosse à la rue, comme on balance un coton-tige usagé ? De reconnaître que la seule preuve d'amour que j'aie jamais reçue vient d'une gamine à peine moins cassée que moi ? D'avouer que sans elle, plus rien ne me rattache à cette putain de vie sombre, glacée et sans âme ? Ou encore, de réaliser que la seule façon, pour moi, de voir ce monde en couleur, c'était parce qu'elle le peignait pendant que je dormais ? Et que, sans elle, oui sans elle, tout est monochrome, terne et sans aucun intérêt.

Lachlan reste silencieux et me dévisage avec une expression que je ne lui ai jamais vue. L'émotion me gagne et je ne peux m'arrêter de parler, comme si, enfin, j'avais réussi à ouvrir les vannes et que je sortais tout le pus verbal qui m'empoisonnait depuis la mort de Mathilde.

— Quand, enfin, je trouve quelque chose qui me tire de ce tourbillon de douleur, quand je me sens un peu utile à nouveau et un peu intégrée aux autres, quand je me sens assez en confiance pour livrer ce qui me tue à petit feu et que je crois avoir trouvé quelqu'un qui me comprend, je ne récolte que froideur et agressivité. Alors, oui, excuse-moi d'avoir pensé que faire l'amour et parler une bonne partie de la nuit, avait pu tisser un tout petit lien entre nous. Je crois que je pouvais raisonnablement l'espérer !

Je tourne les talons et pose la main sur la poignée de la porte. Le sang cogne contre mes tempes et mon rythme cardiaque s'emballe.

— Et allez au diable, toi et ton maudit clan !

Je n'ai pas le temps de sortir que Lachlan m'attrape le bras, et me tire en arrière, tout en claquant la porte. Il me retourne aussi facilement qu'une crêpe et me plaque dos au mur. Je me débats, mais tout se passe si vite que je n'ai pas le temps de lui opposer une grande résistance. Tandis que mon corps se tortille contre le sien pour échapper à son étreinte, sa poigne se resserre.

— Je suis désolé, Sofia. Tellement désolé.

Mes muscles se détendent peu à peu et je m'immobilise contre son corps qui bloque le mien.

— Je marche dans le noir et le froid depuis si longtemps que je ne sais pas reconnaître ni apprécier la chaleur quand je la touche, continue-t-il, alors que je sens ses doigts jouer sur mes hanches. J'aurais dû te dire qui j'étais, dans le bois. Tu as raison, tu méritais ma franchise.

Mes mains enrobent ses épaules, remontent le long de ses trapèzes, enserrent son cou, puis viennent se noyer dans sa chevelure que j'ai libérée de son attache. Lachlan réagit à chacun de mes gestes en se pressant contre moi. Le souvenir de nos ébats dans la petite forêt de Redstone enflamme immédiatement mes reins.

Je colle mes lèvres dans le creux de son cou pour chuchoter à mon tour :

— Moi aussi, j'ignore comment aimer. J'essaye d'imiter les gens autour de moi, mais je ne sais jamais si c'est la bonne émotion, au bon moment.

Me saisissant par la taille, il m'entraîne au milieu de la pièce. Il me soulève par les hanches, m'assoit sur une table et mes jambes s'ouvrent pour qu'il se fraye un chemin jusqu'à moi.

— Et là, qu'est-ce que tu ressens ? me demande-t-il en collant ses lèvres vers mon oreille.

— J'ai faim.

Plaquant mes poignets contre la table, je bascule en arrière et noue mes jambes autour de ses reins. Ma robe courte remonte sur ma taille et facilite son exploration. Nous ne prenons pas plus le temps que la dernière fois. Nos gestes s'emballent à mesure que le désir nous fait perdre toute notion de retenue et de décence.

Ma culotte vole je ne sais où dans le salon, et le contact de ses doigts agaçant mon intimité déchaîne mon envie de lui. Tandis que je prends possession de sa bouche, mes mains s'emparent de l'attache de son pantalon, dont elles se débarrassent rapidement. Je joue avec sa virilité jusqu'à lui extirper un râle puissant. Le feu de son impatience, que j'attise avec délectation, tend ses reins et d'un à-coup vorace, il me pénètre avec fougue. L'étreinte est sauvage et passionnée, nos corps soudés ne font plus qu'un et, très vite, le mouvement puissant et rapide nous arrache une violente jouissance.

Étalée les bras en croix sur la table, j'ai du mal à retrouver mon souffle. Mon corps est encore agité de légers spasmes, tandis que la tête de Lachlan repose lourdement sur ma poitrine. Nos respirations bruyantes se calent sur le même rythme, et il nous faut de longues minutes pour pouvoir à nouveau parler.

— Je me suis laissé dire qu'il y avait des lits dans les chambres de cet hôtel, lâche-t-il, sans lever le nez de mes seins.

— Je crois qu'on t'a menti. S'il y en avait, on le saurait.

Je sens ses lèvres s'étirer en un sourire contre ma peau. Fixant le plafond dans une position pour le moins inconfortable, je réalise que ça fait longtemps que je ne me suis pas sentie aussi bien. Une impression de simplicité m'envahit, comme si je prenais conscience d'être au bon endroit au bon moment. Pas de peur du lendemain, pas de regret de la veille, pas de frustration du jour présent, juste la sensation *d'être* simplement.

Nous restons là de longues minutes. Les gestes de Lachlan sont empreints de douceur et de tendresse. Il caresse mes flancs, mes cuisses et mes seins avec une infinie délicatesse, si bien qu'il me donne l'impression de les découvrir pour la première fois. Je me laisse bercer par le plaisir rassurant que cela me procure.

Et puis, au bout d'un moment, alors que ma conscience a rétabli sa connexion avec la réalité, je me rappelle l'information cruciale que j'étais venue lui livrer.

— Lachlan, quand j'ai vu Glen, tout à l'heure, il

a fait une chose importante. Il a écrit un mot juste devant moi...

Lachlan redresse son beau visage ; son regard acéré et perçant de reptile se tourne vers moi.

— ... Et j'ai reconnu l'écriture. C'est la même que celle qui figurait sur le mot que possédaient les voleurs du tableau.

Des flammes envahissent ses yeux et un sourire carnassier qui aurait effrayé n'importe qui d'autre illumine son visage d'une bien sombre lumière.

— Toi et moi allons mettre fin à cette histoire, me confie-t-il.

Loin de craindre ce que je lis dans ses yeux, je me dis tout bas que les mâchoires des crocodiles vont se refermer sur leur proie.

Chapitre 18

Aujourd'hui, Lily et Archibald sont de repos, et comme M. André culpabilise toujours d'avoir failli contrarier sa plus grosse cliente, j'ai décidé de les emmener à La Framboise Diabolique pour consommer le million de bons de réduction que le chef pâtissier m'a donné. Le temps est brouillé depuis ce matin, si bien que nous apprécions de nous trouver dans une atmosphère colorée et saturée de chaleur sucrée.

Il est tout juste 14 heures et nous attendons qu'on nous serve notre commande, un assortiment d'une bonne dizaine de mignardises que M. André a absolument tenu à nous préparer lui-même.

La partie salon de thé de la boutique est presque pleine, mais l'ambiance, bien que festive, reste assez feutrée. Il y a beaucoup de familles ainsi que des couples dont les expressions enfantines chaque fois que les plateaux de gâteaux leur parviennent prouvent, s'il en est besoin, que la magie du maître pâtissier opère.

J'observe la posture de Lily, perchée en équilibre sur un siège un brin trop haut en raison de l'épais coussin coloré de l'assise. On dirait une enfant qui essaye de se tenir comme les grands, mais dont la taille n'est pas encore tout à fait adaptée au monde.

— Ça fait des années que je vois passer les merveilleuses meringues de cette enseigne à l'hôtel, mais je n'ai jamais osé venir ici, finit-elle par avouer, les yeux dévorant tout ce qui l'entoure.

— Pourquoi donc ?

— Je ne sais pas trop, répond-elle en haussant les épaules, enfin si, je sais. Je crois que je ne me trouve pas à la bonne place.

— Chaque être humain est à sa place, du moment que c'est celle qu'il a choisie.

Pourquoi cela ne marche-t-il pas pour moi ?

— Peut-être. En tout cas, je pensais que je me sentirais mal au milieu de quelque chose d'aussi classe, mais en fait, ça va.

— Ah, tu vois...

— Ça vient de toi, à mon avis, précise Lily en souriant. Toi, tu es assortie à tout.

Je lui retourne son sourire en pensant à la façon dont je tenais mes couverts à la sortie de la faculté et, surtout, au fait que je n'ai appris l'existence d'un couteau à poisson qu'à l'âge avancé de vingt-six ans.

— Tu sais, je viens d'un milieu plus que modeste. Pour être honnête, je ne sors même d'aucun milieu, si ce n'est celui de l'État, et il donne le minimum.

— Tes parents étaient fonctionnaires ?

Archibald pousse un profond soupir avant de jouer les traducteurs :

— Non, Lily, elle veut dire qu'elle a grandi en foyer.

— Ah d'accord ! En tout cas, ça ne se sent pas, tu as l'air d'une... enfin d'une de nos clientes.

— Une aristo qui se vautre dans la soie. Mais attention, une aristo super sympa, précise Archi.

— Merci, je suis flattée.

À cet instant, M. André fait irruption devant nous

avec deux de ses serveuses, tel un diable sorti d'une boîte.

— Mesdames et messieurs, annonce-t-il avec la même solennité que s'il nous avait révélé l'emplacement du saint suaire, farandole décomplexée de bouchées aériennes et tropicales !

Nous le dévisageons comme des carpes en manque d'eau.

— Parce qu'il y a des farandoles complexées ? demande Archibald. Genre, elles se lèvent un matin, se regardent dans la glace et se disent : « Oh, mon Dieu, j'ai des miches de la taille d'une brioche, alors que je suis un cupcake » ?

Malgré tous nos efforts, Lily et moi ne pouvons nous empêcher d'éclater de rire. Cela perturbe à peine le maître des lieux, qui indique à ses serveuses d'un signe autoritaire de déposer l'assortiment de gâteaux sur la table. Mauvais esprit et humour noir mis à part, la composition est splendide. Nous nous trouvons face à un étalage de pâtisseries originales, à l'architecture recherchée. Des dômes vernis aux couleurs acidulées, des tourbillons chocolatés poudrés d'or, des crèmes onctueuses perlées de zestes d'agrumes et autres arabesques en nougatine s'offrent à nos regards admiratifs.

— C'est absolument magnifique, monsieur André !

— Je sais, Miss Frémont, je sais. Essayez de ne pas enfourner tout le gâteau en une fois, il y a beaucoup de saveurs dans ces œuvres.

— Parce qu'il faut les manger, en plus ? plaisante à nouveau Archibald.

— Mon Dieu, pardonnez-leur, marmonne le meilleur ouvrier de France, en tournant les talons et en se drapant dans sa dignité de roi.

— Bien, dévorons ces merveilles et profitons de ce

moment avant l'enfer des prochains jours, annonce Archibald avec un certain protocole.

Je m'étonne :

— Quel enfer ?

Le gala de la nuit des houles, répond-il. C'est une sorte de grand bal qui a été créé en 1878 par Abigail Wallace, grande mondaine et, surtout, très grande dépensière. Au départ, c'était uniquement une soirée entre les familles huppées de la région, histoire de marier rapidement leurs enfants et d'éviter qu'ils ne fricotent avec les basses classes. Maintenant, tout le monde peut y assister, du moment que tu payes l'entrée et que tu es bien habillé. Dans les faits, comme les places sont limitées, ce sont toujours les mêmes personnes qui réservent d'une année sur l'autre. Des amoureux des costumes d'époque, car il faut venir apprêté comme au temps des premiers bals.

— Ça a l'air très intéressant, j'aurais adoré y assister.

— Tu es cliente de l'hôtel et amie avec la grande Catherine, tu es invitée.

— Mais je n'ai pas pensé à mettre ma robe de bal dans ma valise.

— Je peux t'en faire une ! propose Lily. J'ai déjà la tournure, quelques jupons, le corset et plein de tissus de ma grand-mère. Je ne devrais pas en avoir pour plus de quatre jours.

— Lily, c'est adorable, mais je ne peux pas te demander ça. Ce sont tes jours de repos, profites-en.

— Justement, j'adore coudre et je n'ai jamais eu l'occasion de créer ce genre de pièce. Laisse-moi faire ça pour toi, je me sentirai enfin utile.

Je pose la main sur la sienne et la regarde tendrement.

— Lily, tu n'as pas besoin d'être *utile* aux gens.

— Je sais, mais ça me fait plaisir, et puis j'aimerais

voir si je peux rivaliser avec les toilettes hors de prix de certaines femmes.

— Alors, si tu me jures que c'est bien ce que tu veux, je serai ravie de me pavaner dans ta robe. Quand a lieu le bal ?

— À la fin de la semaine, répond Archibald.

Le temps de quelques bouchées savamment parfumées, j'essaye d'imaginer à quoi pouvaient ressembler les bals de cette Abigail. Les grandes salles de réception de Redstone se prêtent naturellement à des événements costumés. Je finis par me reconnecter à la réalité et n'oublie pas ce que j'avais décidé de leur confier, en les invitant à La Framboise.

— Je voulais vous parler de quelque chose d'important, si ça ne vous ennuie pas.

Ils échangent un regard étonné.

— Je le fais, parce que je pense que je vais avoir besoin de votre aide. Vous vous souvenez de cette histoire de vol ?

— Oui, le tableau, la panne de voiture et la folle nuit dans l'auberge, résume parfaitement Archibald.

— C'est ça... Vous vous souvenez aussi que vous soupçonniez quelque chose de louche à propos de Redstone, quelque chose comme une cession ou un équivalent.

— Ah bon ? fait Lily.

Je corrige.

— Enfin, disons qu'Archibald soupçonnait quelque chose de louche. Depuis, nous avons appris que c'était bien plus compliqué que ça.

— *Nous ?* répète Archibald.

— Lachlan et moi.

Le « ah » collectif et entendu m'indique que je ne pourrai sans doute pas leur cacher ma liaison avec Lachlan très longtemps.

— Mais avant que je vous déballe tout, il faut me promettre de ne rien dire de ce que je m'apprête à vous révéler. Je suis sérieuse, il en va de l'avenir de beaucoup de gens à Redstone.

— Tu as ma parole.

— Oh ! moi, je suis sûre que je ne vais rien comprendre, alors pour ce qui est de le répéter à quelqu'un..., répond Lily. Mais tu as aussi ma parole.

— Bien... Alors, il se trouve que nous sommes presque certains que la personne qui a renseigné les voleurs est Glen Wallace.

Archibald et Lily marquent un silence et me dévisagent avec attention.

— Mais il n'est pas déjà riche ? s'étonne Lily.

— Tu sais, plus tu es riche, plus tu en veux, explique Archibald. Ça ne te suffit jamais, d'autant que le Glen, c'est un gros flambeur. Voitures de luxe, champagne hors de prix, vacances de rêve et maîtresses exigeantes, c'est un train de vie qui consomme.

— J'avoue que je ne sais pas pourquoi il fait ça, si ce n'est, comme tu le penses, pour trouver toujours plus de liquidités qu'il n'a pas à partager avec les impôts ou les actionnaires.

— Si c'est vrai, ça risque de provoquer une véritable apocalypse, prédit Archibald. Un Wallace qui vole son propre clan, ça n'est jamais arrivé. Ou ils ont fait ce qu'il fallait, parce que ça ne s'est jamais su.

— J'ai bien conscience que c'est une information très sensible, mais, croyez-moi, ce ne sont pas des accusations que je porte à la légère.

— OK, et si jamais tout ça est vrai, qu'est-ce que Lachlan et toi comptez faire ? Le dénoncer ? Tu sais qu'ici, un corps est vite jeté à la mer.

— C'est bien pour ça que je vous en parle.

— À nous ? Comment pourrait-on t'aider, nous ne sommes rien à Redstone ?

— Peut-être aux yeux de la direction, n'empêche que vous vivez là-bas presque toute l'année et que vous êtes témoins de tout ce qui se passe entre ses murs. Personne ne fait jamais attention au petit personnel et c'est là votre plus grand pouvoir.

— D'accord, qu'as-tu en tête exactement ?

— Voilà, nous pensons que, si Glen est effectivement coupable, il fait ça depuis un moment et sûrement pas avec un seul voleur mais plusieurs, ainsi qu'avec des receleurs et des revendeurs. Bref, tout un réseau. Les deux gugusses qu'on a fait arrêter étaient loin d'être des flèches ; jamais ils n'auraient eu l'envergure de gérer un trafic d'œuvres d'art depuis leur soustraction jusqu'à leur vente. Tout ça pour dire que si on est dans le vrai, Glen ne peut pas gérer un tel business sans tenir une comptabilité et un carnet d'adresses très précis, ne serait-ce que pour se couvrir, si jamais l'un des maillons de la chaîne venait à se faire prendre.

— Tu penses qu'il a tout consigné quelque part ?

— Je ne le pense pas, j'en suis certaine. Il ne pourrait pas tout retenir de tête et, surtout, il n'aurait aucun moyen de marchander en cas d'enquête policière, ni aucun moyen de pression en cas de trahison de l'un de ses partenaires.

— Je vois, donc, tu cherches un fichier ou quelque chose dans le genre qui pourrait prouver le trafic ? synthétise Archibald.

— Exactement ! Ce sera probablement crypté... Je veux dire que ça aura l'air d'un fichier banal, voire incompréhensible pour la personne qui n'a pas la clé de lecture.

— Justement, si c'est le cas, comment Lachlan et toi comptez mettre la main dessus ?

— J'ai déjà été amenée à témoigner dans ce genre d'affaire, je pense que si je tombais sur le document, je saurais le comprendre. Il n'y a pas trente-six mille façons de référencer des objets d'art et des mouvements de fonds. Et Lachlan connaît les finances de l'hôtel par cœur. Seulement, je dois avoir accès aux dossiers personnels de Glen. Et c'est là que j'ai besoin de vous. Est-ce qu'il a un bureau ?

— Oui, au dernier étage, précise Archibald.

— Est-ce qu'il a un ordinateur personnel ? En plus de son ordinateur de travail, je veux dire. Est-ce que vous l'avez déjà vu avec un portable ? Je pense qu'il ne le laisserait pas à la portée de tout le monde. Peut-être dans un endroit fermé à clé ?

Mes deux interlocuteurs prennent un moment de réflexion, puis Archibald déclare :

— Ça ne me dit rien du tout. Il dispose d'un poste fixe, ça, c'est sûr, protégé par un mot de passe.

Je tords la bouche et me passe les mains dans les cheveux.

— Un fixe, pas assez sécurisé, j'imagine que vous avez un réseau commun ?

— Oui, on fonctionne avec les mêmes supports, accessibles à tous les membres du personnel de l'hôtel.

— Alors, il ne prendrait pas le risque de mettre quoi que ce soit sur un ordinateur qu'on peut facilement pirater, même avec un mot de passe. Je me demande s'il n'utiliserait pas plutôt un carnet.

— À l'ancienne ?

— On ne peut pas pirater un carnet, ça se détruit très vite en cas de problème et ça se dissimule encore plus facilement.

— On cherche donc un calepin qu'il garderait toujours sur lui, comme un agenda, quoi..., réfléchit tout haut Archibald.

— C'est une possibilité.

— Ah oui, comme un carnet de prise de notes, intervient Lily, tout en se léchant le bout des doigts couvert de sucre brun.

— Oui, par exemple.

— Un carnet de notes un peu classe, genre recouvert de cuir, poursuit-elle, les yeux dans le vague.

— Eh bien, vu les goûts de l'individu, je suppose.

— Avec une attache élégante et une signature dorée en relief sur le cuir.

— Heu... oui...

— Et une belle couleur bordeaux un peu moirée.

— Tu aimes beaucoup les carnets, commente Archibald.

— Non, pourquoi ?

— À la façon dont tu le décris, on a l'impression que tu parles du Saint-Graal.

— Moi, je dis que ce que j'ai vu. J'aime pas trop la couleur bordeaux parce que je ne suis jamais sûre de bien la reconnaître. C'est vrai, c'est ni rouge, ni violet, ni marron, c'est quand même une nuance un peu bizarre et...

— Attends, Lily, tu dis que tu l'as vu ? Glen a un carnet dans ce genre ?

— Oui, vous parliez de quelque chose qu'il aurait toujours sur lui, eh ben, il a toujours sur lui son téléphone, son stylo-plume, un truc hors de prix laqué, son agenda noir et ce carnet. Et il enferme tout ça dans son coffre, tous les soirs.

— Ça vaut le coup d'y jeter un œil.

— Comment, s'il l'enferme dans son coffre ? me fait très justement remarquer Archibald.

— Bah, pourquoi on l'ouvrirait pas ? s'étonne Lily.

— Parce que, par définition, les coffres ne s'ouvrent

qu'avec une combinaison, répond Archibald, en se massant la tempe.

— Je l'ai, moi, la combinaison.

— Quoi ? lâchons Archibald et moi de concert.

— Je fais le ménage tous les soirs dans son bureau, et je crois qu'il n'a jamais remarqué ma présence. Il fait constamment le même mouvement sur l'écran et, deux fois, il était tellement soûl qu'il n'a pas rabattu le tableau qui le cache. Du coup, j'ai pu nettoyer le coffre et je peux vous dire sur quelles touches il appuie.

— Tu as dépoussiéré son coffre ? hallucine Archibald.

— On me dit de faire le ménage, je fais le ménage !

Je n'en crois pas mes oreilles. Tout commence à s'ordonner dans ma tête et je me dis que la Providence est de notre côté. Mon cerveau se met à bouillir d'idées et, très vite, un plan s'élabore. Je décide de mettre mes complices dans la confidence.

— D'accord, on a une piste pour ce qui est du calepin et de l'endroit où il se trouve, il ne manque plus qu'à aller le chercher.

— Pas de problème, j'ai un badge qui ouvre son bureau, indique Lily.

— Sûrement pas, je suppose que vos badges sont nominatifs et identifiables ?

— Exact, chaque fois qu'un membre du personnel l'utilise, le numéro est automatiquement enregistré dans notre base et la sécurité vérifie qu'on ne se balade pas là où on ne devrait pas le faire, explique Archi.

— C'est ce que je pensais. Donc, on laisse tomber cette idée. Mais pourquoi ne pas profiter du bal ? Glen va sans doute boire beaucoup et il m'a à la bonne. Je suis certaine que je peux me servir de ça pour aller fouiller du côté de son bureau.

— Lachlan sera d'accord ?

— Je n'en sais rien, mais s'il ne l'est pas, c'est lui que ça regarde, pas moi.

— Très bien, Lara Croft, n'empêche que j'aimerais bien assister à la conversation quand tu vas lui annoncer ta brillante idée.

— Lachlan ne plaît pas à Glen, au contraire de moi. Si jamais Glen me surprend, je saurai user de mes charmes et m'en tirer. Alors que la présence de Lachlan dans son bureau lui mettrait tout de suite la puce à l'oreille. Croyez-moi, mon plan est brillant. Il sera de mon avis.

— Je serais quand même d'avis de lui cacher l'info, à Jack Frost.

— Homme de peu de foi !

— Je peux savoir pourquoi vous n'avez pas fini mes chefs-d'œuvre ? Vous avez un problème de papilles, ou quoi ?

Nous sursautons tous les trois. M. André vient de nous refaire le coup de l'apparition soudaine. Cette créature n'est pas humaine. Son regard de proviseur de lycée est si inquisiteur qu'on éprouve tous l'envie irrépressible de lui demander pardon et de jurer que nous ne recommencerons plus jamais. Me prenant sans doute pour la déléguée de classe, je parle pour mes camarades :

— Eh bien, en fait, nous parlons beaucoup, mais c'est parfait. Tout est parfait, et nous allons finir.

— Vous parlez ? Vous parlez...

— On ouvre la bouche et on forme des mots, ça arrive tout le temps à plein de gens, intervient Archibald.

Lui, il a dû passer sa vie en retenue.

— Vous parlez, alors que vous avez la quintessence du savoir-faire de la pâtisserie sous les yeux et le nez ? Bande d'ignorants ! Je me tue à la tâche, je sue sang et eau pour produire des petits miracles, et je suis obligé d'attendre que vous ayez fini votre conversation. Mais je vous en prie, faites... Je suppose que ce que vous avez à raconter est bien plus important que trente ans de dur labeur, de recherches, d'expérimentations et de récompenses. Faites, faites donc ! Je m'en retourne derrière mes fourneaux sortir mes chouquettes, qui seront ravies de savoir qu'elles vont passer après les ragots du coin.

— Je comprends, vous êtes juif, conclut soudain Lily.

Alors là, j'ai beau chercher, je ne vois pas...

— Pardon ?

— Ma meilleure amie, sa mère, elle est juive, et elle fait comme vous : du chantage affectif, tout le temps. Paraît que c'est une tradition.

Je me saisis de ma petite cuillère et finis de manger ma tartelette agrumes, pistache et meringue italienne dans le silence absolu.

Chapitre 19

Les quatre jours suivants filent comme le vent. Je passe la majeure partie de la journée avec Lily, dans la maison de sa grand-mère, à enfiler, puis retirer et renfiler pour retirer à nouveau les pans de tissus auxquels Lily s'emploie à donner vie.

En équilibre sur une chaise pour ne pas casser l'envergure et la longueur des jupons, au milieu du salon du tout petit cottage, je me sens l'âme d'une cendrillon. Lily tourne autour de moi et crée du merveilleux à chaque voilage ou galon qu'elle place. Bien entendu, c'est un peu plus long qu'avec une baguette magique et des pouvoirs de fée, mais le résultat est tout aussi magnifique. Cette fille ne cesse de me surprendre et je me demande quelles horribles créatures ont susurré toute sa vie à son oreille pour que, malgré cet incroyable don, elle se sente aussi minuscule et si peu aimable.

Sa grand-mère est une femme de la terre, rude et froide, silencieuse et taciturne, mais il y a de l'amour dans ses yeux, c'est certain. Durant les essayages, elle reste près de la cheminée et, de temps en temps, intervient d'une voix sûre bien qu'usée par le temps, pour rectifier les gestes de sa petite-fille. Je comprends que Lily ait pu se sentir très seule, élevée par cette femme à qui on n'a jamais dû apprendre à *dire* l'amour. Lily est une éponge, elle a besoin de se gorger des émotions qui l'entourent, pour s'en nourrir et rester en vie. Si on ne lui donne rien, elle se dessèche et se racornit, jusqu'à devenir toute petite. Il lui aurait fallu un tuteur exubérant qui l'aurait noyée sous un flot de sentiments exagérés et mis en scène. Elle est incapable de lire entre les lignes, de comprendre les langages muets du corps et du regard, ou de faire correspondre une émotion à un acte. Elle a besoin qu'on verbalise plus qu'on ne montre. Ce que sa grand-mère ne peut pas faire ni lui donner. J'observe ces deux femmes et me dis que, malgré leur affection réciproque, elles ont sans doute passé une grande partie de leur vie sans parvenir à matérialiser le lien qui, pourtant, les unit profondément.

Je reste environ cinq à six heures par jour chez Lily, puis rentre en début d'après-midi à Redstone et termine la journée par une promenade dans ses jardins ou dans les villages alentour. Je me sens de plus en plus à l'aise dans la région. Les petits sentiers n'ont plus de secret pour moi ; j'ai déjà quelques favoris dans les commerces environnants et j'ai presque testé toutes les bonnes tables. À tel point qu'un soir, alors que je revenais vers l'hôtel, j'ai été prise d'un sentiment qui m'a tant bouleversée que je me suis arrêtée de marcher un moment. Prenant le temps de regarder autour de moi, j'ai réalisé que je me sentais connectée à ces lieux parce que, d'une certaine manière, ils sont à mon image : parfois doux, parfois violents, souvent sauvages et quelquefois prétentieux.

C'est un bien bel écrin à rêve...

Pendant ces quatre jours, je croise à plusieurs reprises Archibald, que mes révélations à La Framboise Diabolique ont transformé en espion. À l'affût de la plus petite information qui toucherait la famille Wallace, il passe la moindre seconde de libre à raser les murs et à laisser traîner ses oreilles un peu partout. Son manège qui, je dois dire, est amusant à observer me fait un temps oublier le plus important : il viendra un moment, lors du bal, où il me faudra mettre la main sur le calepin de Glen. Où je devrai surtout en toucher deux mots à l'une des parties prenantes de l'affaire : Lachlan.

J'avoue que jusque-là, j'ai esquivé la conversation. Pourtant, ce n'est pas faute de l'avoir vu. Même si lui et moi sommes occupés et que nous évitons de trop nous croiser pour ne pas attirer l'attention de Glen, nous passons nos soirées ensemble. Ainsi que nos nuits. À la troisième, d'ailleurs, j'ai eu l'impression qu'il se détendait pour la première fois. Tandis qu'il respirait dans mes bras, je ne sentais plus en lui ni tension ni colère. Son corps pesait lourd sur moi, ses muscles élastiques semblaient au repos. Entre deux inspirations, je l'ai entendu murmurer : « Je me sens si bien… » Je n'ai pas relevé, je crois que ça lui a échappé et qu'il ne s'en est pas rendu compte. J'aurais voulu lui dire que, moi aussi, je culpabilisais de moins en moins d'être heureuse, lovée contre sa chaleur, mais j'aurais pris le risque de briser l'élan de cette spontanéité. Et puis, n'était-ce pas un mensonge ?

Le jour suivant, soit l'avant-veille du grand gala, je me dis que l'ambiance entre Lachlan et moi est assez sereine pour lui faire part de mon plan pour le bal.

Grave erreur. La bête n'est pas aussi détendue que je le pensais.

Une minute à peine après ma confidence, je me retrouve assise au milieu du lit, à lever les yeux au ciel, tandis que Lachlan marche de long en large dans la chambre, m'expliquant à quel point c'est une mauvaise idée. Le changement d'atmosphère est si brutal que j'ai du mal à savoir comment réagir.

Comme s'il en avait une plus brillante !

— Je ne crois pas que tu te rendes bien compte des conséquences que ça pourrait avoir, Sofia, dit-il, les mains plantées sur ses hanches nerveuses.

— On n'est pas non plus en train de parler de braquer les bijoux de la couronne d'Angleterre !

— Je n'arrive pas à comprendre que tu aies pu te laisser entraîner dans un tel délire sous prétexte qu'une fille qui a le QI d'une truite t'a dit qu'elle a retenu le code du coffre de Glen. À quel moment tu t'es dit que, d'une part, elle pouvait réellement retenir quoi que ce soit et que, d'autre part, tu pouvais jouer les cambrioleuses ?

— Lachlan, Lily est loin d'être aussi bête que tu le penses.

— D'accord, essaye de le redire sans t'étouffer de mauvaise foi, juste pour voir.

— Il est très possible qu'elle ait pu retenir la combinaison. Et puis, qu'est-ce qu'on a comme alternative ? Charlotte ne va pas rester ici indéfiniment. Si on veut lui apporter des preuves des malversations de Glen, il faut le faire au plus vite. Avant que le conseil n'ait la bonne idée de vendre Redstone.

— Tu me donnes la combinaison et je vais vérifier dans le coffre.

— Ah oui, bien sûr, c'est super dangereux pour moi, mais pas pour toi. Parce que toi, tu es... l'homme ? Le super-héros ? Le chevalier dans son armure ?

— Je rêve ou on est en train de parler de guerre des sexes ? Je te rassure tout de suite, je mets tout le monde dans le même panier.

— Oui, clairement ! Personne ne trouve jamais grâce à tes yeux.

— Je ne suis donc pas sexiste.

Nous marquons une pause, histoire de recharger nos armes. Puis je reprends le tir.

— Tu risques bien plus que moi, Lachlan, c'est pour ça que je suis la mieux placée pour essayer.

— Ah vraiment ?

— Oui. Si tu te fais prendre la main dans le sac, tu perdras tout le crédit que tu as auprès de Charlotte, plus personne ne croira à tes soupçons de malversations, quoi que tu dises ensuite. Et ça, c'est dans le cas où Glen ne prendrait pas ça pour une attaque personnelle de son demi-frère qui l'a toujours méprisé, et décidrait de te briser définitivement en portant plainte pour vol.

— Tu penses que tu t'en tirerais mieux ?

— Bien sûr ! Archibald et Lily vont passer comme consigne de toujours lui remplir son verre. Il sera totalement soûl. Si jamais il me surprenait dans son bureau à fouiller, je saurais lui faire oublier la raison pour laquelle je me trouve là et, au pire, je repartirais les mains vides.

Le regard de Lachlan se durcit. Immobile face à moi et me jetant à la figure sa nudité de guerrier du Nord, il a fait chuter la température de la pièce en une fraction de seconde.

— Je peux savoir ce que tu entends par « je saurais lui faire oublier la raison pour laquelle je me trouve là » ?

Nous y voilà, à nouveau sur le champ de bataille, face à face, et campant sur nos positions opposées. Je sens le vent de la colère, il enfle entre nos regards. Je pourrais reculer, l'adoucir et choisir un biais stratégique plutôt que le front. Mais ça ne me ressemble pas. Ce qui me ressemble, c'est de foncer tête baissée et la première dans la gueule de la bête.

— Glen est un homme à femmes et je ne le laisse pas de marbre.

Lachlan croise les bras sur son torse et m'observe quelques secondes en gardant le silence.

Cinq… quatre… trois… deux…

— Se retrouver coincée dans un bureau isolé au dernier étage d'un château blindé de monde et de bruit avec un sac de viande débordant d'alcool et de testostérone, c'est effectivement du pur génie ! C'est simple, ça me laisse sans voix.

— Je vois ça.

— On reprend, si tu veux bien : tu ne t'approches pas de lui !

— D'abord, je fais ce que je veux. Ensuite, tu n'as qu'à l'occuper ! Durant la soirée, quand on sent qu'il est bien imbibé, on convient d'un signal, je m'éclipse dans son bureau et toi, tu veilles à le retenir, si jamais il fait mine de bouger de la pièce.

Il réfléchit et je me dis que c'est bon signe. Alors, j'enfonce le clou :

— Est-ce que ça te paraît une proposition acceptable, à défaut d'une idée de génie ?

— Uniquement parce que tel que tu me vois, je n'ai rien de mieux à te proposer.

— Ce que je vois est déjà pas mal.

Je plaque sur mon visage un sourire gourmand tout en passant en revue le corps de Lachlan. C'est la première fois que nous parvenons à surmonter nos avis contraires sans fuir en s'écharpant ou en faisant l'amour.

— Ravi que tout ça t'amuse follement, rétorque-t-il en soupirant, ce qui ne perturbe en aucune façon mon indécente observation.

— *Follement*, pas encore, mais je suis sûre que ça va venir...

Je m'extirpe de sous la couette et avance à quatre pattes jusqu'au pied du lit. Ses yeux suivent mes courbes et s'attardent sur mes parties sensibles, celles qu'on ne dévoile qu'aux heures les plus chaudes et secrètes de la nuit. Il sourit, de son fameux sourire mi-cynique mi-supérieur et, soudain, il bondit sur le lit puis tire sur mon bras pour me clouer dos au matelas. Il m'enjambe, afin de me toiser de toute sa hauteur.

Allongée et offerte entière à son regard, je le laisse profiter à son tour du spectacle. J'adore cet instant fait d'une complicité que je n'aurais pas crue possible. Il y a plus que du désir et du feu entre nous, il y a de la compréhension.

— Vous êtes une bien singulière créature, Miss Frémont. Téméraire et obstinée. Indomptable et incontrôlable.

— J'en ai autant à votre sujet, monsieur Wallace.

Ses yeux verts piqués d'or se mettent à briller avec une intensité nouvelle. Cela me touche plus que ce que je peux me l'avouer, car je suis à l'origine de cette lumière, j'en suis l'inspiratrice. Je murmure :

— Quoi ?

— Personne ne m'a jamais appelé comme ça.

L'émotion m'envahit. Si seulement il suffisait de dire les choses pour conjurer le malheur !

— J'aime bien la façon dont mon nom sonne dans ta bouche.

— J'aime bien le prononcer.

— J'ai envie de toi.

— Et je suis là.

Lachlan appuie son corps sur le mien pour le recouvrir. J'accroche mes jambes aux siennes et noue les bras autour de son cou. Nous bougeons à peine l'un contre l'autre et laissons nos peaux se souder, comme si elles ne constituaient plus qu'un seul épiderme. C'est la première fois que nous nous abandonnons à la tendresse et à la banale douceur.

Et peu à peu nous créons la magie entre nous. Celle qui produit les miracles : une seconde je sens la chaleur de ses bras irradier tout mon être et sa respiration rythmer la mienne, la seconde d'après, je sombre enfin dans un sommeil sans rêve, sans cauchemar, sans hallucination.

Le lendemain, en me réveillant, je prends conscience qu'il ne s'est rien passé durant la nuit. Aucun trouble, aucune interruption, rien. Le vide, l'oubli, la paix.

Je suis seule dans la chambre. Lachlan m'avait prévenue qu'il devrait se lever très tôt et, pour une fois, je dormais si profondément que je ne l'ai pas entendu se lever. Je joue les chats paresseux et prends le temps de m'étirer à plusieurs reprises.

Quand je m'assois sur le lit, je remarque un mot posé en équilibre sur la table de chevet.

Je déplie le papier et lit :

Je te regarde.

Je ne réalise qu'au bout de plusieurs secondes que je souris. Après avoir secoué ma chevelure en espérant mettre de l'ordre dans mes idées, comme si les racines capillaires avaient un lien privilégié avec les neurones, je me lève et m'habille. Je vérifie l'heure, je suis en retard pour les derniers essayages de ma tenue avec Lily.

Quoi qu'il se joue dans cette soirée, je sens qu'une page est sur le point de se tourner.

Chapitre 20

Le jour du gala de la nuit des houles, tout Redstone est en effervescence — plus encore que pour la fête caritative de Catherine. Pour cette nouvelle célébration, les murs, le mobilier, les fondations et l'ensemble de ce qui constitue le bâtiment entre en crise d'hyperactivité.

En traversant le hall, j'ai du mal à me frayer un passage jusqu'au couloir des chambres du personnel. Les fleuristes, les serveurs et la garde rapprochée de M. André tourbillonnent en un ballet serré qui donne l'impression de s'emballer. On jurerait que quelqu'un est en train de passer la scène en accéléré. Les bouquets de lys et de roses volent au-dessus des têtes, les plateaux en argent flottent entre les corps et des grooms poussent des portants accablés de costumes impressionnants selon un code de la circulation et des priorités qu'eux seuls connaissent.

Cinq minutes dans ce chaos et j'ai la tête qui tourne. Je slalome entre toutes ces personnes qui crient autant qu'elles parlent, rient autant qu'elles se plaignent, en manquant de percuter au moins deux plateaux de piles d'assiettes. Après moult péripéties et un drame évité de justesse avec un petit chien dont je ne peux identifier l'espèce, j'arrive enfin devant la porte de Lily.

— Ah, te voilà ! lance-t-elle avec enthousiasme lorsqu'elle m'ouvre. Je l'ai terminée, j'ai tellement hâte que tu l'essayes !

— Je ne te mets pas en retard, j'espère, je me suis un peu oubliée, ce matin.

— Non, j'ai encore une bonne heure devant moi.

Je quitte mes vêtements et, avec son aide, j'empile la culotte bouffante, l'armature du faux cul, un premier jupon, un second, puis le corset, puis la robe. Quand, enfin, je suis entièrement parée de la robe de bal d'inspiration 1880, je vois dans les yeux de Lily que la magie opère.

Je me poste devant sa psyché et j'en ai le souffle coupé. La soie sauvage couleur or donne au travail du drapé un relief incroyable, comme si mon corps avait été recouvert d'une laque précieuse. Un galon noir épais souligne les différentes longueurs de la jupe qui se superposent en cascade, retenues d'un côté par deux gros nœuds de velours noir. La tournure me fait une cambrure de reine et le bouffant de la structure crée une traîne à multiples couches. Ma taille étranglée par le corset met en valeur ma poitrine couverte d'un jabot de dentelle légère qui remonte jusqu'à mon cou.

— Lily, c'est une œuvre d'art ! Pourquoi ne travailles-tu pas avec Redstone ? Avec leur clientèle aisée et le nombre de mondanités qu'ils organisent chaque année, je suis sûre que ton nom ne tarderait pas à circuler.

— Oh non, ils n'ont pas besoin de moi, ils ont des vrais couturiers, se défend-elle, en tournant autour de moi pour traquer le moindre défaut dans la mise en place de la tenue.

— Excuse-moi, mais tu crois que tu es quoi, exactement ? Un lapin en tutu ?

Elle me dévisage. Je sens bien que cette métaphore, je suis allée la chercher un peu loin.

— Tu es une couturière, Lily, et une sacrée bonne couturière, crois-moi ! Comment n'as-tu jamais pensé à vivre de cette passion ?

— Tu sais, j'ai pas fait d'école particulière, j'ai tout appris avec ma grand-mère et ses amies.

— Et alors ? La plupart des grands couturiers n'ont pas fait d'études dans la mode. Ils se sont lancés, parce qu'ils avaient un don et un savoir-faire. Ce que tu as.

Elle me fixe, incrédule, et je comprends bien qu'elle n'accorde aucun crédit à ce que je dis. Une fois la fête terminée, il va falloir que nous ayons une conversation.

— En tout cas, compte sur moi, ce soir, pour dire à tout le monde qui a fait ma robe.

— C'est gentil, mais j'espère surtout que les autres ne seront pas plus jolies.

— Je n'ai aucune crainte là-dessus. Maintenant, je vais te laisser aller travailler en te remerciant encore mille fois : je vais me sentir si majestueuse, ce soir ! Un jour, je te le promets, je te rendrai la pareille et je te ferai vivre une soirée inoubliable. J'ai quelques relations !

— Je l'ai surtout fait parce que j'en avais envie.

— Pareil pour moi. Bien, je quitte cette merveille jusqu'à tout à l'heure.

— Ah non, tu ne peux pas. Il faut être deux pour la passer et je ne serai pas disponible après.

— Heu... d'accord, alors, question pratique : comment procède-t-on pour s'asseoir sur les toilettes ?

Les yeux de Lily s'écarquillent et je n'aime pas ça.

— Bah, on procède pas. Pour ça qu'il paraît qu'elles faisaient pipi debout. J'ai lu ça je ne sais plus où.

— Lily, il est à peine 11 heures...

— Ce n'est pas moi qui crée les modes. Et puis, ne t'inquiète pas, j'ai tellement serré ton corset que, d'ici une petite heure, tu ne devrais plus sentir aucun de tes organes.

— J'imagine que ça prouve qu'ils ne servent à rien...

— Ou alors, tu te trouves un assistant de toilettes. La dignité, c'est très surfait.

Je ressors donc de la chambre de Lily, déjà apprêtée pour le soir et priant pour que ma vessie soit coopérative, alors que j'ai eu la stupidité de boire un thé, il y a quarante minutes.

Quand je remonte en direction de ma chambre, je croise des clientes qui courent de chambre en chambre en petite tenue et des papillotes plein les cheveux. Les festivités ont déjà commencé. Lorsque deux d'entre elles me croisent, je vois dans leurs yeux que la robe de Lily est telle que je le pensais : époustouflante.

Étant coincée quelques heures à l'hôtel sans trop pouvoir bouger, je décide de rendre visite à Lady Catherine. Je suis curieuse de voir la toilette qu'elle a choisie, ainsi que les bijoux.

Comme elle ne fait rien comme les autres, elle ne dispose pas d'une chambre mais d'une suite double. Celle-ci se compose de deux chambres, deux salles de bains et d'une grande salle à manger centrale, sans doute la seule zone géographique commune à monsieur et madame. Lorsqu'elle tient salon, elle entend le faire savoir en laissant sa porte entrouverte. Une façon de signifier aux autres clients du même étage qu'ils ne sont que tolérés dans ce qui est, en fait, l'une de ses dépendances.

Les gens extrêmement riches sont partout chez eux.

Quand je me rapproche de ses appartements, j'entends très distinctement deux voix, la sienne tout d'abord, que je reconnais sans difficulté, puis la seconde que je n'identifie qu'au bout de plusieurs secondes et qui appartient à Charlotte Wallace.

Ce séjour à Redstone m'aura appris deux choses : prendre avec philosophie les humeurs d'un temps schizophrène et écouter aux portes. La seconde étant plus marrante que la première. Me voilà donc à réitérer l'expérience en m'approchant à pas de velours à moins d'un mètre de l'embrasure de la porte. Je fais face au couloir, afin de me remettre en marche si jamais quelqu'un arrive.

L'échange, même mondain, entre ces deux personnalités hors du commun ne peut être que délicieusement croustillant. Je suis surprise de ne pas avoir pensé plus tôt qu'elles pouvaient se connaître. La maîtresse des lieux d'une part, et l'une des clientes les plus prestigieuses de l'hôtel, de l'autre, toutes deux foulant la moquette précieuse de Redstone durant sans doute plus de la moitié d'un siècle. Il y a forcément eu des points de convergence.

— Tu ne peux pas t'empêcher de fourrer ton nez dans les affaires de la famille, quitte à créer plus de problèmes que de solutions ! jette Charlotte avec ressentiment.

— J'étais persuadée que *créer des problèmes* était au contraire la marque de fabrique des Wallace, réplique Catherine sur un ton un peu trop affable pour ne pas être hypocrite.

— Tu sais très bien de quoi je parle.

— Eh bien, sur ce point, nous sommes d'accord. Une autre tasse de thé, ma chère ? Notre haine mutuelle ne doit pas nous faire oublier nos bonnes manières, ne crois-tu pas ?

— Cesse d'aiguiser la colère de Lachlan comme tu aiguiserais un poignard. Cela risque de se retourner contre lui et de lui faire du tort. Je ne peux pas le protéger de lui-même, s'il décide d'emprunter le chemin de la vengeance.

— C'est nouveau ça, cette soudaine empathie pour le fils de ta rivale. Ce sentiment ne te va guère au teint.

— Il est aussi le fils de mon défunt mari, corrige sèchement Charlotte.

— Qui te rappelle à jamais que, pour lui, tu n'étais pas un choix d'amour, mais de raison.

— Tu sous-estimes la force des unions par intérêt. Les échecs cuisants de tes propres mariages auraient pourtant dû t'apprendre que la passion est instable, volatile et fragile. Tout le contraire de ce que nous étions, Richard et moi.

— Pour arriver à t'en convaincre, tu en as avalé, des couleuvres, n'est-ce pas ? Au point de tolérer sous ton propre toit la maîtresse de ton époux, le grand amour de sa vie et, pire que tout, le fruit de leurs étreintes. Tout ça au nom de la réputation et de la gloire des Wallace. En valaient-elles vraiment le coup ?

— Je connais tes sentiments à l'égard de Lachlan. Tu as reporté sur lui l'affection que tu avais pour sa mère. Tu as perpétué son souvenir en t'attribuant le rôle de bienfaitrice et quand cela a été le bon moment, tu l'as fait venir ici revendiquer un trône qui ne lui a jamais appartenu.

— Ton instinct maternel te rend si peu objective !

— Au contraire. Crois-tu que j'ignore toutes les qualités que possède Lachlan, quand la chair de ma chair en est dépourvue ? Crois-tu que je n'ai pas passé des nuits blanches à me demander pourquoi Dieu avait maudit notre union, pourtant sacrée à ses yeux, tandis qu'il bénissait l'adultère ?

— Sans doute parce que Dieu n'aime pas les hypocrites.

— Ça te va bien de dire ça.

J'entends un bruit de chaise et recule légèrement. L'une des deux s'est levée et mise à marcher.

— Ça fait longtemps que je sais qu'il est impossible

d'avoir une discussion avec toi, reprend Charlotte, dont les intonations me semblent plus faibles. Comment pourrais-tu saisir le sens du mot « sacrifice », toi qui n'as jamais eu à te battre pour rien dans la vie ? Si, comme je le crois, tu aimes sincèrement Lachlan, je t'en prie, stoppe-le. Qu'il se tienne éloigné du conseil d'administration et de Glen.

— Qui choisiras-tu, Charlotte ?

— Que veux-tu dire ?

— Quand Glen va tomber, et crois-moi il tombera, peut-être pas aujourd'hui ni demain ou encore le mois prochain, mais ça arrivera tôt ou tard. *Quand il tombera*, donc, qui choisiras-tu ? Ton fils, ou la mémoire de ton cher époux, que tu as adoré en dépit de tout ?

— Laisse ma famille tranquille, l'avertit Charlotte avec une froideur qui me glace le sang, ou je te montrerai ce qu'il en coûte de te mesurer à moi.

Je fais volte-face, cours à l'une des extrémités du couloir et me colle contre une porte, farfouillant au niveau de la poignée comme si j'étais en train de glisser la clé dans la serrure. J'entends Charlotte sortir des appartements de Catherine et claquer la porte derrière elle. Je patiente quelques instants avant de me retourner et de constater qu'elle a déjà disparu dans l'escalier.

Je reste un moment figée comme un piquet, tandis qu'un flot de pensées m'assaille. La complicité de Catherine et Lachlan va bien au-delà de ce que je supposais. Pourquoi Lachlan m'a-t-il caché le fait qu'elle a été pour lui une sorte de marraine ? Pourquoi Catherine me l'a-t-elle caché également ? Je sens la colère monter, rouler et gonfler dans ma poitrine, avant d'envahir ma gorge et mon cerveau. Je suis fatiguée de faire partie des pions d'un jeu d'échecs.

Sans m'en rendre compte, mes pas m'ont portée

jusque devant la suite de Catherine. Je n'hésite pas, je frappe fort.

— Entrez ! lance-t-elle à travers la porte.

J'entre et je vois que ma mise l'impressionne, mais, très vite, elle comprend à mon air grave que je ne suis pas venue pour faire dans la superficialite.

— Eh bien, très chère, vous avez la tête de Brutus juste avant qu'il ne plante un poignard dans le dos de César.

— C'est une chance pour vous, votre dos se trouve plaqué contre le dossier de la chaise.

— Venez donc vous asseoir et dites-moi ce qui semble tant vous contrarier.

— Lachlan et vous êtes proches, n'est-ce pas ?

— Oh ! Lachlan et moi avons quelques réserves à propos de la notion de proximité humaine.

— Ne jouez pas sur les mots, Catherine.

— J'étais surtout très proche de sa mère. Une femme formidable à qui vous ressemblez beaucoup, d'une certaine manière. Quand elle a débarqué à Redstone, elle l'a littéralement illuminé de sa présence.

— Ainsi que Richard Wallace.

Le regard de chouette de Catherine se met à s'enflammer.

— Mais j'ignorais que Lachlan et vous étiez assez intimes pour en savoir autant sur son histoire, je m'en réjouis !

— Pourquoi jouer cette comédie de l'ignorance mutuelle ? Surtout devant moi. Je ne suis rien dans vos complots shakespeariens.

— Vous avez raison, c'est bien un peu de Shakespeare qu'il s'agit ici. Nous sommes face à une vieille famille qui a beaucoup de secrets à cacher et beaucoup de cadavres empilés dans ses placards. Un clan qui a nourri des haines fratricides et qui met les générations en concurrence. Des trahisons, des adultères, un héritage, de l'argent… Tout est là pour ravir l'imagination des plus grands dramaturges.

— Quel rôle jouez-vous dans tout ça ? Une sorte de Puck infernal ?

— J'aime à penser que je suis plutôt une inspiratrice. Je ne sais pas trop ce que Lachlan vous a raconté de son enfance, mais moi, j'en ai été témoin et je peux vous dire qu'aucun enfant ne devrait avoir à subir ça. À n'être que la tache qu'on essaye de cacher sur la belle nappe en posant un vase juste dessus, ou le murmure qui agace et qu'on n'écoute jamais. On l'a obligé à vivre avec sa famille, tout en lui faisant comprendre qu'il n'en faisait pas partie. Au lieu d'assumer et de lui rendre sa liberté pour lui permettre de se construire loin de ce clan, ils l'ont gardé près d'eux, ils l'ont surveillé et ont étouffé en lui toute notion d'espoir et d'indépendance. Ils ont littéralement tué son horizon.

Ma gorge commence à me brûler et enfle sous l'émotion.

— Cependant, le destin est quelque chose d'assez étrange, car là où la plupart des autres petits garçons se seraient affaiblis et seraient devenus des adultes craintifs, peureux et dépendants, Lachlan a développé une force morale et une volonté hors du commun. L'ironie du sort, voyez-vous, veut qu'ils aient eux-mêmes créé le serpent dans leur jardin d'Éden.

— Et vous avez veillé à le cacher dans les herbes hautes.

Pour la première fois, quelque chose de l'ordre de la douleur et de la vulnérabilité passe dans le regard de Catherine et, *pour la première fois*, j'ai l'impression de voir dans son âme.

— C'est moi qui ai alerté Lachlan sur les problèmes que j'avais remarqués dans le fonctionnement de Redstone. Je n'avais aucune certitude, mais mon instinct ne m'a jamais trahie. Je savais qu'il se passait quelque chose.

Bien entendu, sa venue devait paraître anodine à Glen. Un audit est désagréable, mais reste normal. Et si Glen avait remarqué que Lachlan et moi nous connaissions et étions proches, il se serait méfié. Il est convaincu que Lachlan est un imbécile à qui on fait l'aumône d'un poste sans importance, parce qu'on ne laisse pas un Wallace à la rue. Car, même bâtard, Lachlan reste un Wallace. Cependant, cette méconnaissance des qualités de son frère a largement facilité son travail, je dois dire. Il n'a rien remarqué.

— Comment Glen peut-il ignorer que Lachlan et vous vous connaissez depuis toutes ces années ?

— Contrairement à son demi-frère, Glen n'a pas été élevé à Redstone mais à Londres, et j'ai toujours veillé à rester discrète dans mes interventions. Charlotte est la seule à avoir compris la nature de l'affection et du lien que j'avais avec le fils de son époux. C'est une femme de l'ombre d'une redoutable intelligence.

— Une femme pleine de rancœur et de colère, aussi.

— Vous l'avez bien cernée. Mais elle est surtout brisée. Vous savez, ma chère, je crois que dans ses délires les plus fous, quand elle s'autorise à rêver sa vie, elle imagine que Lachlan est son fils, car il est tout ce qu'elle admire chez un homme, à l'inverse de Glen. De plus, elle voit en lui quelque chose dont elle ne peut se défaire.

— Quoi ?

— Elle voit Richard. Lachlan est son portrait craché. Il n'a gardé de sa mère que ses yeux, mais tout le reste est dans la pure lignée des chefs de famille du clan. Chaque fois qu'il entre dans une pièce où elle est, je pense qu'elle retient son souffle parce qu'elle doit revoir Richard à l'époque où il était un jeune homme qui lui faisait une cour sauvage, à l'époque où il satisfaisait son puissant appétit de vie et de conquête, en dévorant le monde.

Glissant sur moi un regard plein de sous-entendus, elle se penche dans ma direction tel un serpent se rapprochant de sa proie.

— Vous savez bien de quoi je parle, n'est-ce pas ? Les leaders de ce clan ont en eux cette fureur invincible et brûlante qui agit comme un aimant. Je savais que si vous vous côtoyiez tous les deux, le feu prendrait. Vous avez la même rage de vivre.

— Pourtant, si je me souviens bien, vous avez insisté pour que je me rapproche de Glen.

— Oh ! je savais qu'il n'y avait aucune chance pour que vous succombiez à son charme banal. J'avais juste besoin que vous occupiez un peu ses pensées, de façon à le déconcentrer.

— J'ai été un pion, en somme.

— Vous n'avez pas la nature d'un pion et vous le savez.

— Que me cachez-vous encore, Lady Saint-Andrews ?

— Rien. Je vous en donne ma parole.

— Quelle valeur accordez-vous à cette parole, si on compte les mensonges ?

Elle marque un silence pendant lequel elle paraît chercher dans ses souvenirs. J'ignore si c'est un reflet de la lumière ou mon imagination, mais, l'espace d'une seconde, je crois déceler une larme au coin de son œil.

— Je vous jure sur le souvenir du seul homme que j'aie jamais aimé que, cette fois, je vous dis la vérité.

Durant cet instant de confidence sincère, elle semble si fragile, prête à se briser en des milliers de petits morceaux plus légers que des grains de poussière. La vérité me frappe alors de plein fouet.

— Oh mon Dieu, Catherine, l'homme dont vous

parlez, c'est Richard. Vous étiez aussi amoureuse de Richard Wallace...

Je suis certaine qu'elle vient d'arrêter de respirer. Elle donne l'impression de s'être figée, telle une statue de sel. Et puis, elle s'anime à nouveau, possédée par une énergie nouvelle et flamboyante.

— Je suis votre alliée, Catherine, dites-moi quel rêve danse derrière vos yeux si vifs ?

— Je veux que Lachlan prenne la place qui lui revient et, pour ça, je ferai tout ce qui est en mon pouvoir. M'aiderez-vous dans ce coup d'État ? M'aiderez-vous à déplacer la couronne ?

Lui saisissant la main et la serrant avec force, je me rapproche de son visage et murmure sur le ton du secret :

— Qui d'autre que les femmes font et défont les rois ?

Chapitre 21

18 heures. Redstone délaisse sa ligne du temps pour une éternité colorée et festive. D'immenses chandeliers remplacent l'éclairage moderne et poudrent l'atmosphère d'or. Des musiciens jouent des mélodies anciennes avec des violons, des percussions et des cornemuses, et les serveurs ont tous revêtu des costumes d'époque. Je pense à Lily et à sa reconversion ; il y en aurait, des commandes à honorer ! En me dirigeant vers la grande salle de réception, je croise de plus en plus de convives. Les tissus des costumes s'enrichissent, les broderies se multiplient et les bijoux scintillent en nombre. Les toilettes des femmes éclatent en couleurs et en bouquets, tandis que celles des hommes rehaussent l'inflexibilité de leur stature.

Face à tant de beauté, mon cœur se pince sous l'effet d'une tenaille qui sort de nulle part. Je ralentis et pose la main sur mon décolleté. Puis je prends une longue inspiration, puis une deuxième, une troisième... Je suis sûre qu'il y a une bête enragée terrée entre mes côtes et, dès qu'il lui prend l'envie, dès qu'elle juge que la joie tourne un peu trop autour de moi, elle ouvre sa gueule pleine de crocs et mord encore et encore.

Quand je parviens à reprendre le contrôle de mon

corps, je poursuis mon chemin et glisse entre les tournures et les kilts, munie d'une coupe de champagne qu'on nous sert sans discontinuer. Je croise Charlotte Wallace en tenue vert émeraude et parure assortie. Nous échangeons un regard et elle me gratifie d'un salut un peu froid, bien que je décèle en elle une indéniable curiosité. Glen est déjà à son poste ; il parade en seigneur des lieux. Alors que je m'approche stratégiquement de son cercle, j'aperçois Lily avec, dans les mains, un plateau où s'empilent des verres de différents alcools. Elle virevolte avec grâce entre les invités et se présente devant Glen, lequel s'empresse d'échanger sa flûte vide contre une autre pleine. Elle et moi échangeons un clin d'œil discret. À ce train-là, dans deux petites heures, Glen sera incapable de distinguer un humain d'une enclume.

Le cortège des amuse-bouches vient vite accompagner les vins, les conversations sont déliées, sympathiques et bruyantes. J'échange quelques politesses avec plusieurs invités, jusqu'à ce que Glen me remarque et se dirige vers moi.

— Miss Frémont, vous êtes époustouflante dans cette tenue !

— La soie sublime tout ce qu'elle touche, paraît-il.

— Je pense que vous lui facilitez un peu la tâche.

Je fais mine d'être sensible à sa flatterie.

— C'est une bien belle fête. Encore une fois, je suis impressionnée par ce que dégage Redstone. Il peut être à la fois si humble, presque rustique, et si baroque et lumineux.

— On dirait que vous êtes tombée sous le charme de cet endroit. Vous en parlez presque comme d'un être vivant.

— Je crois que les vieilles pierres sont capables de

garder en elles une parcelle des vies dont elles ont été les gardiennes.

— Voilà des paroles bien mystérieuses.

Pour une fois que je fais un peu dans la poésie…

— Mais votre verre est vide ! s'exclame-t-il avant de faire signe à un serveur.

— Merci.

Je m'empare d'une coupe dans laquelle je trempe à peine les lèvres. Il reprend la parole et parle de voyage et de la France, qu'il a plusieurs fois visitée. Il en vante les charmes, mais aussi les aspects insolites de nature à désarçonner l'esprit britannique. J'avoue que j'écoute une phrase sur deux. Glen est un magnifique trompe-l'œil, ce qu'il vous donne à voir n'est jamais ce qu'il est réellement. Il ressemble à l'un de ces princes charmants de contes de fées, mais il y a une raison pour que ces histoires se terminent au mariage des héros. Il faut bien plus qu'un bel emballage et que de belles paroles pour que dure une union dans le respect et l'amour. Qui sait quel homme se cache sous le vernis de la courtoisie et du charme ?

Depuis que des soupçons de trafic d'art pèsent sur lui, mon regard sur sa personne a changé. Bien entendu, je ne peux m'empêcher de faire le lien entre le cambriolage de la galerie de Paul et le vol des œuvres de Redstone.

Est-ce que tout ça a un sens ? Est-ce que l'Univers tente de me dire quelque chose ? Quelque chose de plus ?

Cette histoire de détournement fait écho, de manière horrible, à ma propre histoire et me laisse démunie. Que n'ai-je pas réussi à comprendre ? Que n'ai-je pas réussi à apprendre pour me retrouver ici à sauver des œuvres, quand ces mêmes œuvres m'ont coûté si cher à Monaco ? Je me demande s'il n'y a pas des vies condamnées à certaines douleurs, comme un schéma qui se répète. Si c'est le cas, y a-t-il un message caché derrière ? Ma tête recommence à me faire mal.

Arrête de penser, pitié, cesse de me tourmenter...

Ce n'est qu'au bout d'une heure et demie que je remarque la présence de Lachlan. Je ne sais pas à quel moment il est entré dans la salle, ni s'il m'observe depuis longtemps. Malgré la vingtaine d'invités qui nous séparent, je distingue parfaitement son regard appuyé sur moi. Vêtu d'un costume noir dont l'austérité élégante lui donne l'air d'un dandy, il se tient immobile et en retrait, presque dans l'ombre. Il me semble alors que tout ce qui m'entoure disparaît, comme si nous n'existions plus que dans les yeux de l'autre et que c'était suffisant. Je sais qu'il me trouve particulièrement belle ce soir, je le lis dans les étincelles de ses iris si pénétrants.

« Je te regarde. »

Pour la première fois, je me demande ce qu'il adviendra de cette famille si nous trouvons des preuves des malversations de Glen. Je crains que, si le clan fait le choix de couvrir son héritier légitime, la colère de Lachlan ne se déchaîne et ne provoque l'explosion des Wallace. D'une certaine façon, j'aiguise sa lame, tout comme Catherine. Serais-je assez forte pour assumer l'apocalypse qui pourrait s'annoncer ?

Les heures défilent, la fête bat son plein. L'alcool mélange les groupes et facilite les échanges. Les gens se sont mis à danser sur des musiques d'un autre temps. Un maître de danse dirige et guide les redowas, les scottish et autres chorégraphies du passé. Je regarde discrètement ma montre : déjà minuit. La figure de Glen est rouge ; il parle fort, très fort. Je pense que Lily et ses collègues ont très bien fait leur travail. Il est temps pour moi d'accomplir la mission pour laquelle je me suis rendue à ce bal.

Lachlan m'a expliqué où se trouvait le bureau et Lily s'est arrangée pour glisser un petit morceau de tissu au niveau de la serrure, afin que la porte ne se referme pas au moment où les femmes de ménage ont terminé leur besogne à l'étage. Je prie pour que personne n'ait eu l'idée de retourner dans le bureau après 17 heures. Comme prévu, les résidents de l'hôtel sont presque tous rassemblés au rez-de-chaussée, dans la salle de réception, ou bien dans le jardin qui la jouxte. Dans l'escalier, je ne croise aucune âme, si ce n'est celle d'un ou deux serveurs trop paniqués et exténués pour faire attention à moi. Je compte les portes à l'étage où je me trouve, puis je m'arrête. L'excitation monte en moi lorsque je remarque le petit morceau de tissu qui dépasse de la serrure. Portant la main sur la poignée, je retiens mon souffle et je pousse.

J'entre dans le bureau et referme derrière moi. J'allume. La pièce est large et la décoration surchargée. Les murs rouges sont couverts de toiles de maîtres d'une valeur inestimable. Je commence à les observer méticuleusement, car Lily n'a pas été très précise au moment où elle m'a fait la description du tableau derrière lequel se trouve le coffre.

Je reste une seconde en arrêt face à une toile de Hunt, représentant un bouc et nommée *Le Bouc émissaire*. Je me souviens avoir étudié cette peinture en quatrième année. Je pourrais la toucher...

Allez, on reste concentrée, ma fille... Cherche un tableau « avec plein de taches d'encre et du rouge baveux ». Merci, Lily, tu parles d'une citrique d'art !

Et soudain, le miracle a lieu.

Trouvé !

Il s'agit d'un William Turner qui date de 1840, et

la tache *rouge baveux*, c'est l'entrepôt de la tour de Londres submergé par les flammes. Je glisse les doigts derrière le cadre en tentant d'y déceler une sorte de petit loquet. Je finis par le sentir, tire dessus et fais pivoter le tableau comme s'il avait été une porte.

Contre le mur ainsi découvert, apparaît la façade d'un coffre dont la modernité tranche avec tout ce qui se trouve autour. Je m'empresse de taper le code donné par Lily. Si je me mets à réfléchir à ce que je suis en train de faire, je vais partir en courant. Alors je fonce, et recommence à respirer quand le coffre s'ouvre.

Je jette un coup d'œil à l'intérieur. Il est composé de trois petites étagères ainsi que de compartiments. J'essaye de ne rien déranger, mais suis obligée de déplacer certains documents. Soudain, dans le fond, j'aperçois un morceau de cuir rouge foncé qui dépasse d'une pile de dossiers. Rouge foncé ou bordeaux. Personne ne sait la reconnaître, cette couleur. Lily a raison. J'ai l'impression que mon cœur va bondir hors de ma poitrine. Je m'en empare et le glisse dans une poche que Lily a cousue sous l'un de mes jupons. Je referme le coffre, rabats le tableau et pivote pour sortir rapidement de la pièce.

Une douleur me comprime la poitrine, si fort que j'ai l'impression de faire une crise cardiaque. Face à moi, Glen se tient à la poignée de la porte, laquelle lui sert plus de béquille qu'autre chose. Une seconde interminable s'écoule pendant laquelle aucun son ne sort de nos bouches respectives. Mon cerveau est paralysé, plus aucune idée ne me vient, pas même la plus petite, *pas même* un embryon de réflexion. Je prends conscience de ce que ressentent les opossums quand le danger les surprend. Leur technique d'immobilisation est affligeante, c'est confirmé.

— Glen !

Ma voix grimpe dans les suraigus. Il est surprenant qu'aucun chien des alentours ne se soit mis à hurler.

— Sofia ? s'étonne-t-il — et pour cause. Que faites-vous là ?

— Je... heu... j'étais sûre qu'il y avait des toilettes par ici ! Je crois que j'ai un peu bu... Je ne sais plus trop ce que je fais.

J'éclate d'un rire forcé, absolument pas naturel, mais ça ne peut pas être pire que l'excuse des toilettes. Glen me dévisage, les pommettes poudrées d'une nuance cramoisie, et je n'arrive pas à savoir si c'est à cause de la chaleur ou de la colère. Puis, il se met à rire très fort. Ça sonne assez vrai chez lui. En fait, contrairement à moi, il est vraiment soûl. Le constater m'arrache un énorme soupir de soulagement. Nous voilà donc nous bidonnant comme de grosses baleines, et je suis bien certaine que ni lui ni moi n'en comprenons la raison.

Quand il s'arrête pour reprendre sa respiration, je fais de même. Quelque chose dans ses yeux change.

Oh merde... il va se mettre à roucouler.

Bien que l'art de la séduction ne soit pas ma spécialité première, je sais reconnaître le désir de posséder et de consommer sa proie dans le regard d'un homme. Je recule discrètement jusqu'à ce que mes fesses, ou plutôt mon faux cul, heurte le bureau. Glen s'approche tel un félin qui aurait une stabilité un peu contrariée.

— Est-ce que je vous ai dit à quel point je vous trouvais belle, ce soir ?

— Non... Si... non ?

— Vous êtes la reine de ce bal, la créature la plus exquise de cette soirée !

Il est presque à ma hauteur.

— C'est très gentil de votre part. Mais, en fait, au

départ, je cherchais les toilettes qui ne sont pas là, clairement, donc je vais tâcher de les trouver. Ailleurs.

Je me décale et m'apprête à le dépasser, quand il me saisit par le bras et m'avale dans une étreinte brutale.

— Glen ? Je crois que c'est une très mauvaise idée...

— Oh non, c'est une excellente idée, au contraire ! me souffle-t-il dans le cou.

Je laisse échapper un petit couinement quand je réalise qu'il est en train de me mordiller le lobe d'oreille. J'essaye de m'échapper de son étau, mais l'alcool n'a pas altéré sa force, encore moins sa volonté. Je cherche un moyen d'échapper à son empressement qui n'impliquerait pas que je lui brise les organes reproducteurs, ce qui déclencherait, j'en suis certaine, plus de problèmes que de solutions.

— S'il vous plaît, on pourrait peut-être en discuter ? J'ai vraiment besoin d'aller aux toilettes.

Il n'en a rien à cirer, c'est merveilleux.

J'ai l'impression de porter un poids mort tant il m'écrase contre le bureau. Je ne sais pas ce qu'il fabrique, mais je crois qu'il est en train de me baver dans le cou.

Bon, allez, ça suffit !

Alors que je m'apprête à remonter le genou en direction d'un endroit très stratégique, Glen bascule brusquement en arrière et, comme il est agrippé à moi comme une huître à son rocher, je manque de le suivre dans sa chute.

Je ne tarde pas à comprendre la raison pour laquelle il se retrouve étalé de tout son long sur le parquet luisant du bureau. Lachlan se tient juste devant moi, le visage aussi dévoré de colère que de mépris lorsqu'il regarde son demi-frère, qu'il vient d'envoyer valdinguer au sol. J'ai le réflexe de retenir son bras, ayant peur qu'il se jette sur Glen. Celui-ci a l'air mal en point ;

il ne bouge plus et sa tête renversée a une expression absente un peu alarmante. Une fraction de seconde, j'imagine le pire.

— Oh non, il ne bouge plus !

— Je l'ai à peine touché, se défend Lachlan avec une grande mauvaise foi.

— Au temps pour moi, j'ai cru que tu lui avais arraché la colonne vertébrale, tellement il a décollé. C'est du parquet, pas de la moquette !

— À un moment j'ai eu l'impression que tu prenais sa défense, mais ce n'est qu'une impression, heureusement.

— Je ne prends pas sa défense, je veux juste m'assurer que tu ne l'as pas tué.

— Est-ce qu'on pourrait laisser de côté l'exagération à la française et se concentrer sur l'action ?

— Et la subtilité écossaise, on en parle... ? Tu étais censé le surveiller, c'était le plan.

— Il y avait beaucoup de monde et il bouge beaucoup, d'accord ! Et tu es partie sans attendre mon signe.

Soudain, de puissants ronflements s'élèvent dans la pièce et interrompent notre conversation. Lachlan croise les bras sur le torse et me toise d'un air triomphant. Je lève les yeux au ciel.

— Tu as de la chance !

— La plupart des gens parleraient plutôt de talent, mais je suppose que l'émotion trouble ton jugement, réplique-t-il en affichant un sourire en biais.

Je lui assène un léger coup de poing dans le plexus solaire avant d'enchaîner :

— Aide-moi à le mettre sur une des chaises.

— Pourquoi ? Le parquet lui va plutôt bien.

— Je ne sais pas, ça passera peut-être plus inaperçu ! Quand il se réveillera, il supposera qu'il s'est endormi. Il n'a pas remarqué qui se trouvait derrière lui, et vu son niveau d'ébriété, ses idées ne seront pas bien claires.

— Comme tu veux ! soupire Lachlan, avant d'attraper Glen sous les aisselles et de le soulever jusqu'à une chaise.

Le maître de Redstone ronfle comme un vieux tracteur, et n'a pas bronché d'un poil quand Lachlan l'a assis sans ménagement sur le siège.

— Satisfaite ?

— Oui.

— On lui met une petite couverture ? Un coussin ? On lui surélève les pieds ?

— Ton sarcasme n'a aucun impact sur moi, tu t'en es bien rendu compte ?

— Ne sabre pas mes tentatives.

— Alors, juste pour information, j'ai rempli ma mission. Moi.

Sortant le carnet de ma pochette secrète, je le lui agite sous le nez avec fierté. Il me dévisage en souriant.

— Miss Frémont, vous êtes décidément une femme exceptionnelle !

— Oui, ça me vient naturellement.

Prenant ma tête entre ses mains, il dépose sur mon front un baiser d'une tendresse incroyable.

— Tu me portes chance et tu m'inspires, murmure-t-il. Avec toi à mes côtés, tout semble possible.

Une vive émotion m'étreint le cœur au point qu'il dérape dans ses battements. J'entrouvre la bouche, mais rien n'arrive à sortir de ma gorge.

— Peut-être devrais-je t'attacher à moi ? Je prends goût à la victoire.

J'aimerais répondre, donner suite à ce qu'il vient de me dire, le valider, lui dire que je sais ce que lui coûte pareil aveu. Sauf que je reste muette, désespérément muette.

Ma pauvre Sofia, comment pourrais-tu être heureuse quand ta place n'est nulle part en ce monde ? Comment aimer sans retenue et penser à demain, quand demain n'est plus à toi.

Chapitre 22

La fin de la nuit se déroule de manière étrange, presque surréaliste. Lachlan et moi nous volatilisons du bureau de Glen, comme deux voleurs, et filons dans sa chambre, où Lachlan se plonge dans l'étude des notes figurant dans le carnet.

Le temps joue contre lui, et contre nous, car dès l'instant où Glen remarquera la disparition de son précieux calepin, il fera tout ce qu'il faut pour effacer ses traces. Lachlan étudie les comptes de Redstone depuis des années, il en connaît par cœur tous les mouvements financiers, les noms des tiers partenaires, les résultats comptables et tout ce qui, à un moment, est sorti ou entré dans le budget de l'hôtel.

Il s'attelle donc à trouver un lien entre les noms et les chiffres figurant sur les pages et les épisodes comptables dont il pourrait se souvenir. Je suppose qu'il espère prouver une répétition, en plus de la concordance de certains chiffres.

En l'observant si concentré sur le document, je me surprends à penser que la voie qu'il a choisie, celle de la fidélité à un père qui ne l'a pourtant jamais mis sur le même pied que son fils légitime, est bel et bien la plus douloureuse. Il aurait pu saboter Redstone.

En tant qu'expert financier, il lui aurait été facile de détourner de l'argent, encore plus facile de déstabiliser les fondations économiques du clan. Compte tenu de son histoire, qui aurait pu lui reprocher pareille vengeance ? Et pourtant, il lutte avec acharnement pour sauver un lieu qui a été autant sa prison que son foyer. Au-delà de la force du lien qui me sangle plus fort à lui de jour en jour, je ne peux cacher ma profonde admiration pour cet homme qui emprunte un chemin barré de ronces, délaissant celui couvert de sable fin.

Les âmes fortes poussent toujours entre les ronces.

Je reste à ses côtés un petit moment, mais ne lui suis d'aucune aide : dans ce domaine, je n'ai pas la moindre compétence. Il insiste alors pour que j'aille me reposer, je résiste, puis finis par céder.

La nuit est horrible. Cauchemars et rêves ubuesques mêlant agressions, bâtiments en feu, emprisonnement à la tour de Londres et boucs diaboliques polluent mon sommeil et fatiguent un peu plus mon inconscient. Peintures et réalité se superposent en donnant vie aux créatures et paysages suspendus aux murs de Redstone, comme si une dimension fantasmagorique s'était ouverte dans l'hôtel, nous faisant basculer dans le non-sens.

Au milieu de ces visions perturbantes, la voix de Mathilde m'appelle inlassablement. Je lui réponds, je sens bien qu'elle essaye de me dire quelque chose, mais j'ai beau me concentrer, faire silence en moi, elle parle si bas que je ne comprends rien. Alors je la fais répéter encore et encore. En vain, ses mots me parviennent toujours aussi étouffés.

Je sais, je ne suis pas à ma place.

Une ultime vision de bouc se tenant droit sur ses deux pattes arrière, et déformant sa gueule comme s'il voulait former des phrases intelligibles, m'extirpe définitivement du sommeil.

Je respire à nouveau. Je suis vivante.

Les bras en croix, le corps en travers du lit, je ne suis que sueur et désorientation. Je crois que j'ai vraiment peur. Je m'attends à ce que quelqu'un débarque dans la chambre et me traîne devant Glen, lequel aura dessoûlé et se sera rappelé m'avoir vue dans son bureau. Peut-être même qu'il y avait des caméras dans la pièce. Pourquoi je n'y pense que maintenant ? Les fées du génie criminel ont clairement loupé mon berceau.

Dans quelle galère tu t'es fourrée !

Après un moment à attendre que mes bourreaux cognent à ma porte, je finis par me décider à ramper jusqu'à la douche. Je commence par faire couler de l'eau très chaude, puis, petit à petit, je la refroidis en espérant que cela va m'éclaircir les idées. Pourquoi ces images de tableaux vivants persistent-elles à contaminer mon cerveau ? Impossible de m'en débarrasser, elles sont comme des flashs qui m'assaillent. C'est en train de me rendre dingue !

La sonnerie du téléphone retentit soudain et manque de me provoquer une crise cardiaque. Je sors en attrapant au passage une serviette et me jette sur le lit pour décrocher.

— Allô ?

— Eh ben, ça y est ? La belle au bois dormant daigne s'extraire de son lit de roses ? m'assène Archibald à l'autre bout du fil.

Je n'ai jamais été aussi heureuse d'entendre sa voix.

— Quelle heure est-il ?

— Presque 11 heures. Alors, est-ce que mon espionne venue du Sud a accompli sa mission ?

— Oui. Lachlan a le carnet, je pense qu'il a dû passer toute la nuit à l'étudier, mais je ne sais pas si ça a donné un résultat. De ton côté, tu as remarqué quelque chose de bizarre dans l'hôtel ?

— Non, les clients sont toujours aussi insupportables et mon équipe toujours incompétente. Je nage en pleine routine. Tu penses à quoi, quand tu dis *bizarre* ?

— Je ne sais pas... en fait...

— Oh pitié, ne m'oblige pas à te tirer les vers du nez, c'est vulgaire !

— Glen m'a surprise, hier soir, quand j'étais dans son bureau.

Son silence en dit long sur la gravité de la situation.

— D'accord... Et alors ? Tu l'as tué ?

— Très drôle.

— Bah, au moins, ça réglerait une partie du problème.

— Il était soûl. Lily a fait de l'excellent travail.

— Pour soûler les hommes, c'est la meilleure.

— Bref, j'avais déjà pris le carnet quand il est arrivé. Je lui ai sorti une excuse pas très brillante, je dois dire, et après, il m'a sauté dessus.

— Et tu as couché avec lui ?

— Mais non !

— Bah, ça *aussi*, ça aurait réglé une partie du problème.

— Lachlan a débarqué à ce moment-là.

— Je pense qu'il y a un peu trop de testostérone dans ton entourage, milady.

Pas faux.

— Donc, Lachlan voit rouge, il lui tombe dessus, le tire en arrière et l'envoie au sol. Glen s'affale comme une bûche et perd connaissance. Ou alors il s'endort directement, je ne sais pas, toujours est-il qu'il ronflait quelques minutes après être tombé.

Je marque une pause avant de poursuivre, avec un peu plus d'angoisse :

— Ma crainte, c'est qu'à son réveil, Glen se rappelle

la soirée et finisse par faire le rapprochement, quand il va ouvrir le coffre et constater que le carnet n'y est plus.

— De ce côté-là, tu as un peu de répit. Il a quitté Redstone à 9 heures, ce matin, et je ne crois pas qu'il ait eu le temps de repasser par son bureau.

— Il est parti ?

— D'après son emploi du temps, il a un rendez-vous et sera de retour dans l'après-midi.

— D'accord. Donc, quoi qu'il arrive, il faut que Lachlan trouve ce qu'il cherche avant son retour.

— C'est ça. Ou alors, vous vous enfuyez tous les deux au Zimbabwe.

— Génial ! Je ne suis même pas sûre de savoir où ça se trouve.

— Dans un endroit où il n'y a pas l'eau courante, je suppose.

— Super perspecti...

Je m'interromps, le souffle coupé, incapable de former le moindre mot.

Ça ne peut pas être aussi simple ! Il ne peut pas être aussi bête...

— Sofia ? m'interpelle Archibald qui ne m'entend plus. Sofia, tu es toujours là ?

— Archibald !

— C'est ça, c'est mon nom, on a les basiques, tout va bien.

— Quand est-ce que tu peux prendre une pause ?

— D'ici une heure, si je menace un collègue pour me remplacer, pourquoi ?

— Rejoins-moi devant le bureau de Glen.

— Holà, qu'est-ce que tu as en tête ?

— Prends un badge pour ouvrir la porte, c'est très important.

— Je ne voudrais pas avoir l'air de manquer d'enthousiasme, mais je sens que ce que tu as dans la tête s'apparente relativement à une infraction.

— Ne t'inquiète pas, si ce que je soupçonne est exact, personne ne pensera à te dire quoi que ce soit.

Il prend un instant de réflexion avant de se décider à me répondre :

— Bon d'accord, je te rejoins dans une heure, mais uniquement parce que je m'ennuie à mourir.

Une heure plus tard, je suis en train de faire les cent pas devant le bureau de Glen. Mon cœur bat aussi vite que si je venais de courir. Je noue mes doigts entre eux et mordille l'intérieur de ma joue. Je sursaute au moindre bruit et regarde ma montre. Si j'ai raison, je vais mettre un sacré coup de pied dans le nid de vipères des Wallace ! Mais je dois prendre sur moi ; il y a aussi de fortes chances que ma théorie ne soit que le fruit d'une nuit agitée et remplie de visions délirantes.

Archibald finit par apparaître au bout du couloir. Il rase le mur. Lui non plus n'a pas le génie criminel en option.

— J'espère que vous savez ce que vous faites, Miss Frémont.

— Aie confiance.

— La dernière fois que quelqu'un m'a dit ça, je n'ai pas pu m'asseoir pendant quinze jours.

Je préfère ignorer les images qui tentent de polluer mon esprit, afin d'éviter d'avoir à consulter plus tard un spécialiste pour me les retirer du crâne. Il déverrouille la porte avec le badge, et nous entrons aussi discrètement que possible. Une vague de stress me submerge lorsque je revois la pièce, la chaise et le parquet. Je prends une grande inspiration, puis je m'approche du *Bouc émissaire* de Holman Hunt. Plus je réfléchis et plus je me dis que l'ego et la prétention de Glen sont assez démesurés pour que ma théorie se vérifie. Je n'ai aucun mal à imaginer la jubilation de Glen répondant aux interrogations de Lachlan, certain que celui-ci n'avait aucun moyen de comprendre ce qui était pourtant la vérité.

— Aide-moi à décrocher le tableau, le cadre est trop lourd pour moi.

Archibald me dévisage, les yeux ronds comme des soucoupes.

— Tu veux voler cette horreur ?

— D'abord, ce n'est pas une horreur, c'est une très jolie toile d'un excellent peintre. Ensuite, non, je veux juste l'étudier.

— C'est un bouc qui a l'air plus suicidaire que ma tante.

Nous nous emparons chacun d'un coin du tableau et, après quelques tentatives aléatoires, nous parvenons à le décrocher du mur. Nous le posons délicatement droit sur le bureau et, tandis qu'Archibald le maintient en équilibre, je commence à l'examiner de près.

— Je peux savoir ce que tu cherches ?

— Un document.

— Vu les risques que nous prenons, j'espère que c'est la liste de courses de Churchill.

Je glisse les doigts dans l'interstice entre le cadre et la toile, je tâte le dos du tableau recouvert d'un fin papier, mais s'il y a quelque chose, c'est trop fin pour que je le sente. Alors je colle mon nez sur la jointure entre le papier et le cadre, afin de détecter si un coin n'aurait pas été décollé. Rien. Tout a l'air normal. Du coup, le doute m'assaille. Tout ça n'est peut-être que le fruit de mon délire et de mon désir d'apparaître aux yeux de Lachlan comme une héroïne ou un ange gardien. Je me rends compte à quel point j'ai besoin qu'il m'admire et qu'il me voie comme quelqu'un d'exceptionnel.

Magnifique, j'ai le syndrome de superman…

Je soupire avec force.

— Oh ! oh, ça veut dire quoi ça ? demande Archibald.

— Heu, j'ai rien dit…

— Si, tu as soupiré. C'est quoi, le problème ?

— J'ai juste respiré un peu fort.

— Non, c'était un *soupir.*

Il a raison. Pourtant, quelque chose en moi continue de hurler que je suis sur la bonne piste. C'est si fort, que je n'entends plus rien d'autre. Mon instinct ne peut pas se tromper à ce point. Ce n'est pas possible…

Oh et puis merde !

Je fouille le bureau et attrape un coupe-papier.

— Attends ! Attends, je ne te dénoncerai jamais ! se défend Archibald, en me voyant m'armer d'un objet tranchant.

— Très drôle…

Je déchire le papier recouvrant le dos de la toile et constate en le manipulant de près que c'est un papier récent. L'espoir me gagne à nouveau.

— Juste pour être sûr de ne pas paniquer pour rien, ça vaut dans les combien, ce genre de peinture ? s'inquiète Archibald.

— Dans les très très cher.

— Pour ce prix, le peintre aurait pu se fendre d'un peu de verdure autour de ce pauvre animal.

— Justement, c'était l'idée.

— Quoi ? L'idée du moche ?

— Non, celle de se moquer de certaines peintures animalières classiques et des canons d'esthétique de l'époque.

— En faisant du moche ?

À présent, j'ai détaché le papier sur près de la

moitié de la surface de la toile, suffisamment pour pouvoir passer la main à l'intérieur et en tâter le dos. Les secondes s'écoulent et me paraissent étirer les fils de l'éternité. Je touche, je tâte, j'effleure et je prie. Enfin, mes efforts sont récompensés. Dans un coin du tableau, entre l'armature en bois et la toile tendue, je sens du papier collé. Je m'empare d'un coin et tire très lentement. Par chance, la feuille repliée se détache facilement. Quand je la sors, je constate qu'il s'agit d'un document ancien. Je l'ouvre avec beaucoup de précaution. L'écriture remonte sans doute à plusieurs siècles, c'est en vieil écossais, du moins je le suppose, n'étant pas linguiste. Je suis très dubitative, car ce n'est pas du tout le document que j'espérais.

— Qu'est-ce que c'est que ça ?

— Une super-vieille liste de courses, répond Archibald en détaillant le papier du regard. Attends, il y a un truc derrière, regarde...

Je retourne la feuille et mon sang fait trois tours dans mes artères. Quelqu'un a écrit quelque chose au dos et, cette fois, l'écriture est très récente.

— Archi ! C'est ça !

— Quoi, *ça* ?

— Le document que je cherchais !

— Je ne lis pas encore dans les esprits, Sofia !

— C'est le testament, le *fameux* testament, celui que Glen cache depuis le début !

— Le testament de qui ?

— De Richard Wallace.

— Enfin, pourquoi voudrait-il le cacher, c'est lui l'héritier.

— Parce qu'il y a quelque chose dans le texte qui doit sûrement lui mettre des bâtons dans les roues et l'empêcher de vendre Redstone et de se faire ainsi beaucoup d'argent. Il a dépensé beaucoup d'énergie pour le cacher et je pense qu'il a même dû corrompre le notaire au moment où la succession s'est ouverte.

— Alors dépêche-toi de le lire !

— Non. Ce ne serait pas correct. Crois-moi, Lachlan a gagné le droit d'être le premier à en prendre connaissance.

— C'est quand même une lubie de riches, que d'utiliser une relique pour rédiger son testament ! Dans l'esprit de Richard, le papier à en-tête de l'hôtel, ça devait sûrement faire trop *middle class*.

— Je crois qu'il l'a fait pour être sûr qu'on ne détruirait pas le document après en avoir fait un faux. Ça ressemble à une sorte d'acte de vente, ou quelque chose comme ça. Si ça se trouve, c'est un papier officiel prouvant la cession de Redstone à l'époque d'Élisabeth Ire. Richard devait penser que ceux que son testament gênerait ne prendraient tout de même pas le risque de détruire un document qui donnerait encore plus de valeur au château, en cas de vente.

— OK, alors, que faisons-nous, maintenant ?

— *Maintenant*, on raccroche le bouc et je fonce voir Lachlan.

— Je parie que je ne peux pas venir.

— Non.

— Pimbêche !

Chapitre 23

Après avoir planté mon complice, je cours à perdre haleine dans les couloirs. Bien que j'aie peu d'espoir de trouver Lachlan dans ses appartements, je tente quand même d'y aller. En vain, il n'y a personne, comme je le soupçonnais. Alors je réfléchis vite et visite les lieux dans lesquels je l'ai croisé le plus souvent. Nouvel échec. En désespoir de cause, je demande à l'accueil, puis à quelques membres du personnel que je croise ; pas un ne peut me dire où il se trouve. Si, au moins une fois, il avait daigné indiquer à quelqu'un son emploi du temps, ça m'aurait facilité la tâche.

Mais non ! Monsieur doit toujours tout faire à sa manière, sans jamais rien dire à personne !

Je peste en même temps que je continue à courir, et je dois reconnaître que je suis à court d'idées.

Soudain, mon cerveau s'illumine d'une nouvelle piste : Catherine.

Catherine est omnisciente, comme les scientologues, mais sans le mensonge marketing. Pourquoi n'ai-je pas commencé par elle ?

Quelques minutes plus tard, je tambourine à sa porte. Elle finit par m'ouvrir et son visage marque son profond étonnement de me voir essoufflée pour avoir failli perforer sa porte.

— Ne me dites pas que c'est l'heure du Jugement dernier, je n'ai pas encore pris mon thé de l'après-midi.

— Eh bien, si ! Mais vous aurez le temps de le boire quand même. S'il vous plaît, Catherine, dites-moi que vous savez où se trouve Lachlan en ce moment. C'est d'une importance capitale.

— Il est dans les appartements de Charlotte, au dernier étage.

— Mais comment faites-vous ça ?

— Quoi ?

— Toujours tout savoir ? Certes, ça participe de votre mystère, mais vraiment, je suis curieuse.

— Plusieurs décennies de chantage, de pots-de-vin, de menaces et d'un petit peu de talent quelques soirs. Que se passe-t-il, très chère ?

— Je ne peux rien vous dire pour le moment, mais sachez que vous venez de sauver la mise à Lachlan. Merci, merci beaucoup !

Faisant volte-face si vite que je manque de me tordre la cheville sur l'épaisseur de la moquette, je file en direction de l'ascenseur. La montée me paraît durer une éternité et la musique de rigueur qui agace mes oreilles n'est pas faite pour arranger cette impression.

Le dernier étage dispose d'un tout petit couloir avec deux portes situées l'une en face de l'autre. Je frappe à celle de gauche, personne ne répond. C'est évidemment celle de droite. Après un instant, Lachlan ouvre et me fixe avec surprise.

— Il y a un problème ? s'inquiète-t-il.

Je tends vers lui le document tant convoité et je réponds sur un ton de triomphe assez peu modeste :

— Je l'ai !

Il lui faut une seconde pour réagir. Son regard se

met à briller comme je ne l'ai jamais vu auparavant. Sa main s'élève, il hésite presque à s'emparer du précieux papier.

— Qui est-ce ? demande Charlotte que je soupçonne d'être postée en reine au beau milieu de son salon.

— Une très précieuse alliée, répond-il plus pour moi que pour elle. Entre.

Le séjour de Charlotte est digne des pages glacées d'un magazine de décoration. Objets, tapisseries, meubles, bibelots, tapis sont choisis et agencés selon un ordre précis qui ne trahit aucune faute de goût. L'ensemble est d'inspiration coloniale ; bois foncé, blanc cassé des coussins sur les chaises, murs coquille d'œuf et plantes dont les feuilles démesurées nous emmènent dans un pays bien plus chaud que l'Écosse. Des tableaux splendides aux cadres sombres confèrent de l'intemporalité à l'ensemble, tandis que l'énorme cheminée en marbre rappelle la dureté des hivers de la région.

— Que se passe-t-il ? interroge-t-elle d'un ton contrarié.

— Le testament, Charlotte.

Les mots de Lachlan tombent comme un couperet.

— Comment ça ?

— Le testament que ton fils ne voulait pas produire, tu te souviens ?

— Cela ne changera rien, Lachlan.

— Moi, je crois que si. Glen ne l'a pas caché sans raison. Je mettrais ma main à couper qu'il y a quelque chose à l'intérieur qui risque de contrarier ses plans de s'en mettre plein les poches.

— Je t'ai déjà dit ce qu'il y avait à l'intérieur, nous en avons tous pris connaissance lors de sa lecture. Ta soif de vengeance t'aveugle.

— Ma « soif de vengeance » ? Je t'apporte la preuve que non seulement Glen détourne l'argent de la caisse de l'hôtel, mais qu'il vend au marché noir une partie de la collection, et tu soutiens encore que je ne suis mû que par un esprit de vengeance ?

— Quoi d'autre ?

— Ne peux-tu pas envisager une seconde que j'aime cet endroit ? s'écrie soudain Lachlan, avec plus de désespoir que de colère. *Ne peux-tu pas envisager* que je veuille respecter ce que Richard a mis des années à consolider et à développer ? Tu me vois toujours comme une menace… Pourquoi ? Qu'est-ce que je t'ai fait de si horrible, pour que tu me voues une telle haine ?

— Parce que tu es toi ! éclate Charlotte en sortant de ses gonds, ce qu'elle ne doit pas faire souvent. Chaque fois que je te regarde je la vois, *elle*, et, pire que tout, je le vois, *lui*.

Le regard de Lachlan s'assombrit et ses épaules me paraissent s'affaisser, sous l'effet d'un poids intolérable.

— Je n'ai pas demandé à naître, dit-il, la voix éraillée. Tu ne peux plus passer ta colère sur ton époux infidèle, ni sur ta rivale, alors tu t'acharnes sur moi depuis des années. Depuis toujours. À aucun moment, tu ne t'es dit qu'en réalité je n'avais que toi comme figure de mère et que je ne demandais qu'à ce que tu me tolères, à défaut de m'aimer. Tu aurais pu avoir pitié de l'enfant que j'étais.

Charlotte fait un bond hors de sa chaise et se met à marcher en se tordant les doigts. Elle me semble perdre de sa superbe à mesure que les secondes défilent, comme si elle était en train de s'évaporer.

— C'était trop dur… trop dur, marmonne-t-elle. Non, vraiment…

— Alors que pour moi ça a été une sinécure de vivre coincé entre ces quatre murs ! L'ironie de l'histoire, c'est que j'ai appris à aimer cet endroit et, plus de vingt ans plus tard, je suis encore là à me battre pour tenter de le sauver. Malgré ton rejet, malgré tes brimades, malgré ta froideur, je suis devant toi à t'expliquer que ton fils va détruire tout ce qu'aimait Richard.

Un silence de sentence de mort se répand soudain dans la pièce.

— C'est mon fils, Lachlan, finit-elle par lâcher avec lassitude et une pointe de regret que j'arrive à percevoir.

— Je ne te demande pas de le livrer à la police, je te demande de sauver Redstone.

Charlotte le dévisage tel qu'elle l'aurait fait si elle le regardait pour la première fois.

— Tu accepterais de ne pas le dénoncer ?

Le visage de Lachlan affiche une immense et profonde mélancolie.

— Si tel est ton souhait, alors réglons ça à ta façon, répond-il sobrement. Je me fiche de ce qu'il adviendra de Glen, ce n'est pas mon combat. Ça ne l'a jamais été. Je veux sauver cet endroit, c'est uniquement ça qui m'importe.

Après un instant d'hésitation, au cours duquel plus aucun son, pas même celui de nos respirations, ne s'élève dans l'air, Charlotte tend la main en direction de Lachlan, qui lui confie le testament. Mon sang se fige, j'ai l'impression que mon corps va s'effondrer sur lui-même. Charlotte vient de perdre toutes ses couleurs. Elle ressemble à un spectre.

— Mais qu'est-ce que... Enfin, ce n'est pas... Ce n'est pas le testament de Richard !

— En fait, il faut retourner le document...

J'ai essayé d'intervenir avec le plus de précaution possible, pourtant, les intonations de ma voix me semblent bien peu naturelles. Charlotte ne me jette pas un regard, mais obtempère, et ses yeux se posent sur les premières lignes écrites à la main par son défunt mari. Je l'entends très distinctement émettre un gémissement de douleur.

— Mon Dieu, souffle-t-elle, c'est son écriture, il n'y a pas de doute. Ça lui ressemble tant de l'avoir fait sur l'un des actes de propriété de Redstone. Tellement théâtral !

L'émotion la submerge et l'empêche de poursuivre.

— Charlotte, prends-le de la façon que tu veux, mais je suis sincèrement désolé de te faire revivre ça, dit gravement Lachlan.

— Tu ne comprends pas, répond-elle d'une voix brisée, ce... ce n'est pas le document que le notaire nous a montré lors de sa lecture. Je... au fond de moi, j'ai toujours su que quelque chose clochait dans ce testament. Il était trop classique, trop lisse, manquant terriblement de panache.

Brandissant le poing comme si elle en appelait à une entité supérieure, elle s'emporte :

— Combien de personnes ont-elles décidé de nous trahir ? Mon fils, Claire, le notaire, un cousin ? Et pourquoi pas tout le conseil d'administration !

— C'est probablement le cas, tranche Lachlan avec la délicatesse d'une moissonneuse-batteuse.

Oh tiens, encore un peu d'huile sur le feu, ça manquait.

Charlotte se concentre sur la lecture du testament pendant de longues minutes. Lachlan me jette un regard pénétrant qui me trouble. J'aurais voulu être n'importe où ailleurs plutôt qu'ici. Les premières secondes, j'étais dans l'excitation de pouvoir l'aider, mais, très vite, l'impression de ne plus être à ma place et de regarder une scène intime par le trou d'une serrure s'est emparée de moi. Cependant, tout dans son attitude me fait comprendre qu'il souhaite que je reste, alors je *reste* le plus immobile possible, espérant me transformer en nouveau bibelot pour que la mise au point qu'ils attendent depuis des années ne soit pas troublée par la présence d'une étrangère.

Soudain, Charlotte défaille et évite la chute en se rattrapant au dossier d'une chaise. Elle s'assoit, ou plutôt, se laisse choir sur le siège, comme si ses forces l'avaient abandonnée. Son corps se tasse. Lachlan et moi ne savons pas comment réagir, alors nous suspendons notre souffle et nous patientons.

— Tu savais ce qu'il y avait dans ce testament, n'est-ce pas ? demande-t-elle, tu l'as toujours su. Richard et toi étiez si proches.

Lachlan tique.

— Tu croyais que je l'ignorais ? enchaîne-t-elle avec amertume. Tu croyais que j'étais aveugle ? J'ai toujours été au courant de votre manège. Richard ne t'accordait aucune attention devant moi, mais dès que j'avais le dos tourné, il se précipitait dans ta salle de jeux. Sa façon à lui de me ménager, sans doute. J'ai bien conscience que c'est son amour pour toi qui t'a permis de tenir toutes ces années, isolé entre ces murs et coupé des autres. Et quand il était absent, Catherine prenait le relais. Richard t'avait dit ce qu'il comptait mettre dans son testament, c'est pour ça que tu étais convaincu qu'il y avait quelque chose d'important à y trouver.

— Tu te trompes, Charlotte. J'ignore ce qu'il a couché dans ce document. En revanche, je connaissais très bien mon père et je sais qu'il n'aurait jamais laissé Redstone sans protection. Il était très lucide sur l'ambition et l'appétit de sa famille, et n'aurait pas pris le risque qu'on vende le château. Voilà ce qui m'a immédiatement fait douter de la version qui a été lue chez le notaire. Ça ne lui ressemblait pas et il a gardé toute sa tête jusqu'à la fin.

— C'est tout ?

— Quoi, *c'est tout* ?

— Tu ne sais rien de ce qu'il a rédigé là-dedans ? Tu me donnes ta parole ?

— Je t'en donne ma parole. Richard était secret quant à ses affaires, tu le sais bien. Pourquoi me demandes-tu ça ? Quel est le problème ?

Charlotte prend un léger élan et se remet sur ses pieds, non sans une apparente crispation. Elle s'avance vers un buffet sur lequel trône un bouquet de fleurs d'une taille impressionnante, et s'empare d'un téléphone.

— Charlotte ? Que se passe-t-il ?

Elle ne répond pas et compose un bref numéro.

— Charlotte, réponds-moi !

— L'accueil ? C'est Mme Wallace. Mon fils est-il rentré ? Bien, appelez-le et dites-lui de me rejoindre dans mes appartements. Insistez bien sur le fait que c'est urgent.

Après avoir raccroché le combiné, elle se dirige vers la table basse et s'empare du carnet de Glen. J'en déduis que Lachlan a dû lui en faire la traduction et que ses investigations ont confirmé les malversations supposées de son fils. Elle se tourne ensuite vers nous, le regard à la fois tragique et puissant. On la croirait prête à entrer dans une arène pleine de lions. Je sens mes jambes trembler ; personne n'aimerait se dresser en travers du chemin de cette femme.

— Le testament de Richard fait de toi l'héritier de Redstone et de tout l'empire financier des Wallace, annonce-t-elle avec une solennité qui me glace le sang.

Lachlan recule d'un pas, comme si on lui avait porté un violent coup au ventre. Il titube un peu. J'approche la main vers lui, mais quelque chose m'empêche de le toucher. À cet instant précis, ai-je peur qu'il se brise, si je l'effleure ?

Après une longue minute, il arrive à nouveau à parler.

— Que... que comptes-tu faire ? demande-t-il, la voix atone.

Après avoir replié le testament avec une lenteur crispante, Charlotte daigne répondre :

— Ce que j'ai toujours fait : régler le problème. Maintenant, je te demande de me laisser, je dois m'entretenir avec mon fils.

Je sens une violente tension envahir Lachlan, elle irradie dans la pièce. J'ai l'intime conviction que les choses pourraient dégénérer en une seconde. Alors, cette fois, ma main arrive jusqu'à son poignet et le serre doucement. Cela suffit à attirer son attention et à lui faire lâcher le bras de fer visuel qui l'oppose à Charlotte. Il pivote, m'entraîne par la taille et sort des appartements, en refermant la porte avec une rage contrôlée.

Chapitre 24

Lachlan n'a pas prononcé un seul mot depuis le moment où nous avons quitté les appartements de Charlotte jusqu'à ce que nous arrivions dans la serre, où nous nous sommes croisés, la deuxième nuit de mon arrivée.

En plein jour, frappé par les rayons du soleil, l'endroit se pare de taches de lumière colorée, selon la teinte du verre qu'ils traversent. Nous nous asseyons sur l'un des bancs. Lachlan se passe la main dans les cheveux, retire l'élastique qui les retient au-dessus de sa tête et les secoue quand ils retombent en cascade autour de son visage.

J'essaye d'imaginer ce qu'il ressent. En vain, bien sûr. Comment pourrais-je le savoir ? Tout ce qui se passe à Redstone est tellement digne d'une tragédie grecque ! Si on m'avait raconté ce que j'allais vivre en passant quelques semaines dans un hôtel d'un coin perdu d'Écosse, jamais je n'aurais pu le croire.

Les minutes s'allongent, et ni lui ni moi ne parvenons à dire quoi que ce soit.

Finalement, je trouve assez de force en moi pour rompre le silence.

— Comment te sens-tu ?

Ce n'est pas l'introduction la plus subtile de l'histoire, mais c'est tout ce que j'ai en magasin.

— Ce que tu as fait est incroyable !

Je ne m'attendais pas à cette réponse et je suis un peu prise de court.

— Heu... je...

— Comment tu as su où le testament se trouvait ?

— Je me suis souvenue de la phrase que t'avait dite Glen, quand tu lui avais demandé s'il savait où il était. Il a dit quelque chose comme « dans le cul d'un bouc ». Ça m'a interpellée, sur le moment, puis j'ai songé que c'était peut-être une expression d'ici.

— Non.

— Tout est devenu clair quand j'ai vu l'un des tableaux qui se trouvent dans son bureau, un Hunt, qui représente un bouc seul au milieu de nulle part. Je ne connais pas Glen aussi bien que toi, mais il me semble que c'est assez dans son style de faire de la provocation gratuite en te donnant la réponse, sans que tu aies les moyens de la décrypter.

— Le testament était caché dans le tableau ?

— Derrière. C'est une cachette d'une grande banalité, mais personne n'avait de raison de décrocher la toile et de regarder derrière.

— Quel enfoiré !

— Que crois-tu qu'il soit en train de se passer dans les appartements de Charlotte ?

— Rien de plus que ce qu'elle nous a dit : elle va régler le problème. Protéger les intérêts du clan. Je ne serais pas surpris qu'elle envoie Glen aux États-Unis, histoire qu'il prenne des vacances pour se refaire une virginité. Pendant ce temps, elle gérera l'hôtel et bataillera ferme avec le conseil d'administration.

— Et le testament ? Il fait de toi l'héritier.

— Oui et il annonce la guerre. La seule chose que

j'ai toujours voulue, c'est qu'on respecte les volontés de mon père. J'aurais accepté n'importe laquelle de ses décisions, même celle de vendre Redstone, si j'avais été convaincu que c'était ce qu'il voulait.

— Alors, que vas-tu faire ?

— Ce que toi et moi avons toujours fait toute notre vie : me battre. Il me faudra très probablement aller jusqu'au procès. Et, *très probablement*, je perdrai. Tout. Mais je ne sortirai pas de là en rampant.

J'acquiesce en silence, tentant d'imaginer quel horrible bordel procédural cela va être et surtout quelle bataille. Comment sortir indemne de tout ça ?

— Je me demande si tu ne devrais pas rester un peu plus longtemps, Sofia. Il faut que je me rende à l'évidence : tu es un atout remarquable.

Il essaye de sourire pour détendre la conversation. C'est inefficace, mais j'apprécie l'effort.

— Je suis ravie que tu me voies comme *un atout remarquable*.

— Ça me coûte beaucoup de te l'avouer, sache-le, mais je me dois de penser avant tout aux intérêts de Resdtone et donc, de te garder à mes côtés pour son bien, ironise-t-il.

— Pour son bien à lui... rien qu'à lui, vraiment ?

— Rien qu'à nous peut-être, répète-t-il tout bas, en passant sensuellement ses doigts sur ma joue.

Je le regarde avec toute la tendresse dont je suis capable. Je m'ouvre en deux pour que mes sentiments circulent plus vite entre lui et moi. J'aimerais que cela suffise pour transformer cet énorme gâchis, ce drame qui explose et va éclabousser les murs de l'hôtel, mais ma tentative demeure vaine. Rien ne peut enrayer la machine qui se grippe.

— Ce serait si terrible de rester ici avec moi ? me demande-t-il.

J'en ai le souffle coupé.

— Eh bien, je... C'est une... Peut-être...

Un bruit de sirène étouffé m'évite de formuler une réponse cohérente. J'en remercie intérieurement la Providence, parce que je n'avais aucune idée de ce que j'aurais pu lui dire. En fait, je n'ai pas réfléchi au lendemain. Je vis au jour le jour parce que cela m'empêche de me projeter. Se projeter, c'est accepter d'avoir un avenir, d'y prendre part, de l'apprécier et de l'étreindre. C'est accepter que le passé doive être laissé de côté, au profit d'un futur. C'est accepter de *l*'abandonner. C'est accepter de *la* trahir. Et ça, je me refuse à y penser.

Comme les sons ont l'air de gagner en intensité, nous décidons d'aller voir ce qui se passe. À peine sommes-nous dans le hall que, depuis le comptoir des admissions, Archibald me fait des signes que je ne comprends pas, mais à voir sa mine crispée, c'est grave. Lachlan se dirige vers la sortie, tandis que Catherine apparaît en haut de l'escalier. Il revient vers moi, l'air perplexe.

— Des voitures de police, dans la cour...

Je n'ai pas le temps de réagir à l'information que des policiers pénètrent déjà dans l'hôtel. Heureusement, c'est le milieu de l'après-midi, la majeure partie des clients est occupée dans les jardins, le bois, le lac ou les environs. Lachlan m'indique de suivre avec lui les représentants de l'ordre, lesquels se dirigent droit vers la réception.

— Bonjour, pourriez-vous nous indiquer où trouver Mme Charlotte Wallace ?

— Je... l'appelle tout de suite, répond Archibald qui a beaucoup de mal à cacher son trouble.

Lachlan et moi observons la scène en silence, comme si nous assistions à une représentation théâtrale. Il me prend la main et la serre. Je regarde tout autour de moi, ce hall que je trouvais de prime abord si pompeux et prétentieux, ce personnel invisible et interchangeable : c'est comme si une éternité s'était écoulée entre le jour de mon arrivée et le moment présent. Et je ne sais plus trop à quelle réalité j'appartiens.

L'arrivée de Charlotte interrompt mes réflexions. Elle se dirige vers les policiers avec une démarche de reine. De là où nous sommes, nous ne pouvons comprendre ce qu'elle leur dit, mais cela semble les satisfaire. Quelques secondes plus tard, c'est au tour de Glen de faire son entrée. Sa vision me laisse sans voix. Ses traits se sont creusés, sa peau est pâle, légèrement teintée de gris. Il a l'air d'avoir pris dix ans. Le mondain charmeur si sûr de lui s'en est allé pour ne laisser qu'une coquille vide et ridicule. Il aperçoit Lachlan. Je ne pourrais décrire l'intensité de son regard ni la profondeur de la haine qu'on peut y lire, mais la pulsion de mort danse dans ses yeux. Je crois que je garderai cette vision longtemps en mémoire, car c'est un bout de l'enfer que je sens pointer dans les rides apparues sur son visage.

Alors, je comprends ce qui est en train de se jouer. Charlotte est plus épouse que mère : elle vient de sacrifier son fils au nom de l'amour qu'elle portait à son époux. Qui aurait pu penser que cette femme froide et mesurée nourrirait une telle passion pour un mort, qu'elle en livrerait sa propre chair à la police ?

Je la regarde se lancer dans une longue explication auprès des policiers, puis leur désigner son fils qui ne bouge pas une oreille. La puissance du clan est à l'œuvre. Glen sait qu'il a perdu et je suppose qu'à présent, il doit penser à sa survie et au peu d'options que sa mère va lui laisser.

Charlotte s'écarte pour le laisser avancer vers les policiers. Elle ne lui jette pas même un regard lorsqu'il traverse le hall pour se diriger vers les voitures de police. Lui ne se résout à quitter Lachlan des yeux que lorsqu'il lui est impossible de faire autrement. Lachlan soutient son regard jusqu'au bout. J'aimerais être reliée à son cœur pour savoir ce qu'il ressent. Victoire, fierté, tristesse, dégoût, peur ? Peut-être tout à la fois, peut-être plus encore ?

Charlotte s'avance vers nous ; j'hésite à m'écarter, mais Lachlan tient fermement ma main dans la sienne.

— Nous allons devoir faire équipe. Est-ce que tu vas pouvoir accepter ça ? lui jette-t-elle au visage avec autant de mépris que de détermination.

— Et toi ? réplique-t-il sur un ton à peine moins désagréable.

— Je suis bien plus dure que tu ne le penses.

— Je reconnais t'avoir sous-estimée.

— Vous le faites tous.

Tournant les talons, elle sort aussi de l'hôtel, sans doute pour accompagner son fils et pour remettre aux policiers le carnet, ainsi que le testament.

Nous restons à fixer l'entrée à présent déserte, sans savoir comment reprendre le cours de nos vies. Comme si la violence de ce qui venait de se jouer en avait interrompu la course et qu'il nous était difficile de redémarrer.

C'est sans compter Lady Saint-Andrews, dont le panache pourrait redonner vie à un mort. Parvenant jusqu'à nous, elle fixe Lachlan avec un air de triomphe et de fierté aussi prononcé que si c'était elle le nouveau maître des lieux. Puis, d'une voix mélodieuse, elle déclare :

— Le roi est mort, vive le roi !

Chapitre 25

Je fixe le jardin depuis la fenêtre de ma chambre. Ce jardin que je trouvais anormalement parfait au début et qui, maintenant, prend l'aspect de la banalité d'un quotidien heureux. Je me demande combien de temps on peut garder intact un souvenir ? À partir de quand commence-t-il à perdre ses contours, ses couleurs, ses odeurs ? Je compte les bosquets, décris mentalement la forme des pierres, des vasques, m'imprègne de ce ciel inconstant, jamais dans le camp du soleil, jamais dans celui de l'averse. Rien n'est stable, ici, rien ne dure bien longtemps, ni le vent, ni la chaleur, ni le froid.

C'est si dur.

Trois jours se sont écoulés depuis que la police est venue chercher Glen Wallace. Le moins que l'on puisse dire, c'est que ça a eu l'effet d'une bombe, à Redstone. De l'avis du personnel, Glen n'a jamais été pris au sérieux en tant que patron pourtant, le fait de le voir quitter les lieux suivi de policiers a provoqué une vague de panique dans les couloirs de l'hôtel. Un mauvais chef, c'est toujours mieux que *pas* de chef. Pendant ces quelques jours, les rumeurs les plus folles ont circulé, si fort et si vite qu'elles sont parvenues jusqu'aux clients. Je n'ai pas eu besoin d'interroger

Archibald pour les connaître. La plus légère fait de Glen la victime d'un complot familial, la plus grave un tueur en série.

Durant ces trois jours, je n'ai pas vraiment eu l'occasion de voir Lachlan. Pris dans le tourbillon de la révélation du véritable testament, le conseil d'administration s'est réuni en catastrophe à Redstone. Lachlan m'a envoyé des messages régulièrement et même s'il n'entrait pas dans les détails glauques de la bataille juridique, je pouvais lire entre les lignes et ce n'était pas brillant. Au fur et à mesure que les heures défilaient, mon sentiment d'impuissance devenait difficilement supportable. Mais aurais-je pu faire quelque chose ? Je répondais avec toute l'affection qu'il m'était possible de transmettre dans un message écrit. Était-ce ce dont il avait besoin ?

Je ne peux oublier les mots qu'il m'a dits. Ils passent et repassent devant mes paupières et me brûlent à chaque fois.

Et si je restais un peu plus longtemps ?

L'idée ne m'a pas quittée depuis. J'avais besoin qu'elle devienne familière à mon oreille ; j'avais besoin de l'apprivoiser pour l'envisager comme possible. Et pourquoi pas, probable...

Mais, ce matin, tout a changé.

Paul a appelé, comme il le fait presque tous les jours depuis que je suis arrivée ici. Sauf que, ce matin, quelque chose dans sa voix m'a paru étrange. Il a encore tourné autour du pot, puis a fini par aborder la raison principale de son appel.

« Cet ami dont nous avons parlé, le propriétaire de la demeure à la sortie de Monaco... Il vient de rentrer de voyage et accepte qu'on utilise son bateau pour disperser les cendres de Mathilde au large. L'idée serait de le faire à une heure qui n'attirerait pas trop l'attention des forces de l'ordre ou d'un voisin trop curieux. Assez rapidement, car il doit repartir bientôt. Mais je peux aussi gérer ça seul, tu sais. ».

Il a ensuite monologué un long moment sur les dernières volontés, les interdictions administratives, l'amitié indéfectible pour cet homme et bien d'autres sujets encore que je n'ai pas vraiment écoutés. Il m'a sonnée dès les premiers mots. Son appel a eu le même effet qu'un choc électrique. D'un seul coup, c'était comme si je m'étais réveillée, comme si les effets d'une anesthésie s'étaient dissipés. La douleur a percé de toute sa puissance ; elle m'a submergée en une seconde, avec tant d'intensité que cela m'a coupé net la respiration. Et je n'ai plus été capable de dire quoi que ce soit. Il m'a appelée plusieurs fois, il a même cru que nous avions été coupés. Le fait est que j'avais l'impression de me retrouver dans la réalité d'un enfer, après avoir cru à un doux rêve. L'aridité de la désolation avait remplacé la douceur des jardins ; et la pluie acide, la bruine des bords de côte. Je crois même qu'à un moment, j'ai suffoqué et plaqué la main contre ma poitrine, comme si j'avais eu peur que mon cœur ne me la crève en voulant prendre congé de moi.

Il me semble que je lui ai répondu. J'ai dû balbutier un « Quand ? » suivi d'un « Je rentre » qu'il n'a sans doute pas bien compris, car il m'a demandé de répéter.

Après avoir raccroché, j'ai consulté les vols en ligne et j'en ai trouvé un le lendemain, en début d'après-midi. Je n'ai pas réfléchi, j'ai pris le billet, puis je me suis assise face à la fenêtre et je n'ai plus bougé.

Il est presque 16 heures lorsque je sors de ma léthargie. Je n'ai rien avalé de la journée, mais je n'ai d'appétit pour rien. Je vais ouvrir l'armoire et je commence à plier les vêtements que je ne remettrai pas d'ici mon départ. Une robe, puis un pull, puis une veste... Je ne sais pas trop ce que je fais. D'une certaine manière, mon corps est sur pilote automatique et mon cerveau ne fonctionne plus. Ou plutôt refuse de fonctionner.

Je sursaute quand on frappe à la porte. Après une brève hésitation, je vais ouvrir et me trouve face à Archibald et Lily. Ils sont en tenue civile, je suppose donc qu'ils ne sont pas de service.

— Ça va, Sofia ? s'inquiète Lily. Tu as l'air bizarre.

— Oui, oui, entrez. Vous ne travaillez pas, aujourd'hui ?

— Non, et c'est pourquoi nous avons décidé de t'inviter au Dead Frog, histoire de... hey ! Mais qu'est-ce que c'est que tous ces vêtements sur le lit ? Et pourquoi tu as ouvert ta valise ?

— Tu... tu t'en vas ? demande Lily d'un ton de petite fille.

— Eh bien, oui, je dois rentrer chez moi demain, et comme je me suis un peu éparpillée, je commence à me rassembler.

Leur silence en dit long sur la façon dont ils accueillent la nouvelle, et je ne peux nier que je suis bien plus touchée que je ne veux le reconnaître.

— Si vite ? reprend Lily, en laissant tomber ses fesses sur un coin du lit. Pourquoi ?

— Certaines affaires urgentes sont restées en suspens, quand je suis partie, et il faut que je les règle.

— Mais... mais tu vas revenir ?

— Heu... je ne sais pas. Sûrement, oui, la France et l'Écosse ne sont pas si loin l'une de l'autre.

— Quand ?

— Lily..., intervient Archibald, Sofia essaye de te dire que c'est terminé, elle rentre chez elle. C'est tout.

Il empoigne une chaise qu'il traîne un peu brusquement pour s'asseoir près de nous.

— Croyez-moi, je ne rentre pas de gaieté de cœur.

— Alors, reste encore un peu ! Je sais que ton

séjour a été réservé pour un temps indéterminé. Et ce n'est pas parce que Glen est en prison que ça changera quoi que ce soit. Après tout, c'est ton Lachlan qui se trouve à la tête de Redstone, maintenant.

— C'est vrai, tu ne vas pas le quitter, vous faites un si joli couple, commente Lily sur le ton de l'évidence.

Je pousse un profond soupir. Le sujet auquel je me refuse à réfléchir depuis l'appel de Paul me revient en plein visage comme une belle grosse gifle. Lachlan... Comment va-t-il réagir ? Est-ce que j'espère qu'il va me retenir, ou au contraire, me laisser partir ?

— Je ne sais pas si on peut parler de couple. Nous ne sommes pas ensemble depuis assez longtemps pour le savoir.

— Par pitié, réagit Archibald, je connais des personnes qui sont ensemble depuis quarante ans et qui sont autant un couple que le chien de ma sœur et moi ! Ce n'est pas une question de temps, c'est une question d'alchimie et de magie.

— Pour ça aussi, il faut un peu de temps, non ?

— Pas du tout ! Nous sommes des mammifères, il y a un paquet de choses qui se passent dans la partie reptilienne de notre cerveau. Appelle-ça de l'instinct animal ou de l'inconscient, mais l'étincelle se fait au premier regard. Après, on passe une éternité à l'analyser, à douter d'elle ou à essayer de la comprendre. Franchement, Lachlan et toi, vous avez vécu des événements hors du commun et, pourtant, vous ne vous êtes plus jamais quittés, malgré les difficultés et alors même que vous veniez de vous rencontrer. Ton cerveau reptilien te raconte quelque chose. J'ignore ce qui t'attend là-bas, dans ton Sud, mais est-ce plus fort que ça ?

J'ai une terrible envie de me rouler en boule sous la couette et... de pleurer. Qu'est-ce qui m'attend dans le

Sud ? Mon chez-moi. En plus froid, plus triste, avec moins d'éclat et de chaleur, sans doute. Sûrement. Dans le Sud, il y a ma geôle et ma sentence. Il y a ma peine.

Que faire d'autre ? Ici, je sais que ça n'est pas la réalité, ça n'est pas *ma* vie... Ce n'est qu'une parenthèse, une magnifique parenthèse, qui me fait presque oublier la raison pour laquelle je suis encore en vie.

— C'est compliqué, Archibald. Parfois, nous ne sommes pas libres de nos actes. Ici, je suis en vacances, loin de mes problèmes, loin de ma vie et de mes obligations. C'est facile de penser que c'est le paradis, mais c'est un leurre. Ce n'est qu'une illusion de paradis.

— Oui, tu as raison, l'enfer et le paradis, ce sont des notions tellement rationnelles !

— D'accord, mais le rapport avec les reptiles ? interrompt Lily.

— Ce n'est pas grave, ce n'est pas important.

Je pousse mes piles de vêtements pour m'asseoir à mon tour sur le lit. Fixant mes mains posées à plat sur mes cuisses, j'observe un moment de silence, avant de me décider à reprendre la parole :

— Je tenais à vous dire, à tous deux, à quel point vous rencontrer compte et comptera pour moi. Ça va vous paraître un peu stupide et très mélodramatique, mais la femme que j'étais quand je suis arrivée a changé à votre contact. Les circonstances qui m'ont amenée ici ne sont pas... enfin disons, ma vie a volé en éclats il n'y a pas si longtemps. Tout a explosé, tout a pris feu et n'a laissé que des cendres. Je suis arrivée ici paumée, sans repères, persuadée que rien ne serait plus jamais brillant. Et là, je vous rencontre et, l'espace d'un bref instant, vous me faites le plus beau des cadeaux.

— Lequel ? demande Lily qui retient sa respiration.

— L'espoir.

Ils me dévisagent.

— L'espoir en un lendemain normal, heureux, surprenant. L'espoir en la vie.

— Et c'est une bonne chose, non ? s'emporte Archibald.

— Oui, quand on peut se permettre de le chérir. Moi, je ne peux pas.

— Voilà, moi je comprends encore rien, mais je pleure ! se lamente Lily en reniflant. Et j'ai même pas de mouchoir.

— Archi, il faut que tu me promettes une chose : tu dois veiller à ce que Lily propose ses services de couturière à Redstone. Je suis convaincue qu'elle peut vivre de sa passion, mais je sais aussi qu'elle n'osera jamais le faire seule. Alors, je compte sur ta force pour lui botter les fesses jusqu'à ce qu'elle le fasse. Et puis, il y a Internet et le téléphone, nous allons rester en contact.

— Tu parles, tu vas vite nous oublier ! réplique Lily, des trémolos dans la voix.

— Aucune chance ! Dans le Sud, je n'ai personne qui vous ressemble, dans mon entourage. Vous êtes les premiers que j'ai envie de considérer comme des amis, en dehors de... Enfin, je vous remercie pour cette rencontre. Notre amitié est un joli petit miracle, le genre dont on rêve, qu'on lit dans un roman mais qu'on ne vit jamais dans la vraie vie.

Je me rapproche de Lily et je la prends dans mes bras. Je ne faisais ça qu'avec Mathilde. Les contacts physiques m'ont toujours mise mal à l'aise, comme si je me laissais envahir par l'autre ou que je l'envahissais sans en avoir envie. Je sens la chaleur de son corps irradier à travers ses vêtements ; elle tremble et mon cœur se gorge de cette chaleur.

Comme ils vont me manquer... Comme tout ça va me manquer.

Nous restons encore à converser, mais quelque chose s'est cassé, et nos esprits sont ailleurs. Ils me font jurer de les rejoindre en fin de journée pour prendre un dernier verre. J'accepte, bien que j'aie le secret espoir de passer ma dernière nuit à Redstone avec Lachlan.

Lachlan...

Après leur départ, je me décide à lui envoyer un message dans lequel je demande à le voir rapidement. J'attends la réponse plantée sur le lit, telle une poupée de chiffon. J'ai la tête dans du coton, les sens anesthésiés ; j'ai l'impression que tout mon être est engourdi. La douleur est toujours présente, cependant elle me rassure. Elle est la preuve que je paye mon tribut. Je fais ce qu'il faut.

Trouve la force...

La vibration de mon téléphone me fait tressaillir. Je jette un coup d'œil, prends une longue inspiration en lisant le message. Je déplie mon corps raidi d'angoisse et me rends dans l'ancien bureau de Glen Wallace. Une fois devant, je remarque que mes mains tremblent.

« Est-ce que ce serait si dur de rester ici avec moi ? »

Je secoue la tête et frappe. Le son grave de sa voix lorsqu'il dit « Entrez » me fait frissonner. J'entre et referme derrière moi.

— Tu toques avant d'entrer, maintenant ? lance-t-il en souriant. Tout va bien ?

— Je voulais casser la routine. Effraction, espionnage, effraction, espionnage, à force, on se lasse. Alors, tu tiens le coup avec tout le conseil sur le dos ?

— Je n'ai encore tué personne, mais je l'envisage très sérieusement. Je dois juste régler le détail de la disparition des corps.

— Tu t'imagines partager la même cellule que Glen ?

— J'aurais de quoi plaider les circonstances atténuantes. La bêtise, quand elle atteint ce niveau, *est* une circonstance atténuante.

— Et Charlotte ?

— Elle est étonnamment de mon côté. Ce qui est aussi déroutant qu'effrayant. Je pense que cette femme a l'instinct maternel d'une mante religieuse. Je me demande si Richard était aussi épris d'elle qu'elle de lui. Elle semble en être convaincue et, d'une certaine manière, ça me sert. Sofia, pourquoi ai-je l'impression que tu essayes de gagner du temps ?

Touché.

— Je... Paul a appelé, ce matin. Mathilde a toujours dit qu'elle voulait qu'on brave la loi pour elle dans une seule circonstance : sa mort. Elle souhaitait que ses cendres soient dispersées dans la mer. Un ami de Paul vient de rentrer à Monaco pour quelques jours et nous permet d'utiliser son bateau pour le faire. J'ai donc pris un vol de retour dans l'après-midi.

Le visage de Lachlan perd ses couleurs.

— Je t'accompagne.

— Non, ça va aller, et puis ce n'est pas le moment de partir et de laisser tous ces idiots saboter le travail. Pas après tout ce que tu as dû faire.

— Désolé, je n'ai pas été très clair : il n'y avait pas de point d'interrogation à la fin de ma phrase.

Il se rapproche de moi, mais je recule. Je suis convaincue que s'il me prend dans ses bras, je n'aurai pas la force de terminer cette conversation.

— Quel est le problème, Sofia ?

— Rien...

— Tu n'as pas l'intention de revenir, c'est ça ? Ce n'est pas un au revoir, mais un adieu.

Son regard s'assombrit.

— On vaut mieux qu'une illusion, tu ne crois pas ?

— Quelle illusion ?

— Celle d'être un couple, de construire quelque chose.

— Et pourquoi ne pourrions-nous pas être ce qu'on veut, tout simplement ? Depuis quand es-tu devenue le genre de femme à te soumettre à des schémas de comportement prédéterminés ?

— Mais qu'est-ce qu'on est, au juste ?

— Il me semblait que c'était évident, apparemment non.

Je me passe la main dans les cheveux et fais quelques pas.

— Lachlan, on sait très bien que les circonstances de notre rencontre ont été spéciales, tout comme ce qui a suivi. On a été pris dans un tourbillon, mais la réalité nous rattrape.

Il me saisit les bras quand je repasse près de lui.

— Ce que j'ai vécu était bien réel ! grogne-t-il.

La tête me tourne quand je sens son parfum et que je sais qu'il me suffirait de me pencher pour plonger dans ses bras et oublier pourquoi je suis là.

— Je... Lachlan, nos maisons, nos univers sont à des endroits opposés. Nous vivons dans des histoires différentes. C'est comme ça, nous sommes enracinés dans une terre et ce n'est pas la même.

— Les racines se trouvent dans le cœur. Ne me dis pas que tu n'as pas ressenti quelque chose, ici ?

— Si, bien sûr, mais... parce que ces lieux ont apaisé mes blessures et absorbé ma tristesse. Ils m'ont coupée de mon monde, mais ça ne peut être que temporaire. Tôt ou tard, il faut bien que je rentre chez moi.

— Et tu crois qu'il est figé, ton chez-toi ? Tu te trompes, il est là où tu décides qu'il est.

Je me dégage de son emprise.

— C'est facile de dire ça, mais moi, il m'a permis de survivre. J'aime mon Sud, j'y ai tous mes souvenirs, je n'ai même que ça, parce que je n'ai jamais rien possédé d'autre. Chaque rue, chaque maison, chaque odeur me rappelle une scène, une phrase, un sentiment. Je n'ai pas d'autre histoire que celle-là. Si je m'en vais, ces souvenirs vont s'atténuer et finir par disparaître. Que me restera-t-il, alors ? Je serai… vide, sans passé.

— Tu as peur de l'oublier, *elle*.

Je me braque et me glace.

— Ce n'est pas ça.

— Bien sûr que si !

J'ai du mal à respirer.

— Tout ce que tu me racontes, ta soudaine marche arrière alors que tu es tout sauf une femme qui a peur, *tout ça*, ce sont des mensonges. Tu n'es pas attachée à ton Sud, c'est lui qui t'a attachée, pour une raison que j'ignore. Sofia, tu crois que les morts restent sur le lieu de leur décès, c'est ça ? Tu crois qu'en s'éloignant de l'endroit de leur dernier souffle, on les abandonne ? Mais les morts ne sont éternels que s'ils trouvent à s'ancrer dans un cœur.

— Où est morte ta mère, Lachlan ?

— C'est un coup bas.

— C'est la vérité.

Un silence tendu s'installe entre nous. Je sens tant d'émotions contradictoires en moi, et si irrépressibles… Le lien qui me relie à lui tire sur mes côtes ; il est tellement puissant qu'il me fait peur. La colère et la tristesse se disputent en moi.

— Je… je ne peux pas m'installer ici… ce serait impossible.

— Pourquoi pas ? s'emporte-t-il. Tu pourrais prolonger ton séjour et nous pourrions voir comment ce feu qui brûle entre nous peut évoluer. C'est toi qui, la première, m'as reproché de ne pas accorder d'importance à ce que nous vivions et, maintenant que je fais un pas vers toi, tu fuis.

— Tu ne comprends pas...

— Non, je ne comprends pas. Que veux-tu de moi exactement ? Que je te supplie, que je quitte Redstone ?

Il marque une pause avant de lâcher avec une intensité incroyable :

— Je le ferai, Sofia. Si c'est ce que tu veux, si c'est ce qu'il te faut pour te prouver que je suis sérieux, je le ferai.

Je porte la main devant la bouche, l'émotion pourrait me faire hurler. Alors, tout m'échappe, ma raison cède et libère la bête dont les dents déchiquettent mon âme depuis sa mort.

— Peut-être ! *Peut-être* que je fuis, mais je... je ne sais plus où j'en suis. Ce n'est pas ma vie, ce n'est pas ma place, tu comprends ? Ce sont les siennes et si je reste, si je la laisse, je la trahis !

— Tu la trahis ? Je n'y comprends rien, Sofia. Qu'est-ce que tu caches ?

Ses yeux me dévisagent avec stupeur et moi, je ne sais plus comment m'en sortir. Je ne veux pas le perdre, mais je ne sais pas comment lui dire, comment lui expliquer que je suis une imposture.

Alors, j'ouvre la bouche et laisse couler un flot de mots que je ne contrôle plus :

— Elle est morte, sa vie s'est achevée, elle ne vieillira plus, ne rira plus, n'aimera plus et, pendant ce temps, moi, je continue de respirer et je ris, j'ai de l'espoir, j'aime...

Il m'observe comme s'il me voyait pour la première fois.

— Tu culpabilises d'avoir survécu, c'est ça ?

Les larmes me montent aux yeux et me brouillent la vision.

— Et pour cause... J'aurais dû être à sa place !

J'ai crié, malgré moi, comme si les mots avaient

été expulsés de ma gorge par une force intérieure dont j'ignore l'origine. Je respire bruyamment et j'ai du mal à poursuivre, mais quelque chose me pousse à continuer malgré la douleur.

— C'est moi qui aurais dû me trouver sur la trajectoire de la voiture, ce jour-là. J'ai horreur de vérifier l'étiquetage des œuvres lors des expositions, et pourtant c'est mon travail, pas le sien. Ce jour-là, j'ai insisté pour qu'elle le fasse. J'ai *lourdement* insisté, profitant de sa gentillesse, parce que Mathilde aurait fait n'importe quoi pour me rendre heureuse. Elle s'est placée devant ces maudits tableaux, pour lire ces maudites étiquettes, pile devant cette... putain de baie vitrée. Et moi ? Moi, j'étais tranquillement planquée et protégée derrière un énorme comptoir, à faire autre chose que mon boulot ! C'est moi qui aurais dû mourir, elle qui aurait dû vivre, venir ici, découvrir ces lieux, *te* rencontrer. Tu aurais dû l'aimer, elle. Et tu l'aurais fait...

Je suis en pleurs et, pourtant, rien ne semble arrêter mes aveux.

— Ce n'est pas ma vie que je suis en train de vivre, mais la sienne, que j'ai volée, tu comprends ?

— Et tu penses qu'en t'empêchant d'être heureuse, tu te rachètes ? finit-il par demander, après une seconde de silence.

— Quand je te regarde et que mon cœur bat, quand je suis dans tes bras et que je me sens si pleine de joie, n'est-ce pas la tuer deux fois ?

Il m'attrape par les épaules et me serre contre lui avec force. Collant ses lèvres contre ma tempe, il murmure avec une douce gravité :

— Sofia, mon amour, écoute bien ce que je vais te dire : Mathilde est morte. Elle n'existe plus, ne souffre plus, n'a ni faim ni froid, n'aime plus ni ne pleure ni ne rit. C'est toi qui crées son spectre, celui-là même qui te hante et te culpabilise. Mais les défunts ne font plus partie de ce monde, ils nous quittent et nous abandonnent. La seule chose qu'il nous reste d'eux est le souvenir de leur présence. C'est lui qui survit dans nos cœurs, pas eux.

J'enroule les bras autour de son torse et je serre de toutes mes forces. Je voudrais ne jamais quitter le cocon serré de son étreinte.

— Je le répète, je pourrais te suivre, reprend Lachlan, m'installer dans ce Sud que tu aimes tant. Si tel est ton souhait.

Je retiens ma respiration, le cœur serré d'une intense émotion. Je sais le prix que lui coûterait de quitter ces lieux et il le fait pour la promesse d'un amour qui émerge à peine.

— Tu ferais... ça pour moi ?

— Non. Je le ferais pour *nous*.

Je penche la tête en arrière et, encadrant son visage de mes mains, je plonge mon regard dans le sien.

— Je ne te laisserai jamais partir d'ici. Tu fais partie de Redstone et Redstone fait partie de toi. Je refuse de couper ton cœur en deux. C'est ma peine, Lachlan, la condamnation que moi seule dois subir. Je ne la laisserai pas t'atteindre.

— Alors, je vais rester là et je vais t'attendre. Je vais attendre que tu la laisses partir et que tu en aies fini avec ta culpabilité. Quand ce sera fait, tu reviendras ici, rien n'aura changé. Le château et tout ce qui vit à l'intérieur sera toujours là, pour toi, et vivra à travers toi.

Mes larmes ont brouillé mon visage. Je m'entends lui chuchoter que je l'aime et que je suis désolée. Il m'étreint de toutes ses forces jusqu'à me couper la respiration. Il souffle à mon oreille que c'est l'une des choses les plus dures qu'il ait eu à faire.

Puis...

Il me lâche.

Chapitre 26

Au milieu des rues d'Oban, attendant le taxi après avoir fait quelques achats pour Paul, j'observe le sommet des mâts des bateaux onduler. Le soleil brille dans un ciel pour une fois sans aucun nuage. La lumière est magnifique, plus douce que celle du Sud, elle met en valeur le paysage sans le rendre criard. Il y a comme un voile de velours dans l'air.

Il s'est passé tant de choses, ces dernières semaines, comme le condensé de toute une vie. Ce matin, je me sens si vieille ! Seule dans mon lit, cette nuit, je n'ai pas fermé l'œil et j'ai tendu l'oreille. J'ai attendu un bruit des heures et des heures. J'ai attendu qu'on m'interrompe, j'ai attendu un signe.

Mais les heures ont défilé, rythmant la cadence de ma respiration qui sonnait creux dans l'air, puis l'aube s'est levée. Et avec elle, la réalité. *Ma* réalité.

Le cœur est-il extensible ? Est-il capable d'accumuler indéfiniment des émotions plus intenses les unes que les autres ou, lui aussi, est-il sujet au *burn-out* ?

Je crois que le mien a sauté, comme les plombs d'une maison. La passion dévorante, la tristesse aiguë, la sombre culpabilité, l'intense douleur, le puissant espoir... trop, beaucoup trop. Le cœur s'élargit, prend la place des autres organes et, au bout du compte, on ne peut plus respirer.

J'ai pris la bonne décision… Non ?

Soudain, je sursaute. Une jeune femme passe devant moi et je reconnais le parfum qu'elle porte : le *Numéro 5 de Chanel.* Je frissonne. C'est le parfum que portait Mathilde. Elle l'avait découvert à seize ans, en feuilletant un magazine dans lequel il était écrit que Marilyn Monroe ne portait que ça pour dormir. Mathilde était une fan absolue de cette icône du glamour ; elle s'était d'ailleurs fait faire le même grain de beauté sur la joue. Dès qu'elle a touché sa première paye, elle a foncé dans une parfumerie, s'est acheté la même fragrance que son idole et a vidé la moitié de la bouteille sur son pull. Je me suis moquée d'elle pendant des mois, en lui disant que c'était un parfum de vieille. Combien y avait-il de chances pour que je sente cette odeur, pile aujourd'hui ?

J'ignore pourquoi, mais je me mets à suivre cette jeune femme sur quelques mètres, avant de réaliser l'absurdité de ma réaction. Alors, je m'arrête et me demande si l'être humain naît avec des racines ou s'il peut se les créer par la suite. Et que dire de quelqu'un qui n'en aurait jamais eu ?

Je me retourne et me retrouve devant une librairie. Cela me fait penser que je n'ai aucune lecture pour mon voyage de retour. Je jette un coup d'œil aux titres des ouvrages et des magazines, puis l'un d'entre eux m'interpelle.

Et l'ombre en moi se déchire, le brouillard s'étiole. Je vois.

N'en fais jamais une affaire personnelle.

Le titre d'un ouvrage de développement personnel me saute à la figure. Le livre promet d'expliquer en dix points comment être heureux et prétend que le chemin vers le bonheur est comme une recette de gâteau. Précis, rigoureux, mais atteignable, si on suit les dix étapes.

Mathilde avait une passion pour la philosophie à laquelle, de son propre aveu, elle ne comprenait pourtant pas grand-chose. Néanmoins, elle croyait dur comme fer à quelques principes qu'elle pensait avoir tirés de l'étude de certains grands penseurs classiques. Elle me les servait à chaque occasion, moi qui n'étais qu'une hérétique, moi qui ne croyais en aucune morale supérieure.

Parmi ses mantras, « n'en fais jamais une affaire personnelle » était de loin son préféré. D'après elle, il voulait dire que quoi que pensent les autres de nous, quelles que soient les émotions qu'ils projettent sur nous, cela leur appartient et à eux seuls uniquement. Leur opinion vit en eux et meurt avec eux. Cela ne nous influence ni ne nous définit, car nous sommes seuls responsables des expériences que nous vivons. Et quand nous disparaissons, nous n'emportons aucun des jugements que nous avons reçus. Nous n'emportons que nous-mêmes.

Est-ce le bruit que j'ai attendu toute la nuit ? Est-ce qu'elle toque maintenant à ma porte ?

J'inspire et c'est comme si l'air rentrait pour la première fois dans mes poumons. Comment ai-je pu être sourde à ce point ? Elle me parle depuis le début, depuis ce jour, dans cette grande salle froide et grise, alors que nous n'étions que deux enfants perdues. Elle m'a enseigné toute ma vie et moi, j'ignore encore son héritage. Son immortalité est dans sa vision du monde. Pourtant, j'ai relégué ses mots au rang de simples anecdotes coincées dans ma mémoire.

Il est là, son message, et ce qui la définissait.

N'en fais jamais une affaire personnelle.

Et ça vaut pour les vivants comme pour les morts.

Je te pardonne de m'avoir abandonnée et je te libère.

LACHLAN

Chapitre 27

Je ne vois pas le bout de cette chasse aux sorcières. Décider qui était au courant des pratiques de Glen, qui lui restera fidèle, qui va faire de la résistance. Si je m'écoutais, je mettrais tout ce beau monde dans un module de navette et j'enverrais le tout en orbite.

— Donc, vous exerciez en tant que secrétaire particulière de M. Glen Wallace, c'est bien ça ?

— C'est exact. Je faisais tout ce qu'il n'aimait pas faire. Suivi des rendez-vous, mise à jour de son agenda, prise de notes, rédaction de courriers... En résumé, j'étais l'interface entre le reste du monde et lui.

— Étrange, vous n'êtes pourtant ni sympathique ni agréable à regarder.

— Je me permets de vous retourner le compliment, monsieur.

Une momie qui a de la repartie... Je ne peux pas lui reprocher un manque d'originalité.

— Êtes-vous surprise par les accusations qui pèsent sur Glen Wallace ?

— Non.

Je tique. Depuis trois jours, je me coltine l'audition de tous les gens qui travaillaient avec lui, et j'ai eu droit au panel complet des réactions surjouées et insupportables, de la crise de larmes à la sidération, jusqu'à la plaidoirie de la défense digne d'un procès en crime contre l'humanité. Ridicule et douloureux. Et aucun d'entre eux ne m'a jamais répondu qu'il n'était pas surpris par le détournement de fonds et le trafic d'œuvres d'art que Glen avait orchestrés. C'est pourquoi la chose racornie d'une centaine d'années qui se trouve devant moi mérite un bon point.

— Pourquoi ?

— Parce que M. Wallace est un homme qui n'a aucun sens des limites quand il s'agit d'assouvir ses pulsions. Il a toujours été convaincu que les règles ne s'appliquaient pas à lui. Prétendre être surprise qu'il ait glissé sur la pente savonneuse de l'illégalité serait hypocrite de ma part. Et je ne le suis pas.

— Vous n'êtes pas hypocrite.

— Non. Et je préfère vous prévenir que si vous vous attendez à ce que je vous supplie de croire à ma loyauté et de me garder à votre service, autant arrêter l'entrevue ici. Je suis une excellente secrétaire et, bien que je travaille pour les Wallace depuis trente ans, je saurai trouver une autre place ailleurs.

— Vieille chouette et prétentieuse, donc. Mais, heureusement, vous n'êtes pas hypocrite.

— Que ce soit clair : vous avez plus besoin de moi, que moi de vous. Je travaillais déjà pour votre père, je connais le fonctionnement de Redstone comme personne, et je ne vous mentirai pas pour flatter votre ego.

— Miss Grey, ne seriez-vous pas en train de flirter avec moi ?

— La femme qui s'y risquerait serait bien imprudente !

Je referme son dossier et cale le dos dans le fond de mon siège. Elle est aussi droite et rigide que la justice révolutionnaire française, assise sur l'extrême bord de la chaise et figée comme un marteau de sentence.

Elle me fait penser à Sofia. Quelque chose d'une révolte sourde et muselée se lit aussi dans son regard. Je me demande si Sofia est encore à Oban, ou si elle s'est déjà envolée pour son cher Sud. J'ai beau faire tout ce que je peux, son souvenir ne me quitte pas. Qu'aurais-je pu faire ou dire de plus pour la retenir ? L'attraper, l'attacher, l'enfermer ? Je n'ai jamais eu de telles pulsions pour personne et ça me terrifie. Je n'ai pas pu retenir un accès de colère qui m'a fait la détester pendant un instant. Comment a-t-elle pu ne pas voir ? Elle qui peut faire preuve de tant d'élan, de tant de volonté, comment a-t-elle pu ignorer ce qu'on éprouvait l'un pour l'autre ?

Cette impression de gâchis qui me porte presque à la haïr remonte autant que ma peine le long de mes entrailles. Mais cette sensation ne dure qu'une fraction de seconde. Celle d'après, je me sens si seul, si vidé d'énergie que je pourrais bien ne plus jamais me relever de mon siège. Elle est mon étincelle créatrice, l'impulsion du mouvement et, sans elle, c'est comme si on avait coupé les fils qui me font tenir debout. La laisser partir me coûte plus que je ne veux bien me l'avouer. Mais la voir dépérir à Redstone, je n'aurais pu le supporter. Je n'aurais pu contempler l'étouffement de cette intense lumière qui m'obsède dans ses yeux et dont je me suis toujours demandé d'où elle prenait sa source. Peut-être le salut de son âme brisée se trouve-t-il loin de moi. Ma rage gronde, car je pense être pourtant celui qui pourra l'étreindre assez fort pour ressouder les morceaux de sa vie et de son cœur. Cette idée me donne des bouffées de violence que j'aurais bien aimé assouvir sur la vieille chose devant moi, mais je dois me rendre à l'évidence : j'ai besoin de cette vieille chose.

— Bien, Miss Grey, puis-je savoir ce que vous faites

encore dans mon bureau ? J'imagine que vous avez du travail et je ne paye personne à ne rien faire.

— J'attendais simplement de pouvoir vous dire que vous avez un rendez-vous aujourd'hui à 16 heures avec l'entreprise Parker pour le dallage de la terrasse sud. Et mon nom est Lowell-Stawsky, pas Grey, qui est mon nom de jeune fille.

— Oui, mais Grey, c'est plus court. Lowell-Stawsky, ça me fatigue. Vous vous y ferez.

Ses yeux gris si délavés qu'on les dirait couverts d'une épaisse cataracte me lancent des éclairs. J'aime bien cette créature austère et revêche. À mon avis, on va bien s'entendre, et c'est sans doute aussi ce qu'elle pense et que je lis dans le fond de ses pupilles de cadavre.

Elle prend congé de moi sans autre formalité, mais, en ouvrant la porte, je constate que Catherine se trouve juste derrière. Je laisse filer un soupir. Je sais très bien pourquoi elle est là ce matin, et la dernière chose dont j'ai envie de parler avec elle, ou avec qui que ce soit d'autre, c'est le départ de Sofia. Rien que d'y penser, mon sang se met à bouillir dans mes veines et j'ai envie de fendre en deux cet énorme bureau.

— Entrez, Catherine.

— J'en avais bien l'intention, répond ma terrible bonne fée, avec son flegme provocant habituel. Alors, comment se sent-on avec une couronne ?

— On a mal à la tête.

— Il faudra du temps, Lachlan, et un peu de patience.

— Ça tombe bien, la patience est une de mes qualités.

— Heureusement que je prolonge mon séjour pour vous le rappeler.

— Que ferais-je sans vous ?

— Vous mettriez la Grande-Bretagne à feu et à sang, puis vous vous lamenteriez d'avoir cassé votre jouet, comme tout bon Wallace qui se respecte.

Je souris, elle a toujours eu le don de transformer une situation inextricable et dramatique en une simple cocasserie.

— J'ai appris qu'elle était partie.

Je pose lentement mon stylo devant moi et croise les mains.

— Oui.

— Lachlan, elle n'est pas encore prête.

— Et c'est censé me remonter le moral ?

— Vous avez pris la bonne décision.

— En la laissant me quitter ? Oui, c'est vrai, c'est brillant. Me voilà à nouveau seul et sans elle. Parfait !

— On ne retient pas quelqu'un contre son gré.

— Si, ça s'appelle le syndrome de Stockholm, et c'est un lien comme un autre.

— Vous devez la laisser revenir à vous de son plein gré et, si vous le faites, je peux vous garantir qu'elle ne vous quittera plus jamais.

— Et si elle ne revient pas ?

— Alors, c'est qu'elle aura échoué et que la culpabilité qu'elle porte l'aura entièrement consumée. Je prie pour que ça n'arrive pas parce que, si c'est le cas, ce n'est pas seulement votre cœur qu'elle brisera, mais aussi le sien et toutes choses autour d'elle. L'être humain est une mécanique complexe. Il crée lui-même son propre enfer et il en verrouille les portes. Malgré tout votre amour, vous ne pouvez pas les ouvrir, car elle seule en possède la clé.

Sans que je m'en rende compte, un soupir de lassitude coule hors de mes poumons. Je me sens si fatigué, si vidé… Quand elle était là, j'aurais pu déplacer des montagnes.

Catherine fait le tour du bureau en scrutant chaque objet qui l'encombre. Avant Glen, cette pièce était le centre de l'empire de mon père. Catherine doit avoir un certain nombre de souvenirs dont je ne soupçonne pas l'existence. Nous n'avons jamais abordé le sujet, mais je n'ai jamais été dupe des sentiments qu'elle éprouvait pour Richard et qui, hélas pour elle, n'ont jamais été partagés. Je ne peux imaginer ce qu'elle a dû ressentir, toutes ces années, à devoir partager l'amour de sa vie avec deux autres femmes, sans jamais être l'une d'elles. Elle aurait pu s'éloigner de Redstone, tourner la page. Au lieu de ça, elle est restée, a subi les tempêtes et s'est occupée de moi comme si j'avais été son fils.

Elle contourne mon bureau et jette un coup œil par la fenêtre. La pièce jouit de l'une des plus belles vues de Redstone. Elle donne sur l'entrée, puis, au loin, sur le bois, le lac et le chemin menant à Oban.

— Je vais avoir besoin de vous et de vos relations.

Je lui dois en grande partie d'être là où j'en suis. Je la soupçonne même d'avoir poussé Sofia dans mes bras, en faisant mine de la pousser dans ceux de Glen. Elle devait savoir qu'il représentait tout ce qui laisse Sofia de marbre.

— Et mes relations et moi sommes à votre disposition, me répond-elle, l'air pensif.

— Je ne m'arrêterai pas à Redstone.

— Vous auriez tort de le faire, l'empire Wallace est à vous.

— Ce ne sera pas une mince affaire que de le conquérir.

— Mais vous êtes entouré de bienfaitrices et de muses, heureusement.

— Enfin, surtout d'une.

— Je ne crois pas, répond-elle avec son petit sourire étrange, celui qui a l'air de dire au monde qu'elle sait des choses que lui ignore.

Je connais bien cette expression, elle cache toujours une révélation. Je me lève et la rejoins. Elle toque à la vitre à l'aide de l'énorme diamant qu'elle porte à l'annulaire. Je regarde à mon tour en direction de la cour et mon cœur se tétanise. Un taxi s'est garé juste devant l'entrée et le chauffeur est en train de sortir du coffre une énorme valise. Je remarque l'étincelle de feu qui s'échappe d'une chevelure rousse magnifique. Je pourrais identifier cette nuance entre mille, car elle est unique.

— Sofia...

— Il semble qu'elle a finalement décidé de quitter son enfer, m'indique Catherine avec un air de délectation. La reine rentre au château.

Je plante là Catherine et file à grandes foulées dans le hall. Il ne me faut que quelques minutes pour atteindre la cour, mais quand j'y suis, je me rends compte que le taxi a rebroussé chemin et que Sofia n'est plus là. Je fais volte-face, rentre dans le hall et regarde tout autour de moi.

— Lachlan !

Le son de sa voix électrise mes reins et gonfle mes muscles d'une force incroyable. Elle est là, près de l'accueil, dans sa belle robe courte, les cheveux agrémentés d'un bandeau assorti qui lui donne des allures de Brigitte Bardot. Et moi, *moi*, je ne pense plus à rien, si ce n'est à l'étreindre jusqu'à la rupture, à l'embrasser jusqu'à l'étouffement.

Je m'élance vers elle et fais disparaître sa fine silhouette entre mes bras. Son parfum me trouble les sens et submerge mon corps d'une vague de chaleur. Je la serre si fort que j'ai peur de la briser en deux. Mais elle s'accroche à moi avec vigueur et semble apprécier la puissance de notre étreinte. C'est l'une des choses que j'aime chez elle, sa passion fait écho à la mienne, sa violence épouse la mienne. Nous sommes le même reflet du même miroir.

— Tu avais raison, murmure-t-elle contre mon épaule, les morts ne font plus partie de ce monde et Mathilde, où qu'elle se trouve, n'est sûrement ni à Monaco ni ici. Mais, je peux garder son souvenir en moi quel que soit l'endroit, quel que soit le temps. Ce n'est pas elle, mais c'est mieux que rien. Je... je ne sais pas si j'arriverai à vivre avec le sentiment d'avoir volé sa vie, mais je veux essayer. Et je crois que c'est ici que je peux y arriver.

— C'est chez toi, mon amour, tout ce qui est là, tout ce que tu vois, ce que tu touches, ce que tu aimes, tout t'appartient. Sers-toi de l'âme de ces lieux pour guérir. Sers-toi de moi.

Elle tourne son merveilleux visage vers moi, une lumière parfaite met en valeur ses traits réguliers et illumine son regard intense, celui qui m'a troublé dès notre première rencontre. Celui contre lequel j'ai voulu lutter et dont j'ai cherché à fuir l'éclat. Je lui empoigne les cheveux et imprime sur ses lèvres un baiser que je charge du furieux désir qu'elle m'inspire. Mes mains glissent dans son dos, se déploient sur ses reins pour coller son corps au mien.

Les sens embrasés par le contact de ses lèvres contre les miennes, de sa langue autour de la mienne, j'oublie les années de solitude, les années d'obscurité du cœur, les années à mourir lentement de ne pas être aimé. Jusqu'à elle.

Chapitre 28

Un an plus tard

— Monsieur ? Faut que je te parle.

L'interpellation me tire de ma demi-somnolence et, ce faisant, me contrarie au plus haut point. J'étais en train d'évoluer au milieu d'un rêve charmant, dans lequel je séparais la tête du corps de Catherine avec la plus grande facilité. Preuve en est que cette créature est démoniaque, je n'ai pas réussi à esquiver sa foutue fête caritative pour ses maudites têtes blondes, malgré un emploi du temps de ministre. J'ignore à quel sortilège elle a fait appel, mais me voilà toujours coincé sur ce satané stand d'herboriste ou de dentiste — je n'ai toujours pas compris le rôle des objets placés sur la table —, à jouer les gentils bénévoles de kermesse. Quitte à emmerder tout le monde, elle aurait au moins pu faire un effort de renouvellement de scénario.

Ah oui, le gosse qui me parle...

Quand je me retourne, je me trouve face à un gamin d'environ une dizaine d'années, quoique... difficile à dire, car jusqu'à ce qu'ils muent, je trouve qu'ils se ressemblent tous. Il a l'air si grave, si mature, qu'on jurerait qu'il vient déposer son CV ou me tuer.

— Tu veux me parler ?

— Oui, répond-il en fronçant ses sourcils à peine visibles.

— Bien, alors *parle.*

— Je vous ai vu l'année dernière, ici. Vous m'aviez dit que les lutins, ça n'existait pas.

Soudain, la lumière frappe la sombre mécanique de mon cerveau. Je me remémore le petit morveux qui voulait absolument qu'on lui dise où se trouvent les lutins. Vu la tête qu'il fait maintenant, je parie qu'il n'a pas dû en croiser beaucoup depuis.

— Et ?

— Bah... je crois que vous aviez raison. Les lutins, ça n'existe pas. Du coup, je pense que maman se drogue.

Fichtre, impossible de me souvenir comment j'ai pu passer de l'inexistence d'une sous-race d'elfes des bois aux problèmes d'addiction de sa mère. Je devais être en forme, ce jour-là.

— Tant que tu t'entends bien avec elle.

— Ouais, ça va, répond-il en haussant les épaules. Mais c'est dur de lui faire croire que je suis encore un enfant. Je veux pas lui briser le cœur.

— Et ça te brise le cœur de savoir que les lutins n'existent pas ?

— Au début... un peu.

Je sens que je vais regretter. Je pivote vers le stand, ouvre une boîte et en sors une énorme sucette.

— Tu aimes les sucreries de ce genre ?

— Carrément ! s'enthousiasme-t-il en me fixant comme le messie.

Les gamins sont comme les chats, une boule de papier en alu et ils pensent que c'est la planète Mars.

— En venant ici, tu savais que je te donnerais une sucette ?

— Non !

— Et ça te fait plaisir ?

— Oui !

— Voilà, tu viens de vivre la plus importante leçon de toute ton existence, alors essaye de m'écouter en même temps que tu manges. Tu peux faire les deux en même temps, ou tu es encore trop jeune ?

L'un des sourcils du gamin s'arque. Je ne savais pas qu'ils pouvaient utiliser cette expression aussi tôt.

— Bien, alors, la vie, c'est une succession de petits miracles auxquels on ne s'attend pas. Du plus petit, comme une sucette, au plus grand, comme marcher sur la Lune. Elle est là, la magie et, crois-moi, c'est bien plus puissant que tes petits lutins d'opérette.

Ses yeux s'arrondissent comme des soucoupes et, tandis qu'il fait entendre des bruits de succion prononcés, il a l'air d'un hamster.

— Ah oui ? finit-il par articuler en postillonnant.

— *Ah oui.* Sauf que, pour les voir, ces petits miracles, il faut que tu croies dur comme fer à la magie de ce monde, sinon, tu te plaindras toute ta vie que tout est moche, tu feras des études que tu n'aimeras pas, tu sortiras avec des filles que tu ne désireras pas et tu feras un travail que tu détesteras. Puis, arrivé à soixante ans, tu voudras sauter par la fenêtre parce que tu seras convaincu d'avoir raté ta vie. Donc, tu dois me promettre d'y croire.

Le gosse hoche frénétiquement la tête.

— Bien, parce que la défenestration, ce n'est pas la meilleure des morts.

Je sens bien que le mot technique ne fait pas encore partie de son vocabulaire, mais la perspective de lui expliquer me fatigue déjà. Heureusement, je vois mon salut pointer le bout de son charmant nez à l'horizon.

— Tiens, tu veux voir mon petit miracle à moi ?

— Oh oui ! s'exclame le gosse.

Je tends le doigt en direction de la silhouette de Sofia qui remonte le jardin dans notre direction. Elle charge sur moi comme une lionne s'apprête à fondre sur sa proie. Et c'est toujours un spectacle aussi émoustillant.

— Lachlan ? lance-t-elle avec un sous-entendu de reproche très appuyé. Tout va bien ?

Je ne peux m'empêcher de sourire. Je n'ai qu'une envie, la jeter sur le stand et retrousser ses jupons.

— Parfaitement bien.

— Tu discutes avec... ?

— Je ne sais pas. C'est quoi ton nom, petit ?

— Joshua.

— Je n'aurais jamais retenu.

— Lachlan...

— Sofia.

J'essaye de deviner la façon dont ses seins sont retenus par son corset. Je m'imagine le lui arracher.

— Tu lui as donné ses indices ?

— Non. Il est venu pour qu'on ait une discussion entre hommes.

— Oh Seigneur ! lâche-t-elle, en se touchant la tempe droite. Pitié, dis-moi qu'on ne va pas avoir de problème avec ses parents...

— Non, aucune chance, n'est-ce pas, Josh ? Ah si, tiens, je m'en souviens.

— Non, aucune chance, répète l'enfant comme un robot. Ma maman, elle se drogue.

— Q... Quoi ?

— Tu n'as aucune mémoire, mon amour, c'est le petit qui est venu l'année dernière demander si les lutins existaient.

— Oui, et tu lui as dit que non. Je me rappelle très bien.

— Donc, il est venu me remercier.

— Sans rire.

— Je trouve que tu fais preuve de mauvais esprit. Regarde comme il a l'air épanoui. Je lui ai donné une sucette. Tu lui as donné une sucette, toi ?

Son air de chat sauvage contrarié me rend dingue, j'aime lui faire sortir ses griffes.

— Non, je ne lui en ai pas donné, répond-elle en me fusillant du regard.

— Méchante femme.

— Méchante femme, répète Joshua.

— Tu devrais peut-être rejoindre ta maman, non ? Elle risque de s'inquiéter, conclut Sofia tout en faisant pivoter le gamin vers le jardin, là où les convives se trouvent.

Il me fixe comme s'il attendait mon approbation, puis nous salue et s'éloigne en direction des autres stands, vers une femme que je suppose être sa génitrice.

Sofia croise les bras sur la poitrine et, sans s'en rendre compte — du moins en suis-je convaincu —, tapote l'herbe du bout du pied.

— Tu l'as payé, avoue ?

— Absolument pas ! Les enfants m'aiment moi, et pas toi, il va falloir t'y faire.

— Ce qu'il ne faut pas entendre...

— Tu viens me relever ?

— Pas du tout, je viens te surveiller.

— Oh ! pour ça, il faudrait venir plus près, je cache ma fourberie sous mes vêtements. C'est plus discret.

Elle sourit et, comme à chaque fois, mon cœur double de volume. Jetant un bref coup d'œil à sa montre, elle me décoche un regard de braise incandescente, celui qu'elle me lance quand elle veut que nos peaux s'embrasent.

— Dix minutes. Après, je dois rejoindre Catherine, déclare-t-elle en se dirigeant vers le bois.

— Pas de problème, je ne porte rien sous mon kilt.

— Ho ! Ho..., fait-elle brusquement, en observant quelque chose droit devant elle.

— Quoi ?

— Mon investigation va devoir attendre, Archibald vient vers nous.

— Je ne l'ai pas viré, lui ?

— Non, tu lui as même donné une promotion et tu as eu raison de le faire.

— Ah, vous voilà ! s'exclame Archibald avec soulagement. Vous n'auriez pas vu Lily ?

— Vous devriez lui mettre une clochette, j'ai l'impression que vous êtes toujours en train de la perdre.

— À ma décharge, elle est toute petite. Je lui ai dit de se ménager, m'a-t-elle écouté ? Non !

— Elle était très en forme, ce matin, Archi, je crois que tu t'inquiètes pour rien.

— Es-tu enceinte de six mois ? demande-t-il.

— Non, répond Sofia en soupirant.

— Techniquement, vous non plus, même si, depuis le début, vous somatisez à outrance ses symptômes.

— C'est normal que je m'inquiète, c'est la première fois que je vais devenir père et personne n'a l'air de m'écouter !

— Non, en effet, personne ne vous écoute.

— Archi, intervient Sofia sur un ton de psychiatre urgentiste, la dernière fois que je l'ai vue, elle était en train de manger une meringue, je crois que, niveau dangerosité, elle va s'en sortir. Et puis, laisse-la parler de ses créations auprès des clients.

— Magnifique ! Elle va nous faire un diabète gestationnel.

Je rouvre la boîte de friandises.

— Archibald ?

— Quoi ?

— Prenez une sucette.

MATHILDE

Chapitre 29

Je ne l'ai jamais dit à personne, mais j'ai toujours été convaincue que les arbres avaient plus à nous offrir que le son produit par leur écorce et flottant entre leurs feuilles. Ils chuchotent à mon oreille, rient de temps en temps et, parfois, ils chantent. Je pourrais les fixer pendant des heures et me laisser bercer par leur singulière conversation. Je crois qu'ils ne sont pas conscients de ce qui les entoure et de la temporalité de leur environnement. Ils sont reliés à la terre, dès leur naissance, et même après leur mort. Ils ne quittent jamais le sol, sont mêlés à la planète sans distinction de commencement, de fin, d'avant ou d'après. Par moments, il me semble que je suis un peu comme eux. Une seconde, j'ai l'impression d'avoir encore cinq ans, celle d'après, j'en ai mille. Un matin, mon cœur est débordant d'une vie toute jeune, un autre, je suis lassée de cette existence et de toutes les précédentes. Il m'arrive de comprendre lorsque les gens se confient à moi, mais souvent, je n'ai aucune idée de la signification des mots qui sortent de leur bouche.

Je ne l'ai jamais dit à personne, mais je crois que je me suis incarnée dans ce monde trop tôt ou trop tard. Je pense qu'il y a eu une erreur de trajectoire cosmique et je m'attends à tout instant à ce que l'Univers s'en rende compte et me rappelle à lui. Cette idée de sursis ne me dérange pas, mais plus les années passent, plus je me dis que je devrais *lui* en parler. Je n'ose imaginer comme elle m'en voudrait, si je la quittais sans lui dire au revoir. Elle ne le supporterait pas et ne me le pardonnerait pas.

— Encore à rêvasser ?

Sofia a beau développer des trésors d'ingéniosité, elle n'arrive jamais à me surprendre, même quand elle s'approche de moi par-derrière, à pas de velours et en retenant son souffle. Je sens sa présence bien avant de la voir. C'est ainsi que fonctionnent les âmes sœurs et c'est ce que nous sommes. Il y a fort longtemps, nous n'étions probablement qu'une seule et même âme, mais quelque chose d'horrible a dû se produire, une douleur si intense que notre cœur s'est fendu en deux et n'a jamais réussi à se ressouder. Quand je ne serai plus, il lui faudra trouver une autre moitié de cœur...

— Je ne rêvasse pas, je t'attendais.

Elle s'assoit à côté de moi. Je soupire. Son magnifique visage arbore un non moins magnifique coquard, et son T-shirt couvert de terre est déchiré à l'encolure. Elle s'est encore battue. Je pensais qu'à dix-sept ans, on aurait enfin atteint cette étape de l'évolution sociale où la négociation et la diplomatie remplacent la guerre. Loupé.

— Pourquoi tu t'es battue, cette fois ?

— Notre ordre de passage à la cantine, déclare-t-elle avec une fierté de gladiatrice. Et tu verrais l'autre, dans quel état je l'ai mis !

— On n'aime pas la cantine du foyer.

— C'est une question de principe, Mathilde. Toi, tu ne t'en rends pas compte, mais on est dans une jungle, ici. Faut défendre nos privilèges. Si je n'étais pas là, tu ne mangerais que des restes toute la semaine.

— Je n'ai rien contre les restes. Je n'aime pas trop l'idée de hiérarchiser la nourriture.

— Ça, c'est parce que tu n'en as jamais mangé, ici, m'explique-t-elle en faisant rouler son épaule, ce qui lui arrache une grimace.

— Tu as mal ?

— Pas trop. Nicolas est vraiment pro en matière de baston. J'ai fait des progrès énormes, rien qu'en le regardant.

— Je vois.

— Tu sais qu'il en pince toujours pour toi ? C'est fou, cette constance.

— Je suis désolée pour lui.

— Pourquoi ?

— Je ne crois pas être faite pour ce genre d'amour.

Elle me dévisage.

— Tu rigoles ? S'il y a bien quelqu'un qui est fait pour l'amour, c'est toi ! Tu es parfaite, Mathilde. Pourquoi crois-tu que je te colle à ce point ? Je me dis que ton auréole de sainte va camoufler mes défauts. Genre, en les illuminant.

Elle éclate de rire. Comme j'aime le son que cela produit ! Il m'a toujours donné de l'espoir, là où il n'était pas censé y en avoir un.

— Tu sais, ce n'est pas grave, il y a mille et une façons d'aimer. Un jour, cette émotion te tombera dessus, à toi aussi.

— Me coller avec un garçon ? hoquette-t-elle avec dégoût. Ah ça, sûrement pas ! À la rigueur, s'il est vraiment canon, pourquoi pas passer un peu de bon temps, mais jamais je ne m'attacherai à un mec. Dans moins d'un an, toi et moi, on sera enfin libres. On pourra faire tout ce qu'on veut, voir tout ce qu'on a envie de voir. On fera équipe, comme on l'a toujours fait. Nous deux contre le reste du monde. Ce sera génial, tu verras. On n'a pas besoin de mecs.

— Et si je n'étais plus là ?

Son regard me lance un éclair tragique qui fissure mon cœur.

— Et où tu voudrais être ? Tu as l'intention de me planter ?

— Jamais je ne pourrais te quitter, tu le sais bien. Mais, on ne sait jamais.

— Arrête avec ça ! Ton trip gothique me fait flipper ! Tu vas vivre vieille, et on sera encore ensemble à la maison de retraite, séniles mais fringantes, et je casserai la figure à tous les petits vieux qui nous feront chier.

— De toute façon, je viendrai te hanter. Toutes les nuits, je toquerai aux portes de ta conscience pour que tu ne fasses pas de bêtises. Tu verras !

Elle hausse les épaules, ses magnifiques cheveux roux dansant au gré du vent, comme si son visage avait pris feu.

— Bon courage, j'ai un sommeil de plomb !

Je la bouscule gentiment.

— Alors, je toquerai plus fort et je te dirai d'être gentille avec ton prochain et de lui laisser une chance. Je serai comme la bonne fée dans *Cendrillon*, sauf qu'au lieu de t'envoyer au bal avec des chaussures de deux tailles trop grandes, j'éviterai que tu casses le prince charmant en deux.

— Ce que tu peux en dire, des conneries ! Je n'en veux pas, du prince charmant ; d'abord, ils ne le sont jamais vraiment. *Charmants.* Et puis, attends, tu n'es pas très cohérente... Ce n'est pas toi qui es toujours en train de me comparer à un crocodile ? Parce que, je te signale que les crocodiles ne sont pas vraiment des champions du romantisme.

— Peut-être pas. Mais ils aiment, Sofia. À leur manière, brutale et inconditionnelle, ils aiment aussi fort que les autres.

Ses yeux immenses me fixent avec une expression étrange, à la fois pleine d'incompréhension et de doute. Je sais qu'elle ne comprend pas ce que j'essaye de lui dire. Qui le pourrait ? Moi-même, j'ai de sérieux doutes. Mais, elle a toujours eu une confiance aveugle en ma façon de voir le monde, sans que je sache exactement pourquoi. Cela lui évite peut-être de réfléchir à la manière dont il tourne et de lui en vouloir plus encore. J'observe son visage régulier qui, bientôt, se débarrassera du chaos de l'adolescence. Elle sera belle à trente ans, à quarante, à soixante...

Et moi, où que je sois, je me cacherai toujours derrière son oreille, et je lui chuchoterai de belles choses, celles qu'elle pense ne pas pouvoir entendre.

Recette moderne des cimetières de mouches

Mélangez dans un bol 330 g de raisins secs blonds, 110 de raisins de Corinthe, une pomme Granny Smith coupée en petits dés et 150 g de sucre brun. Dans un plat à tarte (23 x 33,5 cm) placez une pâte brisée après avoir beurré et fariné le plat puis déposez votre mélange de fruits et de sucre. Ensuite recouvrez le tout d'une seconde pâte brisée. Étalez un jaune d'œuf sur la pâte du dessus et saupoudrez d'un peu de sucre. Enfournez dans un four préchauffé à 215 °C pendant 30 minutes.

Recette traditionnelle des cimetières de mouches

Placez dans un petit ramequin carré ou rectangulaire un peu de terre jusqu'à mi-hauteur. Attrapez une mouche. Tuez la mouche. Enterrez la mouche au centre du ramequin. Planter un petit morceau de carton carré sur lequel vous aurez préalablement inscrit « R.I.P. » ou « un grand pouvoir implique de grandes responsabilités ». Servir frais.

Composé et édité par HarperCollins France.

Achevé d'imprimer en février 2019.

CPI
BLACK PRINT

Barcelone

Dépôt légal : mars 2019.

MIXTE
Papier issu de sources responsables
FSC® C108412

Pour limiter l'empreinte environnementale de ses livres, HarperCollins France s'engage à n'utiliser que du papier fabriqué à partir de bois provenant de forêts gérées durablement et de manière responsable.

Imprimé en Espagne.